刘氏三杰的故事

丁品森　著

华龄出版社

HUALING PRESS

图书在版编目（CIP）数据

刘氏三杰的故事/丁品森著. —北京：华龄出版社，2025.1. — ISBN 978-7-5169-2961-2

Ⅰ. K825.6；K825.76

中国国家版本馆CIP数据核字第2025Q5T474号

责任编辑	高志红		责任印制	李未圻
书　名	刘氏三杰的故事		作　者	丁品森
出　版发　行	华龄出版社 HUALING PRESS			
社　址	北京市东城区安定门外大街甲57号		邮　编	100011
发　行	（010）58122255		传　真	（010）84049572
承　印	北京七彩京通数码快印有限公司			
版　次	2025年3月第1版		印　次	2025年3月第1次印刷
规　格	710mm×1000mm		开　本	1/16
印　张	17		字　数	184千字
书　号	ISBN 978-7-5169-2961-2			
定　价	45.00元			

目 录

三杰降生

1891 年 5 月 29 日，1895 年 2 月 4 日，1903 年 7 月 10 日，刘半农（初名寿彭，后改名复，初字半侬，后改为半农）、刘天华（初名寿椿）和刘北茂（初名寿慈）三兄弟，先后在长江南岸江阴小城内的西横街 49 号刘宝珊家中降生了。这三个人，就是后来成长为被国人誉为"刘氏三杰"的赫赫有名的人物。而这三个孩子之所以降生江阴城，这里面还有着一段极富传奇色彩的故事，悬揣即便是想象力至为丰富的小说家，恐怕一时也很难编撰出这样精彩离奇的故事来。

祖母夏氏

江阴西横街 49 号的产业，本是刘氏三杰的曾祖父刘荣创建的。刘荣有点儿学问，为人又急公好义，故而颇得时人好评。刘荣过世后，家产便传给了其子刘汉（即刘氏三杰的祖父）。刘汉乃是清朝道光年间在"国子监"就读的监生（国子监为中国封建社会的教育管理机构和最高学府），在家乡江阴也可以算得上是个小有名气的读书人。时局使然，刀枪无情。刘汉早早成了刀下亡魂。这样一来，刘家就剩刘汉之妻夏氏及二子一女。夏氏出生于江阴城内南街的一个读书人家，其父精诗善文，从小就给了夏氏极为良好的熏陶，所以尽管夏氏没有正式上学念过书，但她头脑聪巧，经父亲的引导和点拨，在天长日久的耳濡目染中，她还是渐渐学会了识文断字，背诵诗词，从而成长为一位知书达理、聪慧贤淑、很有头脑的女子。嫁给刘汉之后，她一直尊老敬夫，持家有方，得到了亲友邻里的一致称夸。现在丈夫突然亡故，家中失去了顶梁柱，夏氏只得无奈地携带着二子一女，逃回到了江阴东乡。一个妇道人家拖着二子一女来到异乡客地后，饱一顿饥一顿，吃了上顿没下顿的情况，也就成了家常便饭般的事情。子女都还小，自然经不起这样的折腾，所以三个孩子便都在极度的困顿中先后夭折了，全家就剩下夏氏一个人。好端端的一个家，转眼之间竟发生了如此急剧的变化，这对夏氏来说，无疑是一个难以承受的沉重打击。刚开始时，她也曾如万箭穿心般地抓狂不已，痛不欲生，甚至还当真产生了轻生的念头。然而，深明事理、性格坚强的她，冷静下来细细想了一想，就明白了所有这些，都不仅于事无补，还反会增添更多的痛苦和麻烦。就在此时，她的脑海里突然浮现出了父亲曾教她熟读的清代郑板桥的《竹石》诗："咬定青山不放松，立根原在破岩中。千磨万击还坚劲，任尔东西南北风。"她将这首诗反复诵读了三遍，头脑便一下子清醒了许多，周身也顿觉增添了无穷力量，一个全新的念想终于将所有的痛苦和绝望统统都赶跑了：丈夫没了，孩子也没了，但自己绝不能就此倒下，刘家也绝不能这样垮掉！不管遭遇多大的艰苦和困难，自己一定要昂起头颅，挺直腰杆，不畏艰险朝前闯，竭尽全力重振刘氏的门庭！此时，虽曾有一些好心的亲友，劝她重回娘家投奔自己的兄弟，帮他们带带孩子，照料照料家务，这样自己的生活也就多少能有个着落。夏氏自然明白他们的好意，但她是一个有头脑、有主见的人，她绝不愿丢弃刘氏的这条根，去过那如藤倚树的生活。所以她并没有听取那些人的劝告，而是按自己预定的计划行事：设法领养一个孩子，倾尽心血好好将他加以栽培，竭尽全力将刘氏的门庭重新振兴起来。

经过一段时间的沟通联系，凭借刘家亲戚的牵线搭桥，夏氏终于确定了从一户贫苦的刘姓同族本家那里领养一个儿子。约定的那一天，夏氏就前往江阴东门外香山东麓三甲里小镇旁的殷家垛（现归属于张家港市金港街道柏林村），去到了同族本姓刘霖的家里。刘霖家有三儿一女，一听说夏氏是来领养孩子的，三个男孩都吓得躲在了床底下不敢出来，最小的女孩更是依偎在母亲的怀里，哇哇地哭个不停。心地善良的夏氏见此情景，就极为诚恳地一再表明：孩子去了江阴城里绝不会被亏待，还将供他读书识字，使他成为一个有出息的人。同时，她还推心置腹地对刘家所有的家里人说："孩子并不是卖给我们的，日后我们依然可以常来常往，因为一笔写不出两个刘字来，我们始终就是一家人嘛！再说，这样一来，不仅你们家可以减轻一点负担，而且我老了也好有个依靠，完全是件两全其美的大好事嘛！"眼见这么说了，依然没有什么明显的反响，夏氏就又和蔼地拍着女孩的小手说："别哭，别哭，你哥哥去到了我家，你就可以经常去城里我家玩，那你不就成了我的侄女儿了嘛？"小女孩终于停止了哭泣，忽闪着那双大眼睛问："真的吗？"夏氏笑着说："这当然是真的啰，我说的句句是真心话！"或许是夏氏慈祥和蔼的神态和诚恳的话语，当真打动了刘家人的心，也或许是冥冥之中他们两家确有缘分，孩子们的态度大多因此发生了变化，5 岁的老三宝珊更是从床底下爬了出来，自告奋勇地说："我去！我去了家里也好少一个人吃饭！"夏氏本是想来领养老大的，她认为老大领过去了马上就能读书，可以省却许多周折，可现在老大却始终没有动静，夏氏自然也就不能强求，而且此时她马上就意识到，自己原先的想法也不免太过一厢情愿了，因为老大在家中一般都是最被父母看重的，即使他自己愿意了，家长也未必就一定会答应。现在既然老三勇敢地站出来愿意跟自己去江阴城里，而且他还是从能减轻家庭负担的角度作出这样决定的，这岂不是说明这孩子有着能从大局考虑问题的阔大心胸么？这么一想，夏氏也就满心欢喜地张开双臂，将模样周正的老三宝珊，亲亲热热地一把揽入了自己的怀中。临行时，她还一再深情满满地对刘霖一家人说："你们尽可放心，我不仅会尽心尽力地好好对待宝珊，而且日后不论是什么时候，都热情地欢迎你们到城里来玩！"就这样，宝珊就随着夏氏去到了江阴城，慢慢地长大成人，后来他也就成为了生养刘氏三杰的父亲。

刘氏三杰的父亲有了，那么母亲又是何方人氏，怎么会来到刘家的呢？还真是无巧不成书，这里面又有一个与夏氏有着密切关系的生动故事：刘氏三杰的母亲蒋氏，原本是江阴东门外香山东麓三甲里小镇北侧塘坊圩（此村与东边的殷家埭还正相毗邻）的一户贫苦农民的女儿，在她还不满周岁时，她父亲蒋坤赐便病故了，她母亲因为家里太穷了，实在无法将女儿养活，便在一个严冬的早晨，忍痛将女儿用破棉败絮裹好了，遗弃在了村旁一条冰冻的河面上。为什么要这样做呢？这是因为江南的冬天，河水结冰都比较薄，弃儿放在冰上很容易下沉，这就比遗弃在庄稼地里更容易激起人们的怜悯之情，一旦有好心人路过见到了，通常就都会及时设法救起，这样也就可以让弃儿母亲歉疚的内心多少得到一些宽慰。而这一次，还真是再巧没有了，这发现河面上弃婴的事儿，又正好被夏氏给遇上了。大慈大悲、爱心满满的夏氏，自打领养了宝珊以后，每年都要去宝珊的老家探望问候，以不断加深双方之间的感情。这一天，当她走到那丢放弃婴的河边时，就隐隐约约听到了婴儿的啼哭声。她驻足一望，那用破棉败絮包裹着的弃婴包，就一下子映入了她的眼帘。一见那弃婴包，她脑海里就立马浮现出了人们常说的那句话："救人一命，胜造七级浮屠。"（意思是救人一条性命，它的功德比建造一座七层佛塔还要大）所以，她当即就动了恻隐之心，快步上前将那弃婴抱了起来，并不假思索地飞快掉转身子，急匆匆向江阴城里自己的家中走去。回到家中后，她又让殷家埭亲戚家的人打探弃婴的来历，终于得知弃婴是塘坊圩蒋氏家的女儿。从此，夏氏就一直将这个弃婴当成了她家的童养媳，特别精心地养育着。因为她一直在想，如果将这女孩子好好养大了，一家人都感到称心合意，那就可以顺理成章地让她成为自家的儿媳妇。这样一来，岂不就不仅可以合家皆大欢喜，而且还能够省却许多不必要的花费么？

再说夏氏收养了宝珊，捡拾了弃婴后，对弃婴一直慈善相待，而对宝珊则总是严格要求。因为在她看来，将来振兴刘氏家族的重任，说到底还是将落在宝珊的肩头之上。所以，她将宝珊领回家中以后，便从宝珊的教育和家庭的生计这两个方面，做了非常深细的考虑和周密的安排。她决定将家中的第一进房子，低价租给一个家境虽较为贫困，但品行却十分端正的王姓教师来办私塾，这样就既可以为家庭增加一点收入，又能够让小宝珊不出

家门，就得到免费教育，而且孩子时时都在自己的眼皮底下，也便于自己的看管和照顾，实可谓是一举多得的好事儿。

　　不过，宝珊从小就在乡下野惯了，跟着夏氏进城以后，活动范围一下子缩小了，显然就感到很不习惯。尤其是在上私塾读书后，他更是成天局限在后进生活区和前进读书区的狭窄区域里，就愈发感到不自在和没乐趣了。这样一来，尽管宝珊秉性比较聪慧，可因为他听讲时总是心猿意马，不定心，不专心，老师的话往往都是东耳朵管进，西耳朵管出，没有几句能够真正听进去。书本上的东西呢，也是虽然看似是在读着，却也像蜻蜓点水似的，没有多少能真正读进去。将这一切全都看在眼里的王先生，是个实诚人，他便真心实意地向夏氏提出了这样的建议：鸟儿不能总是关在笼子里，孩子也不能老是大门不出，二门不迈，一天到晚呆在家里死读书。真要让一个孩子学好功课，还一定得因势利导，讲究有劳有逸，方能收到更好的成效。夏氏虽不懂精深的教育之道，但她觉得王先生的这些话都讲得非常在理，所以第二天她就采取了切实的行动，在私塾课余时带着小宝珊去城里人气较旺的方桥头玩赏。方桥一带，有茶馆，有饭店，有各式各样的点心店，什么小馄饨、小笼包、方糕、麻团、大饼、油条、豆腐花之类，可以说应有尽有。那里还有一个大卖场，卖鱼的，卖肉的，卖菜的，卖竹篮的，卖木器的，也可以说是五花八门，式式俱全。小宝珊见了这些，顿觉大开眼界，开心得嘴巴都乐开了。夏氏见了，更是体贴地特意给儿子买了两只小笼包。宝珊吃着这自打出生以来从未品尝过的新鲜玩意儿，连声喊道："好吃，好吃，太好吃了！"这时，夏氏便见缝插针，趁机引导说："好吃的东西多着呢，但现在一定要先好好读书，使自己不断地增知识，长本领，成为一个真正有出息的人，将来才有机会好好地享用这一切。要是现在不好好读书，什么知识都不懂，什么本领也没有，那么以后即便是见了再可口的东西，也只能干瞪眼睛，白流口水，任你怎么想吃也绝对吃不上。"小宝珊眨巴着黑亮的眼睛，认真听了母亲的这一席话，不由得连连点头说："阿妈说得对，今后我一定用功读书，替阿妈争气，做一个有知识有本领的人！"果然，从此以后，宝珊读书时当真就专心了，认真了，他的成绩自然也就噌噌直上，超出了许多同龄的孩子。夏氏见了，自然是心中大喜，王先生也同样的特别高兴。此后，王先生就常常有意识地为宝珊开些小灶，精心地予以具体到位的指点。这样一来，宝珊的成绩也就愈发出众了。

眼见着宝珊一天天成长进步，夏氏心中的喜欢自然是不言而喻。而随着宝珊的一年年长大，夏氏又做了这样更为深远的考虑：孩子长大后就要成家立业，丈夫刘汉在世时就想到过要修缮房子，可由于他的早夭，此事也就不得不耽搁了下来。而从现在的情况看，又理应是旧事重提的时候了。于是，她就决定将按族规继承过来的两房没有子嗣的长辈的旧屋变卖出手，然后将这笔钱用来作为修缮房屋的费用。方案既定，说干就干，当购置的木料由乡下亲友撑船运抵离刘家不远的内城河边后，夏氏就叫宝珊去河边照看。临走，夏氏还特意关照宝珊带本字帖，并嘱咐他说："月光朦胧，看不清书，字帖上的字大，能够看清，你可以边守着船上的木料，边翻看字帖，来它一个看木料和读字帖两不误。"宝珊觉得母亲的主意真是妙极了，便在明月当空的夜晚，边照看船上的木料，边阅读字帖上的一首首唐诗。当吟诵到"谁言寸草心，报得三春晖"时，他不由得心潮翻滚，感慨万千：母亲夏

氏，几年来含辛茹苦，日夜操劳，就都是为的照顾自己，培养自己，现在又因自己将来要成家而为翻修房子的事情操碎了心，此恩此德，便纵有千言万语，也难以表达万一啊！思念及此，他那感恩的泪水就止不住从心窝里直涌出来，吧嗒吧嗒地直往衣衫上掉。愈思愈想，愈想愈念，他就愈觉得一定要更认真刻苦地读书，以不辜负母亲的殷切期望。

日月飞转，时光流逝，在夏氏的辛勤操劳下，宝珊和蒋氏终于渐渐长大成人，宝珊长得英俊帅气，一表人才，蒋氏出落得美丽大方，楚楚动人。而两人在长期的共同生活中，也都觉得有缘有分，情投意合，自然也就成了天作之合，鸾凤和鸣。夏氏心中越看越喜，便在1890年宝珊20岁时，挑了个好日子，隆重地让他俩完婚成亲。成婚那天，夏氏还特意将宝珊家的亲人和蒋氏家的亲人一起请来了，大家在一起欢笑着，庆贺着，好不热闹，好不快乐。宝珊的母亲和蒋氏的母亲，见了如此热闹欢乐的情景，全都心花怒放，一直笑得合不拢嘴。新娘子穿着夏氏花了好几个夜晚，用她那粗糙的双手一针一线地缝制出来的红缎子棉袄，心里就更是比吃了蜜糖还要甜。作为今天婚礼主角的新郎宝珊，先前连做梦也没有想到今天能遇上这么天大的好事，自然就更是一直都乐滋滋的，不管用什么词语都难以表达他的喜悦之情。

次年，1891年5月27日，宝珊的长子便诞生了。因刘家祖上几代都是中年夭寿，所以刘宝珊就给长子起名"寿彭"，意在希望他能像《神仙传》中活了八百余岁的彭祖那样，长命高寿。寿彭长得虎头虎脑，两眼炯炯有神，很是招人喜欢。祖母夏氏除了操劳家务外，就是抱着长孙逗他玩，还经常跟寿彭的母亲蒋氏一起，用江阴方言哼唱着一首首悦耳动听的儿歌，哄他嬉笑，哄

他睡觉，诸如"摇啊摇，摇到外婆桥，外婆叫我好宝宝""虫虫
对，鸟鸟飞，麻雀家来牵麦稆，粗格烧饭吃，细格烧粥吃，一吃
扑隆扑隆飞"之类，都对寿彭起到了很好的早教作用。除了哼唱
儿歌外，她俩还时常抱着寿彭去分辨前院的天竺，中院的桂花，
后院的桃李菊竹等花草树木。稍稍长大后，她俩甚至还让他去接
触稍远处的羊和马。说来也奇，小小年纪的寿彭，即便是见了马
也竟然毫不胆怯，往往会或是开心地唱着儿歌："吭铃吭铃马来
哉……"或是有模有样地模仿大人高声喊着："吁——驾！"看
来，他那勇敢无畏的性格，这时候已经开始初露端倪了。

寿彭4岁时，1895年2月4日，第二个孩子又出生了。宝珊
同样是出于希望儿子能够长寿的心愿，便根据《庄子·逍遥游》
中"上古有大椿者，以八千岁为春，八千岁为秋"的说法，给孩
子取名"寿椿"。再加上西横街上有一株高大的椿树，春天采下
椿树芽可做菜，夏天，椿树下还可以供人纳凉。这也就是说，给
第二个孩子起名"寿椿"，除了寄寓长寿之意外，还希望他能像
椿树那样造福他人。寿椿两岁多时，长得胖乎乎的，十分惹人喜
爱，而且已经显露出了他对音乐的特殊敏感，如遇街坊邻居操办
红白喜事，只要一听到那丝竹的乐声，他就喜形于色，手舞足
蹈，那憨态可掬的模样，着实惹人喜爱。而6岁的寿彭，更是已
能随口咏诗作对，表现出了他非同凡响的读书识字的领悟能力。
正因为此，只要一见到这小哥俩，大伙儿就无一不交口称赞，并
且还说这都是因为祖母夏氏救活了母亲蒋氏、收留了老农阮成，
并治好了他的病，积了大德，感动了天地，这才生了这么两个人
见人爱的好孙子。

那么，收留老农成伯并治好他的病，又是怎么回事呢？事情

的经过是这样的：有一次，夏氏去看望宝珊故里的亲友时，见到一个亲戚家里有一位四十多岁的中年人，已经病得奄奄一息，此人就是老农阮成。当时他寄居在他的侄儿家，可他侄儿家亦已处于山穷水尽的窘困境地，压根儿就养不起阮成，当然更无钱给他治病。夏氏见了这等情景，又像当初回乡路上目睹了冰上的弃儿那样，禁不住又动了恻隐之心，便毅然决定将阮成带回城里为他治病。尽管有人认为此举凶多吉少，甚至还可能会遭遇不测，自找麻烦。可夏氏却全然不顾这些，硬是将阮成带回了城里，并立马找医生为他精心治病。随后，经过她一段时间的悉心护理，阮成的病竟然奇迹般地好了起来。康复之后，阮成便不愿再回家去，就在刘家住了下来，帮助刘家料理家务，并在后园里种些蔬菜，以供自家食用。知足勤劳、忠厚老实的他，还一再强调说，自己只要吃口饭就行，绝不要拿工钱。可夏氏却坚持每月都将阮成的工钱都积存起来，以供他将来养老之用。而尤为令人感动的是，夏氏还特别敬重阮成勤劳忠厚的品格，经常嘱咐两个孙子在学习之余，帮助阮成干点零活，借此从小就培养他们勤劳吃苦的良好品质。阮成见两个孩子这样乖巧懂事，也就常给他俩讲点民间故事和乡村趣闻。每一次，阮成都讲得非常投入，兄弟俩自然也就都眼睛一眨不眨，听得津津有味。这么着天长日久之间，两个孩子也就在无形中增长了知识，开阔了眼界，提高了思想，培育了品德，并于无形中在心中播下了热爱民歌、热爱民间文学的种子。就这样，这位纯朴的老农，渐渐地就成了寿彭和寿椿的忘年交，成了他们童年时代的一位特殊的好老师。

由于夏氏心地善良，眼界开阔，思虑周全，重视家教，在她的不断努力之下，刘氏这一家还当真就渐渐地振兴了起来。

父亲宝珊

为了让两个孩子能健康成长，父亲宝珊也继承了夏氏重视家庭教育的好传统，在教育孩子方面倾注了很多的心血。特别是在孩子们稍稍长大之后，每当上课之余，他都会或是带着寿彭分辨和讲解天上的各种自然景象，或是教他识字读书，或背诵诗词。说来特别有意思的是，寿彭对背诵诗词似乎特别感兴趣，好多诗词到了他的嘴里，往往没读多少遍，就能流利纯熟地背将出来。到了6岁时，他已能背诵上百首唐诗宋词了，而且还大多能初解其意。长辈、邻居以及乡下的亲戚，无论何时叫他背诵诗词，他总能既富有感情，且又一字不差地朗声背出。众人见了，在啧啧称奇的同时，还都会竖起大拇指将他誉为"神童"。

每当见到此等情况，宝珊心里虽然高兴，但他并没有就此自我陶醉，反倒格外重视对寿彭的严格教育和得法引导。只要得空，他就常常会给寿彭讲一些简单易懂的天文、地理和历史常识，以及有关诗词和古文的知识。有一天下午，宝珊更是兴致特高地对寿彭说："孩子，今天阿爹有空，想领你出去转转，好不好呀？"寿彭一听，拍着手高声说："那还用说，这自然是再好不过的事情了！"于是，宝珊就带着寿彭来到了离家不远的西门，顺着石阶登上了高高的城墙。父子俩在高高的城墙上边走边欣赏着四周的风景，只见近处风姿独具的兴国塔高耸挺立，老鹰时而在顶部盘旋，时而进塔内歇息，特别引人瞩目。远处则见房屋鳞次栉比，街巷纵横分明，还有那影影绰绰的人流往来不停，十分繁忙。总体来看，江阴城虽然规模不算宏大，但毕竟亦已具有了一定的格局和气派。爷儿俩边走边聊，先是说"延陵古邑""春申旧封"这些江阴的发展历史，寿彭忽闪着他明亮的大眼睛，神情专注地听得有滋有味，还不时地点着他那聪慧的大脑袋。随后，宝珊又一一说起了江阴的别称"暨阳""芙蓉城"和"澄江"：别称"暨阳"，是因为江阴城南有个浅水湖，名叫"暨阳湖"；别称"芙蓉城"，则是因为登高俯瞰，江阴城内这一百多条街巷组合在一起，形状就像那芙蓉花……听到这里，没料想寿彭却插嘴道："先前我也曾听人说过这事儿，回到家里，我便特意翻书查看芙蓉花究竟是什么模样，结果却发现，江阴城其实并不像芙蓉花，所以我认为江阴像芙蓉这一说法，只怕是难以成立。"宝珊见儿子这么肯动脑，这么善思考，不由从心底里感到高兴，便笑着连连点头说："你的想法或许有一定道理，不过我对此事也缺少深入的研究，一时很难说得清楚。那好，今天我们就不在这个问题上急于轻下结论，日后可以再就这个问题进行更深入的探讨。"随后，宝珊就继续讲江阴的别名"澄江"，说那是因为据《江阴县志》俞巨源载，大江自京口（镇江）委折而南，浩荡澎湃，势益壮，越数百里，聚为澄江之区，故江阴也就被称为"澄江"。又据传，将江阴称为"澄江"，乃是取南北朝诗人谢朓"余霞散成绮，澄江静如练"这一句诗的诗意。因为谢朓的这一诗句实在是太美了，用它来代称江阴，势必更能引起人们的兴趣，并更易于使人们牢记，这对提高江阴的知名度显然会有很大的作用。寿彭听到这里，接口说道："好！对！我就挺喜欢谢朓写下的这优美诗句！"宝珊听儿子这么一说，简直乐不可支，便说："既然你对谢朓的诗这么感兴趣，回去后我就将他的那首诗抄录给你，好让你认认真真地去反复诵读。"

　　江阴城并不大，从西门走了没多久，就到了南门，宝珊便拉着寿彭的手顺阶而下，来到了南门城墙的脚下。刚一站定，南门门额上四个两尺见方的大字，便赫然映入了眼帘："忠义之邦"。此时，宝珊就问寿彭："阿彭，见过这四个字吗？"寿彭如实回答道："没有见过，这四个字可有什么由来？"宝珊今天之所以带寿彭登上城墙，并来到这南门，其实他最根本的目的，就是为了要让儿子来见见这四个大字，并让他好好知道它的来历，以从中了解江阴人民所具备的爱国爱家、不畏强敌、敢于斗争的可贵精神。于是，宝珊就绘声绘色地给儿子讲起了江阴历史上极其有名声的抗清守城 81 天的故事来：1645 年（清顺治二年），清兵大举南下，推行"留发不留头，留头不留发"的铁血野蛮政策，逼迫汉族男人改变几千年来蓄发挽髻的习俗，全都剃发编辫子，从而完完全全地臣服于清朝的统治。若是不从，那就格杀勿论！江阴人民激于义愤，个个男人都誓不剃发！闰六月初二，市民们更是揭竿为兵，裂衣为旗，在明朝典吏阎应元、陈明遇和训导冯厚敦三公的带领下，凭借着高大坚固的城墙，宽阔绵长的护城河，更凭借着万众一心的勇敢精神，奋起抗清守城！清军久攻不下，清摄政王多尔衮及多铎便传书劝降，但江阴人民作出的回答却是："愿受炮打，宁死不降！"清军急红了眼，于是便调兵遣将，一下子动用了 24 万人马，合力围攻江阴城。可即便如此，亦依然丝毫不见成效。8 月 21 日，清兵又动用二百多门火炮，集中轰打东北角的城墙。城墙被轰破后，清军就在狼烟和炮火的双重掩护下，强渡护城河，潮水般地涌进了城内。可江阴人民不是好惹的，他们在阎应元和陈明遇的率领下，宁死不屈地跟清兵展开了激烈的巷战。最后，终因寡不敌众，惨遭屠城。可即便如此，除

战死、拼死和被活活打死的人以外，民众都以各种方式自杀身亡，没有一个人愿意投诚。正因为如此，此一役，江阴城内城外死亡者竟多达约14.2万人。同样是抗清守城，江阴顽强坚守了81天，远远超过历史上有名的"扬州十日"和"嘉定三屠"。正因为此，江阴也就被国人誉为"忠义之邦"，并由此而驰名华夏大地。"忠义之邦"这四个字，为嘉庆己未状元、户部侍郎姚文田任江苏学政时所书，道光二十五年修城墙时，更是将这四个字摹刻了作为南门的门额，以让后人永远瞻仰和铭记。

寿彭全神贯注地聆听了父亲所讲的这段"忠义之邦"来历的故事，心潮澎湃，热血沸腾，紧握着双拳，迸出了这样一句话："我们江阴人，连死都不怕，这才是真正的硬骨头！"这就说明，他那幼小的心灵已由此得到了很好的洗礼，他的勇敢坚强和爱国主义精神，都由此得到了进一步的提升。

在教育孩子时，总体来说，宝珊确实是非常注意循循善诱，得法引导的。可由于望子成龙心切，有时候孩子的作为又确实有点出格，不能尽如他的心意时，他也不免会有较为严厉的一面。譬如有一年放了暑假，寿彭带着寿椿和几个小伙伴一起在县城里四处玩耍，去黄山（江阴也有一座山叫黄山）、君山和城墙上、长江边，或是捉知了，或是摸鱼虾……简直是玩得不亦乐乎，甚至连读书学习都有点忘到脑后了。一天，寿彭带着寿椿抓了不少鱼虾，那兴奋劲儿，简直是难以名状。可当他们提着鱼篓、拿着鱼竿兴高采烈地回到家里时，正好被在房里修订家谱的宝珊瞥见了，他就问："那么高兴，得了什么宝贝？来，快过来，让我看看！"哥儿俩一听，立刻就迎上前去，就像献宝似的将小鱼篓递了过去。他们总以为今天捕鱼捉虾时斩获了这么多，肯定会被父亲夸奖一通，没曾想宝珊一看之后，一下就铁青着脸，抓过鱼竿就将它一折两段，夺过鱼篓就朝院中的地上使劲一砸，紧接着还跨上去将鱼篓一脚踩扁了。寿彭和寿椿从没有见父亲发过这么大的火，一时间全都愣住了，根本不知道如何是好。紧接着，就听得父亲厉声责问寿彭："阿彭，我问你，今天的字你有没有练？我昨天让你背的书你有没有背？我看你啊，最近是完全变了，一天到晚就只知道玩，还带着你弟弟出去疯！捕鱼捉虾的本事即使练得再怎么大，将来难道能靠着它挣饭吃？简直是玩物丧志啊，实在是太没出息了！'少壮不努力，老大徒伤悲'，这古人的金玉良言，难道都忘到脑后去了吗？"宝珊越说越生气，一边说一边眼珠子骨碌骨碌转，想立马能找根棍棒，在他俩的屁股上敲打敲打，也好让他们长长记性。机灵的寿彭见状，知道父亲今天是真动肝火了，再这么呆下去，少不了吃顿皮肉苦，便连声说道："阿爸，我马上去练字，马上去背书，保证背得一字不差！你放心，以后我绝对不再带寿椿去玩了！"他嘴里这么说着，双脚已经开始向门外开溜了，而且边走还边直朝寿椿使眼色，暗示他赶快出屋溜之大吉。寿椿也是个灵巧人，对寿彭的暗示自然是心领神会，于是也就紧跟着寿彭从父亲的房里溜了出去。就这样，兄弟俩终于逃过了一顿皮肉之苦。孩子都溜走后，宝珊的气呢，自然也就慢慢地消退了。

榜样的作为虽然无声，但榜样的力量却是无穷的，母亲蒋氏见祖母夏氏和丈夫宝珊总是那么尽心着力地教育孩子，也就在默默中见样学样，对孩子的教育特别重视起来。

有一次，期末考试考完后，下午提前放学，又不再有什么作业，寿彭便跟几个同学一起到文庙去玩耍。江阴文庙跟其他县

的文庙有所不同，魁星阁里有一个比八仙桌还要大的特别显眼的"魁"字，并明文告知众人，说谁要是中了状元，这个"魁"字就可以移到他的家中去，以充分彰显他考中状元的特殊荣耀。不过，文庙里的这个"魁"字，却并没有写在魁星阁上，而是写在了大成殿后边的一面粉墙上。而且，长久以来还有这样一个令江阴人心中不悦的传说：当初这阁里那个身穿红袍、手执朱笔的魁星乃是个偏心眼，他将本来应该中在江阴的状元，竟胳膊朝外地拐到邻县去了。长久以来，这也就成了许多江阴人愤愤不平的一块心病。

寿彭和小伙伴们一起来到了粉墙前这个大大的"魁"字底下，一个个都目不转睛地紧盯着横看竖瞧，老是看个不停。忽然间，有一个孩子提出了这样一个建议："今天我们来个比赛，谁要是能用小石子掷中'魁'字头上那一撇，那就说明他将来准能中状元，我们现在就让他头插金花，身骑白马，给他好好地先祝贺一番！"众人一听，齐声叫好，没料想寿彭却跳出来反对说："这可不行，要是你也扔，他也扔，将那'魁'字给扔坏了，又该如何是好呢？"紧接着，他又扮了个鬼脸说，"要说中状元，将来还得看我的！"谁知他这一说，竟惹出了一场祸，只听得人群里顿即冒出了这样一个尖厉的声音："野猫头的儿子中状元，除非太阳能从西边升起来！"因为寿彭的父亲和母亲都是领养来的，所以此人也就这样嘲笑他。"野猫头的儿子同样也是人，为什么就不能中状元？"寿彭按捺不住心中的怒火，边说就边冲上去，一把揪住对方的胳膊跟他论理。而对方也不是善茬，当即就还手相对，于是双方就打起了架来。寿彭今天受了这样的侮辱，怒气直冲脑门，出手也就不免重了点，竟将对方打了个鼻青眼肿，可他的手也被对方咬了一口，被咬得连血都渗了出来。众人见此情状，都不愿轻易介入，以免自己也被连累其中，因此不一会儿也就一哄而散了。寿彭虽然满肚子憋着一股气，却又不敢马上回家诉说，没奈何只得依然在文庙附近来回转悠。

眼看太阳已将挨近城西青山的山顶了，可还没有见寿彭回家，祖母夏氏便将儿媳蒋氏叫到跟前，让她到邻居家的孩子那里去探探有没有寿彭的消息，然后再设法前去寻找。临行，她还特别叮嘱蒋氏：如果找到了，没有出现什么重大问题，那就赶快回家，免得一家人记挂；若是当真发生了什么特殊情况，那就必须采用正确的方法，加以妥善的处理。孩子幼小的心灵，就好比是含苞待放的花蕾，禁不起狂风暴雨的吹打，更禁不起大雪冰冻的摧残，必须像和煦的春风那样去吹拂，必须像温暖的春雨那样去滋润，花苞才能绽放出美丽的花朵。所以，即使孩子今天当真出了什么错，也千万不可随意斥责，更不能大声痛骂，因为那样的话，就不仅会给孩子的心灵造成巨大的伤害，而且还很可能会引起孩子极度的抵触，那就非但不能解决问题，反会引发更多更大的矛盾，日后解决起来势必就更加困难了。这时候，一定要采用软柴捆硬柴的方法，和风细雨地对孩子加以正确的引导。要坚信，寿彭是个很懂事的孩子，只要用合适的钥匙去开启他心头的那把锁，他就一定会听你的话，照你说的去办，问题也就一定会得到圆满的解决。蒋氏始终在点头点脑地悉心倾听着夏氏的话，临了她真心实意地表示：婆婆，您尽管放心，如果孩子出现了什么问题，我一定会按照您的吩咐，好好动动脑筋，用一把最合适、最管用的钥匙，去打开他那一时闭着的心门。

天擦黑时分，母亲蒋氏经过一番查询，终于得知了寿彭今天

遇到的麻烦事和他的行踪线索，并很快找到了他。寿彭见母亲亲自前来，满以为今天准定会遭一顿臭骂了，便老是低着个头，一声都不吭。没料想母亲竟然没有半句责怪他的话语，而只是很平静地牵着他的手，带他回家去，边走边跟他说了这么几句特别触动他心灵的话："要记住，不管遇到什么情况，都绝不是靠拳头能够争气的，只有你认真读好了书，有了真能耐，长了大本事，人家才会服帖你，甚至是敬佩你！我相信，凭着你这么高的悟性，你是一定能做到这一点的！"听了母亲的这一番话，寿彭的眼泪憋不住一下子就哗哗地流了下来，几乎将胸前的衣襟都滴湿了。就这样，母子俩一路边走边谈地往家中走去。

回到了家中，母亲跟祖母会心地使了个眼色后，一家人也就像往常一样，在一起说呀，笑呀，好像刚才什么事情都没有发生过一样。

过了些日子，寿彭终于得知了那天母亲找他回家的始末详情，不由得心潮涌动，五内俱感，情难自抑地从心底里迸发出了这样一句话："好婆（江阴人称祖母为'好婆'），您是值得我这一生永远学习和效法的榜样！"

在插叙了半农的这段故事后，现在再让我们回过头来说一说宝珊近来的遭际。尽管为了改变命运，为了过上好日子，宝珊在塾师王先生的指引下辛苦地度过了十年寒窗，但在最近一次的县试中，却还是落榜了。不过，即使是如此，夏氏亦非但没有责怪宝珊，反而特意介绍他到江阴东外三甲里小镇的表姐夫郁介子那里，让他去师从郁介子继续攻读，并鼓励他说："有志者事竟成，只要你心志坚定，始终刻苦努力，老天爷就终会开眼，让你有成功的那一天！"听了母亲夏氏这番激励的话语，宝珊顿觉周身暖意融融，陡增了继续奋进的力量。郁介子是当地有名的老秀才，虽然满肚子学问，但他无意于仕途，于是便隐居乡下，常年以教书为生。有了郁老先生的悉心指点，宝珊不仅学得更认真刻苦了，而且还渐渐摸到了读书入门的路径，水平自然也就日见其长了。到了 1896 年（清光绪二十二年），宝珊终于如愿以偿，考上了秀才。一时之间，家中贺客盈门，祝语声声，呈现出了前所未有的热闹场景。可此时此刻，夏氏仍不忘提醒宝珊，必须去三甲里先拜望恩师郁老先生，再去殷家埭拜望生身母亲，以表示自己始终不忘老师教育之恩和生母生养之恩的真诚心意。此事一经传开，人们无一不对夏氏竖起大拇指啧啧称夸。

宝珊考上了秀才，就具备了当教师的资格，人们对他也就刮目相看了。一时之间，家中那喜气洋洋的热闹场面，跟祖父刘汉早夭之后，家境窘困时门可罗的凄凉境况相较，形成了极为鲜明的对比，使人顿觉有着天壤之别。目睹这一情景，夏氏不胜感慨，她不由想起了在刘汉小有名声时，有些人经常前来攀亲道故，大献殷勤，而当刘汉故去后，就再也不见那些人的人影了，甚至是打刘家家门前经过，他们也会故意偏过了脑袋，根本就不愿再垮进刘家一步。夏氏饱尝了这世态炎凉、人情冷暖的滋味，所以就特别提醒宝珊，一定要明白这样一个道理："人生在世，需要的是患难时的帮助，而不是成功后的恭维。所以，我们都必须乐于做一个雪中送炭的人，而不要抢着去做锦上添花的人。"宝珊对母亲的这种大爱情怀，平素就一直敬佩有加，总觉得她的教育，严格中充满着爱心，明智中不乏温和，总是使自己既特别感到深深受益，又格外觉得暖意融融。现在听了她的这一席话，他对母亲的美好心灵和高尚情操，就有了更深透的认识，并觉得她的形象愈

发显得高大了，所以也就一迭连声地说："阿妈，你的这种言传身教，你的这些金玉良言，我一定会永生永世都铭记在心。"从此，宝珊就听从夏氏的嘱咐，以大爱之心在家中办起了私塾。

宝珊本就是一个勤奋踏实之人，而且这些年在学问上也大有长进，再加上现在他又决心切切实实地秉承夏氏的大爱之心来办学，所以他执教的私塾，很快就搞得风生水起，遐迩闻名，不仅本城的弟子纷纷来登门就读，就连乡下和外地的学生，也都慕名鱼贯前来做寄宿生。一时之间，刘氏家中就门庭若市，书声琅琅，好一派生机勃勃的景象。事业有成，收入稳定，刘家的日子也就从此一天天好了起来。可宝珊并不是一个满足现状的人，他勇于接受新生事物，富有创新精神，渐渐就觉得一天到晚都只是"之乎者也""子曰诗云"的教学内容，已经远远不能适应形势发展的需要了。因为在 1900 年前后，江阴城已有了日本留学生，引进了一些新的科学技术知识，大大开阔了人们的眼界。受这一情势变化的启发，宝珊的脑海里就萌生了创办新学的思想。既然有了这样的心思，自然就会去想方设法探寻新的发展方向。没多久，宝珊终于联系上了江阴学界的另一位知名人士杨绳武先生。跟杨先生见面一谈，两人竟然一拍即合，于是便决定联手筹创一所新式小学。1901 年，"翰墨林小学"（即现在江阴澄江中心小学的前身）终于正式成立。就这样，宝珊就由一位旧式私塾先生，一变而为一位新式小学的校长。而他的两个儿子寿彭和寿椿，也先后于 1901 年和 1902 年进入了翰墨林小学读书。学校里除国学课外，还开设了英语、数学、博物、体操、美术和音乐等新式课程，这些都是原本私塾里从来没有过的教学内容，所以也就激起了学生们浓厚的学习兴趣。寿彭和寿椿，不仅在这所学校里接受着新思想、新文化、新教育，同时由于父亲擅长国学，功底深厚，常常为他俩另外开些小灶，这就更是使他们在古典文学和唐诗宋词方面打下了扎实的基础。寿彭聪慧过人，成绩特别优秀，国文和英语尤其冒尖，这两项特长也因此成就了他一生事业的根基。他还特别善于思考，经常会提出一些颇富创意的新见。有一次，他就对当时的教材没有句读而甚感奇怪和不满，不由随手写下了这样一副对联："狗屁连天其中固有点，一语千金难道没得么？"语虽鄙俚，却初步展露了他敢于挑战传统的性格，同时也暗合了他日后事业发展的方向。

翰墨林小学正搞得红红火火，眼见刘家的生活也像芝麻开花，在节节升高，孰料世事无常，在寿彭 10 岁、寿椿 6 岁的这年春天，71 岁的祖母夏氏竟得了重病，久治不愈。临终前，她特别交代了两件事：一是关照宝珊和蒋氏，一定要好好教育寿彭和寿椿，务必让他们都能成材，因为只有他们才真正代表着刘家的未来；二是即使将来再苦再穷，也绝不能将这西横街 49 号的祖产房屋变卖，一定要一代一代传下去，让刘家不断兴旺发达。宝珊和蒋氏一边流泪，一边频频点头答应着。随后，夏氏就将她爱抚的目光久久地停留在了寿彭和寿椿的身上。此时此刻，机灵过人的两个孩子自然是心知其意，便边哭边大声叫着："好婆！好婆！您放心，我们永远都是您的好孙子！我们一定会竭尽最大努力，让自己成为一个有出息的人，使刘氏门庭很快得到振兴，来报答您的大恩大德！"在寿彭和寿椿的大声恸哭和感恩声中，夏氏这才安详地永远闭上了她的双眼。

祖母夏氏，虽只是中等身材，也并无花容月貌，常年都穿着自制蓝色土布袄，头上扎着黑土布护帽，而且还是个小脚蹒跚的

女人，不过她的眉眼和状貌，却都显示出她善良可亲和有主见有决断的鲜明个性特点。而事实也确实是如此，在丈夫英年早逝、自己独身守寡的情况下，为了振兴刘氏门庭，她硬是忍辱负重，筚路蓝缕，以自己的善良、坚强、勤劳、智慧和百折不挠的矢志努力，将振兴刘氏门庭的目标如愿地达成了，为自己的人生画上了一个极为圆满的句号。

寿彭是从小到大长期在祖母夏氏的照顾和关爱下成长起来的，对祖母的宝贵思想、坚韧性格和优良人品，自然就更是感受深切，并从中获益良多，所以即使是去欧洲留学期满归国后，在北京定居期间，他依然常常与当时已同在北京大学从教的两个弟弟一起，不时地追思夏氏振兴刘家门庭的恩德，一再提到如果没有夏氏，也就决不会有如今刘家的兴盛景象，并由此提出，要将江阴祖居的厅堂屋，命名为"思夏堂"。他甚至还进而建议：三兄弟在北京的住房里，也都应设立"思夏堂"，以表示对祖母夏氏永远的纪念。这就足见祖母夏氏在振兴刘氏门庭方面所起的非比寻常的作用，以及刘家后人对祖母夏氏无比敬重和无限思念的深笃感情。

祖母夏氏的去世，给了刘家极为沉重的打击，父亲宝珊悲痛万分，加之积劳成疾，患上了肺病，不能再教书了。家中因此而断了经济来源，而寿彭和寿椿又都在求学和长身体的阶段，这就使刘家又一次陷入了贫困的境地，有时甚至不得不借债度日。而就在这样的窘困之时，40多岁的蒋氏偏偏又怀上了第三胎。在当时那个时代里，到了这样的年龄再生孩子，都被认为是一件很难为情的事，加之考虑到如果再添一个孩子，家中的经济条件就必然愈发困难，所以蒋氏就一再设法打胎，可是由于当时缺乏应有的医学知识，使用的方法并不恰当，结果孩子没能打掉，却打出了一身的毛病。就这样，到1903年，老三北茂还是诞生了，所以刘家一家人都说北茂是"生不逢辰"。眼见北茂出生后，蒋氏浑身是病，而且日益严重，宝珊为了讨个吉利，便给老三取名"寿慈"，号"北茂"。"寿慈"，意即"盼慈母健康长寿"。"北茂"，也就是"北堂茂盛"的意思。在古汉语中，"北堂"其实也就是指"母亲"。这也就是说，不管是所起的名，抑或是所起的号，其深层的含意就都是希冀在家庭陷入困顿的时期，母亲蒋氏能健康平安，传承祖母夏氏的精神，同时也是对北茂寄托的一个期望，即希望他长大后也同样能担负起重振刘氏门庭的重任。

祖母去世了，但祖母夏氏和父亲宝珊以及母亲蒋氏的为人、思想和品格，都给刘氏三兄弟在思想、品德等诸多方面，留下了极为深刻的印象，并产生了十分深远的影响。此外，因为祖母、父亲和母亲特殊的社会关系，刘家始终跟农村的穷亲戚保持着千丝万缕的紧密联系，经年累月与这些穷亲戚常来常往，这就使刘氏三兄弟从小就对贫苦农民的生活、思想、感情甚至是语言，都有着极为深刻的了解，并由此建立起了朴素的平民思想。而这，显然就为他们日后的成长以及事业的发展，奠定了坚如磐石般的牢固基础。刘氏三兄弟在他们所从事的文学和音乐事业中，之所以始终都彰显着为民着想、为民服务的鲜明特色，应该说其源盖出于此。

小城江阴

刘氏三兄弟之所以能成长为声名赫赫的"刘氏三杰"，这固然与他们的家庭环境有关，与他们的祖母、父母的教育和影响有

关，与他们自身不懈的努力有关，而与此同时，无疑也与他们生活的大环境江阴小城，有着密不可分的关系。

　　江阴，北边就紧枕着浩荡的万里长江，水之南为阴，故而这一小城也就被命名为江阴。江阴城虽然不大，但历史却非常悠久，早在5000年前的新石器时代，就已有先民在这里繁衍生息；有文字记载的史实，亦已有2500多年之久。江阴东、南、西三面跟苏州、无锡、常州接壤，东距上海仅只159千米，西距南京也不过179千米，北边隔着长江，跟泰州、扬州、南通相邻，而所有这些邻近的城市，应该说都是经济比较发达的地区，它们对江阴的外溢作用，自然也就不言而喻。这样良好的地理环境，一般的县城可以说是鲜有能够比匹的。加之江阴土地肥沃，水源丰沛，灌溉便利，而且广大人民又都勤劳刻苦，具有宝贵的奋斗精神，所以物产较为丰富，生活相对富裕，素有鱼米之乡的美誉。经济的发展，交通的便捷，必然带来文化的繁荣，江阴自然也就成了吴文化的重要发源地。自1614年（明万历四十二年）起，至1905年（清光绪三十一年）废除科举考试止，江苏学政衙署更是驻节江阴历时292年。同时，1882年（清光绪八年）内阁学士、兵部左侍郎黄体芳（时任江苏学政）在离任前，因政绩显著及在文人学子中享有崇高声望，故而得到光绪皇帝破格留任的特令。为感谢皇恩，亦为在下一任期内能培养出更多的人才，黄体芳就倡议集资在学政所在地创办一所书院，并从宋朝理学家、教育家朱熹"南方之学，得其菁华"一语中提取"南菁"两字，作为书院之名，意在为国家超前培养经世济用的精英人才。就这样，"南菁"书院也就不仅成为江苏全省的最高学府，而且也成为大江南北文人荟萃的中心。正因为如此，江阴邑内也就读书之风盛行，文化气息浓郁，呈现出了人杰地灵、俊才辈出的大好景象。

说起文化，还有一点必须同样引起我们的足够重视，即江阴还是苏南民歌、民间文学和民间音乐的荟萃之地。这是因为江阴地势险要，历代的战争都难免会因此而受到波及，而在每一次战争中，人口的大量流动，也就使江阴在无形中吸收了各地的文化精华，使本地的民间文艺和民间音乐得到了进一步的丰富和发展。而这一文化背景，无疑对刘寿彭（半农）的诗歌创作会有较多的启发和推动，他的民歌体诗作之所以得以在国内独树一帜，独领风骚，这也显然是其中的一个重要原因。同时，这一文化背景对培养刘寿椿（天华）对民间音乐、特别是对二胡的热爱，就更是起了不可估量的作用。二胡在我国民间虽然广为流传，但可以说任何一个相对的地域，都远不及江南民间拥有这样的群众性、普及性和广泛性。而正是因为有了这样的基础，刘寿椿（天华）方得以从痴爱二胡，到创新二胡乐派，并进而到最终成为这一领域最高巅峰的艺术大师。诚然，作为吴文化重要发祥地之一的江阴，广大民众固然是赓续了吴地平和、细腻的民风，然而锁航江阴要塞和江海门户的这一独特地理位置，又让江阴成为历代兵家的必争之地，因此刚毅、果敢、气节、忠义的基因，也就在数千年的南北融合之中，深深地植根在了江阴人的血脉里。上文提到的江阴历史上有名的抗清守城 81 天的动人故事，就是一个最有力的例证。另外，如南宋抗金名将韩世忠、岳飞，就都曾在此屯守过；在明朝的抗倭斗争中，江阴民军也曾数度予敌重创，《明史》就有这样的记载："追寇至琉球大洋，与战，擒其魁十八人，斩首数十级，获倭船十余艘，收弓、刀、器械无算。"当今

的江阴，更是将"人心齐，民性刚，敢攀登，创一流"作为了
"江阴精神"，这就愈发充分地说明了江阴人民所特具的热爱祖
国、刚毅勇敢、敢于争先的秉性特点。人创造了文化，而文化又
反过来造就了人，正是历代江阴人创造的这一独具特色的文化，
很好地滋养了刘氏三兄弟，使他们不断地进步成长，并最终成就
了驰名华夏大地的"刘氏三杰"。20世纪世界著名的哲学家弗洛
伊德曾明确指出："据我看来，关于人类命运的问题，将取决于
文化的进程能否进行得很顺利……"他还进而认为：没有文化所
取得的升华作用，人类的文明只能永远处在"狼与狼"的状态
中，就不会有科学技术和文学艺术等巨大的成就。应该说，他的
这一见解，乃是鞭辟入里、切中问题要害的至理名言。所以，我
们在研究"刘氏三杰"卓然成家的原因时，除了要研究他们生存
的家庭和社会因素外，还必须研究他们的文化根基，以及他们由
文化根基所直接取向的精神渊源。唯有这样，我们对他们成长发
展过程的认识和理解，方能更为准确，更加全面。

刘半农（1891 年 5 月 27 日—1934 年 7 月 14 日），原名寿彭，后名复，初字半侬，后改半农，晚号曲庵。刘半农既是声名赫赫的"五四"新文化运动先驱，又是我国著名的诗人、小说家、杂文家、翻译家、语言学家、民俗学家、文物保护专家，以及我国民歌收集和创作的主要倡导者和实践者、我国现代实验语音学的开创者和摄影理论的奠基人。他多才多艺，头脑灵，点子多，不管是搞什么他都能有所建树，不管做什么他又都能做得有声有色，所以当时居于北京的鲁迅先生，曾称他为"上海来的才子"（刘半农是先去上海打拼，后来才去北京立足的——笔者），北京大学原校长蔡元培也曾这样称夸说：刘半农"可谓有兼人之才者矣"。

连中三元，初露锋芒

1907 年，17 岁的半农（即寿彭）从江阴翰墨林小学毕业，

随后即以江阴考生第一名的骄人成绩，考取了由八县联办的著名的常州府中学堂。常州府中学堂，是在当时我国内忧外患，民主运动日益高涨，国内知识界中的一些有识之士，积极主张废除科举，开办新学，努力传播新思想和新文化的背景下，开办起来的。首任校长屠元博，曾赴日本留学，并参加孙中山领导的同盟会。常州府中学堂是一所学校规模、课程设置和师资条件等，在当时的江苏省内均属一流的五年制中学。它文理并重，中西兼顾，思想活跃，当真是一所让人耳目一新的新式学校。因入学考试成绩突出，半农被编入二年级一班，五年的课程只需读四年就可以毕业。

半农就读常州府中学堂后，因为天资聪颖，且又勤奋好学，所以每次考试各科成绩都平均在 90 分以上，时时处处都给人以鹤立鸡群之感，故而也就备受校长屠无博的青睐。因为他的作文写得特别出色，又尤为国文教师童斐（字伯章）所赏识，他经常会在不同的场合，情不自禁地对半农一再加以宣传和表扬。听得多了，有些同学也就觉得心里多少有点不是滋味，于是就向屠校长告状，说是童伯章老师对刘半农过分偏爱云云。半农耳闻这些言语后，就以找同班同学屠校长之子屠正叔为名，利用星期日去屠校长家拜访。

半农来到屠府，在一个阿姨的引领下，穿过正厅，进到了里屋，见一位满头银发的老者正在读一本古书。半农一见，就想，这位老者一定是屠校长的父亲屠敬山了，因为对这位名声如雷贯耳的著名史学家，半农早就有所耳闻。所以，还没有等屠老问话，机敏过人的半农已毕恭毕敬地向屠老深深地鞠了个躬，并响亮地叫了声"太老师"。屠老闻声，抬头一见面前这位小青年，显然已心生好感，便微微地摆了摆手，示意他不要太过拘谨，并随即问道："你叫什么名字？找我又为何事？"半农刚要回答，没想到校长屠元博正好进屋，便向父亲介绍说："他叫刘寿彭（半农原名寿彭），跟正叔是同学，是我们学堂里尽人皆知的高材生。"

屠老当即问道："刘君既然是高材生，想必各科成绩俱佳吧？"

半农双手垂在两边，恭恭敬敬地如实回答道："各科成绩俱佳还说不上，学生我最怕读经。"

"哦"，屠老微微一笑，"不过不管怎么说，想必你对古文总会有一定的了解吧。我倒想问问，你觉得《左传》与《战国策》相较，哪个文学价值更高呢？不要有顾虑，尽管大胆地说！"

此时此刻，面对这样一位和蔼可亲的长者，半农的紧张情绪还真是全都抛到九霄云外去了。于是，他便直抒己见道："说实话，我更喜欢《战国策》，它立意高，格局奇，语言也生动，人物对话全都惟妙惟肖。《左传》呢，虽然以委婉曲折的文笔，较好地描绘出了波澜壮阔的战争场面，但我总觉得它不如《战国策》那么有独到之处，文笔也并不那么挥洒自如。"

屠老点头点脑地听完刘半农的这番话，便笑着对儿子说："看来他可以算是你的得意门生了。不过，就他刚才的对答而论，他亦已够格成为我的入室弟子。这样吧，今天让他对我行个弟子之礼，我先把他收下来，相信这对他以后的成才，必将会有更多的好处。"

还没等屠校长从父亲的这个突然决定中回过神来，没想到刘半农已先毕恭毕敬地跪了下来，朝屠老连叩了三个响头。

此时此刻，屠老的喜悦之情简直是难以言表，只见他抚摸着自己的花白胡须，呵呵地笑着，连声说道："好，好，好！"随后，他又对刘半农说："今后，你一定要多读书，特别是要在文史方面多下刻苦的功夫。"接着，他便给刘半农开了一张包括《史记》《汉书》等在内的长长书单。

屠敬山收刘半农为入室弟子的消息不胫而走，很快就像闪电一般飞速在常州府中学堂广为传开，成为一时之佳话。可是，"木秀于林，风必摧之；堆出于岸，流必湍之；行高于人，众必非之"，一些人出于嫉妒心理，得知此事后心里就觉得酸溜溜的，总不那么舒服。至于那几个本来就看刘半农不顺眼的同学，闻讯后就更是像跌进了醋罐里似的，心里愈发增添了对刘半农的不满情绪。于是，他们便散播了许多攻击刘半农的言论，说什么刘半农其实并没有什么真才实学，纯粹是靠了一张油嘴溜须拍马、取巧钻营，才赢得了屠敬山的垂青。有人甚至还无中生有，说什么他一定是送了江阴特产长江三鲜——刀鱼、鲥鱼和河豚，这才得到了那个老头儿的偏爱。

耳闻了这些闲言碎语，乃至是恶意攻击的言辞，才情满腹、心气颇高的半农，自然是怒火中烧，牙齿紧咬，恨不得立马就要去跟那些人辩个明白，决个高下。不过，一想到早些时候在文庙中的那次经历，一念及母亲蒋氏的那番谆谆教导，他随即就冷静了下来，明白冲动是魔鬼，再也不能像上次那样去莽撞行事了。因为在目前的这种情况下，辩白和反击都将无济于事，弄不好反会遭到更多不明真相的人的非议，从而引出更多的麻烦，使自己处于愈发不利的境地。那该怎么办才好呢？经过一番慎重的思考，他觉得最好的应对办法应该是：等待时机，瞅准机会，用无可争辩的事实，来进一步证明自己所具有的过硬的学识和出众的能耐。到那个时候，所有的攻击乃至于谣言，岂不也就全都不攻自破了么？

没过多久，他所企盼的机会，还终于被他给等来了。一天下午，常州知府翰林御史黄步瀛，专程来到常州府中学堂视察。作为八个县的地方父母官，黄步瀛不仅能诗善文，而且还十分关心国事和民生。他想到前不久，黑龙江哈尔滨发生了一件震惊中外的大事：朝鲜人安重根（字应七），刺杀了日本侵朝头目伊藤博文。所以来到常州府中学堂后，他便依据这一事件，给全校学生出了这样一道作文考题：《安应七刺杀伊藤博文》。想以此来实地考察一下学堂里学生对时政的关注程度和作文水平。

安应七刺杀伊藤博文，这在当时是一条极具轰动效应的新闻，平日里对国情民事十分关心的半农，不仅从各大报刊上看到过，而且还从学校图书馆的报刊上见到了安应七被捕时的照片，从而在脑海里留下了极为深刻的印象：安应七虽然被几个凶恶的日本鬼子绑押着，但他坚定的眼神，抿紧的嘴角，分明显示了一个勇敢的爱国者视死如归的刚毅精神。正因为这样，半农一见到知府黄步瀛出的这道作文考题，头脑中立刻就浮现出了安应七刚毅坚强、视死如归的英勇形象，并由此自然而然地联想到了那些腐朽没落、贪生怕死、公然置人民和国家利益于不顾的大清王朝的高官们，甘愿跟英国、俄国、日本、德国等列强签订许多卖国条约的种种恶行，胸中种种充满激情的话语，也就顷刻间全都喷薄而出，于是他便如有神助似的奋笔疾书，一挥而就，写下了下面这篇佳妙文章：

　　朝鲜本是我国友邦，自日俄战争起，悉受日本主宰，朝鲜名存实亡。统监朝鲜者，伊藤博文也。朝鲜的有识之士，欲生啖伊藤博文肉者众矣。安应七曾谓，生当作救国之英雄，死也为幽冥之鬼雄。于是他挟持手枪，将伊藤击毙。此惊天地、泣鬼神之壮举，正表明人民之不可侮也。有人曾谓此将予日本以口实，朝鲜有志之士，将杀戮殆尽，无复孑遗，此真乃谬说。日本之残酷暴虐，无复人理，实惧民心不死。倘若众人甘心做亡国奴隶，任敌驱策，朝鲜即使有复国之望，亦将永沦敌手。安应七为一血性男子，使侵朝元凶横尸哈尔滨，这不仅使朝鲜士气大振，更使侵略者知朝鲜不会拱手让于日本。今日日本既得朝鲜之后，更逞其得陇望蜀之心，与俄勾结，瓜分我满洲，又将魔爪伸入蒙古，以图握得东亚霸权。倘若吾人对安应七之壮举，麻木不仁，则今日哀朝鲜，又恐日后他哀我也。我政府何以为之，我国民何以自处，勿以哀朝鲜者转而自哀，则神州有望矣。安应七一世之雄也，倘若我国有千万个安应七，则不管碧眼黄须儿，抑或东邻小鬼，则再也不敢蠢动矣。安应七之名，将与日月同在。

黄步瀛兴奋地读完半农的这篇文章，不禁击掌大呼："痛快！痛快！立论正大，吐词雄浑，有学之文也！"就这样，黄步瀛将半农的这篇文章定为了第一名。接着，他又激动地大声说道，"当今西方各国之所以勃兴，就在于有兴盛的学校教育。学校新教，要有所用，有所求，这样才能内无乱，外无侮！"说完，他又当众宣布："本府为了鼓励学生能关心与当前实际相关的学问，决定捐款该生学费一年！"屠元博校长闻听后，也当即顺着知府的话说道："大人能开发明智，奖励学生，我校也决定给予该生免收一年的学杂伙食费。"

此事过后，谣言果然不攻自破，就连原先那些非常嫉妒半农的人，也都无话可说，只能甘拜下风。好消息就像长了翅膀似的，很快就传到了江阴县城。翰墨林小学的同事们纷纷向刘宝珊表示祝贺："令公子真是才高八斗啊，可喜可贺！"母亲蒋氏听说了，也喜上眉梢，暖意涌动，一来是为儿子高兴，二来是为减免了学费和杂费而宽心。想当初，半农到常州上学时，学费、杂费不算，单为给半农购置新衣衫、新铺盖等生活用品，刘宝珊就当掉了一块怀表，蒋氏也当掉了一只金戒子。现在常州知府奖励一年学费，常州府中学堂也减免一年的学杂伙食费，这就大大减轻了家中的经济负担，这叫蒋氏怎么能不由衷高兴呢？趁此机会，她又特别关照才六岁的小儿子北茂："你也一定要好好向你的大哥学习，认认真真地读好书，将来做一个有本事、有出息的人！"

就这样，半农进入常州府中学堂以后，每次考试几乎都名列第一，总是被学校列入"最优等"，一时声名大噪，校内可说是无人不知少年才俊半农的大名。跟半农同期录取常州府中学堂，后来蜚声海内外的国学大师钱穆，对这段往事就一直记忆犹新，他曾这样动情地回忆说："不三月，寿彭（即半农）连中三元，同学都争以一识刘寿彭为荣。"

半农在常州府中学堂何以能接连取得这样骄人的优异成绩呢？人们一般都把它归因于半农过人的禀赋，而实际情况却并不尽然如此。其实，除了天资聪颖之外，半农的勤奋努力也起了相当重要的作用。除了上课之外，去图书馆中读书，乃是半农在学堂里的必修课。每天只要一下课，完成了作业后，他就准会出

现在校图书馆里。他在图书馆里借阅的书籍，除《史记》《汉书》
《泰西轶事》等，也有作八股文和八韵诗时可以借鉴的《大题文
库》《小题文库》《诗韵合璧》，还有卷帙浩繁的《四库全书》，以
及翻译书籍《普通百科全书》等。此外，不论是介绍英、美、
法、俄、德等国的通史，还是国内的历史典故、奇闻逸事以及小
说丛书，也都在他的阅读范围之内。他当时到底读了多少书，现
在恐怕已很难有人能一一说清道明了。在刻苦读书之外，他还以
格律诗的形式向报刊投稿。他写的长诗《科举谣》，从唐太宗的
开科取士，写到了几年前科举考场上的种种弊端，披露了许多考
生尽管在考卷上大谈仁义道德，而实际上却都是"择肥而噬"的
利禄之徒。这就不仅有力地鞭挞了科举制度的极大罪恶，而且还
从当前中国的现状出发，旗帜鲜明地倡导了青年学子的正确努力
方向："投笔从戎识时势，誓将头颅酬众生。"随后，他便将这首
诗寄给了上海的《民吁日报》。4个月后，《民吁日报》的《丛谈》
栏目即刊发了这首长诗，并在常州府中学堂里又一次引起了极大
的轰动。从此，半农就一发而不可收，不断创作，不断投稿，文
章、诗歌、译文，经常在各种报刊上发表。校长屠元博见了，心
里真是乐开了花，便在多种场合一再赞许说："刘半农各科成绩
俱佳，且能翻译英文，并给报刊撰稿，这可真是我们常州府中学
堂的光荣啊！"

不幸接踵，离常回澄

半农、天华、北茂的母亲蒋氏，自打来到刘家后，可以说
一直是吃苦受累，没有享过一天的福。特别是在婆婆夏氏去世

之后，她就更是扛起了家中的大小事情，无论是家中的米面油盐酱醋茶，还是宝珊和三个孩子的四季穿着，无一不是她在操心着。每天她都是第一个起床，起来后就干这干那忙着做各种家务活；每一顿饭她都是最后一个吃，吃的又大多是剩饭和剩菜；每晚她都是最晚一个睡觉，因为晚上她还得在月光下担水洗衣，忙个不停。长年累月这么劳累着、辛苦着，渐渐地，她终于也撑不住了。眼见妻子的身子骨一天不如一天，宝珊在万般无奈的情况下，只得寄希望于民间的"冲喜"习俗。所谓"冲喜"，就是家中有危重患者时，可以借助办喜事的方法来驱赶病魔，以期让病人转危为安。知道自己来日不多的蒋氏，对宝珊的这一想法也给予了支持，一方面她是期盼此举真能产生奇效，让自己的身体渐渐好起来，另一方面她也挺希望自己在去世前能见到大儿子完成婚姻大事，因为半农已经20岁，也到了该结婚的年龄了。既然夫妻两人的意见相合，宝珊就立刻给在常州府中学堂读书的半农去信，说是母亲病危，盼速速返家。半农接信以后，便携同也已去常州府中学堂读书的弟弟天华，一起向校方请假，匆匆赶回了家中。来到母亲床前，蒋氏就用低得几乎听不清的微弱声音，对半农说："阿彭（半农原名寿彭），朱惠已经23岁了，不能再耽误她的青春了！"

宝珊也紧跟着说："孩子，我已经跟你娘商量好了，打算叫你跟朱惠结婚，给你娘冲喜，你娘一高兴，说不定病就果真会一天天好起来。"

半农听父母这么一讲，就说："只要娘的身体能好起来，我跟朱惠结婚冲喜是好事。冲喜后，就让她回去，等我今后有了正式工作，赚了钱，再跟她正式办结婚典礼。"

卧躺在床的母亲蒋氏，听半农这么一说，便硬撑着虚弱的身子，抬起头盯着半农说："你书读得好，文章又写得漂亮，今后还怕没有好工作？为娘我身体不好，冲喜后就让朱惠住在我们家，这样也好对我有个照应嘛！"

"好，好的，一切都听你和阿爹的安排！"一向孝顺的半农，连连这么应承着。

说起半农跟未婚妻朱惠（朱惠名惠英，字惠，家人和亲友都习惯叫她朱惠）的姻缘，也有一点传奇色彩。母亲蒋氏信佛，常去离家不远的涌塔庵烧香念佛，有时候半农和天华也一起跟着去。朱惠她娘也是个虔诚的佛教徒，她去念佛时，也常带着大女儿朱惠。一来二去的，蒋氏跟朱惠娘也就成了无话不谈的好姐妹。那一年，半农11岁，虽尚未完全发育，但已见英气逼人，朱惠13岁，那弯弯的眉毛下忽闪着一双水灵灵的大眼睛，已出落得像画中人那样的漂亮。朱惠娘便常在蒋氏面前夸赞半农："你家半农真有出息，小小年纪，就会吟诗作对写文章，你可真是前世修来的好福气啊！"

"阿姐，我倒看中你家大女儿朱惠，她不但人长得漂亮，而且还心灵手巧，懂事明理。要是阿姐肯将朱惠给我做大儿媳妇，那我才真是前世修来的好福气！"

听半农娘这么一说，朱惠娘不由得也心动了，但考虑到女儿比半农大三岁，便决定回家跟朱惠爹商量商量再作道理。朱惠爹虽是帽店店员，却也从小就熟读四书五经，因此对大女儿能嫁给聪明过人的半农，还是相当满意的。不料想，宝珊却因为朱惠比半农大三岁，始终摇着头不肯答应。于是，朱家便改口将朱惠的妹妹许给半农。这一改口，宝珊也就同意了。焉料世事难测，没多久朱惠的妹妹竟因病去世了。随后，朱家又再次提出将朱惠许配给半农的事。这一次，宝珊终于松口应允了，一来是因为朱家的这一突然变故，使宝珊对朱家产生了很大的同情心；二来是朱家如此器重半农，宝珊不由得深深被他们的诚意所感动；三来是民间确有"妻大一，黄金堆屋脊；妻大二，黄金铺满地；妻大三，黄金堆成山"之说，自己虽然对这些说法并不那么信，但想来妻大三也绝对不会有什么坏处，更何况那女孩子他也曾见过，样貌和品性都相当不错，所以他觉得这一回再也不能轻易拒绝了。表面看起来，半农与朱惠的这桩婚事，主要是因为双方家长的撮合，而其实呢，半农和朱惠两人，早就在自小青梅竹马的接触交往中，心心相印，情投意合，甚至连朱惠的放脚之事（封建社会里人们不懂科学，一直提倡用厚布给女孩缠小脚，严重影响了女孩的健康成长；"放脚"，就是彻底去掉女孩的缠脚布，将女孩的脚放大，以使她们能健康成长），也是在半农的积极倡导下，才得以实施的。所以，朱惠对半农一直都心存感激之情，时时都念着他对自己的好。现在，事情兜了一个圈子后，终于又回到了原点，小两口儿的心中，自然也就更是有着诉说不尽的欣喜之情。

　　既然结婚冲喜的事情既切合大人的心意，又与孩子的心愿完全相投，刘家自然也就立马着手操办起来。"呼——啪！呼——啪！"在喜庆的爆竹声中，刘家的堂屋里挤满了前来贺喜和看热闹的人。当然，今天最引人瞩目的，无疑是新郎和新娘这两位婚礼中的主角。只见新郎半农身穿一件簇新挺括的藏青色长袍，胸前还别着一朵胸花，脚上则穿着一双锃亮的黑色皮鞋，这就更显现出他那喜气洋洋、神采奕奕的模样。新娘朱惠，身着中国传统

的修身旗袍，她的体态美和曲线美就由此得到了更充分的显现，旗袍上绣有的山水、牡丹、锦鲤等图案，寓意着百年好合和幸福快乐，这就既尽显了新娘光彩照人的风采，又更好凸显了婚礼喜庆欢乐的气氛。大家都目不转睛地紧盯着这对新人左看右瞧，一起发出了一声声由衷的赞叹："新郎官真帅气！""新娘子特漂亮！""新郎新娘如此般配，当真是难得一见的天作之合呀！"进入洞房后，半农回想起这"有情人终成眷属"的有趣经历，更是心潮涌动，暖意融融，便情不自禁地紧紧将朱惠拥入了自己的怀中……

然而冲喜之后，不知是因见大儿子结婚而过度兴奋，还是因操办婚事时太过劳心费神，母亲蒋氏的病非但没有见好，反而愈发的严重，连医生见了也束手无策，回天乏术了。1910年6月19日，在一家老小的恸哭声中，蒋氏很不情愿地咽下了最后一口气，无可奈何地驾鹤西去，走上了那条不归路。这样，刚尝到新婚甜蜜的半农，顷刻间就跌入了伤心欲绝的痛苦深渊中。此时此刻，母亲蒋氏苦难的一生，就像播放电影似的一幕幕浮现在了他的眼前：出生不久，她就被抛弃在冰冻的河面上，差点儿就此丢了小命；半农小时候，她总是精心照料，还经常轻声地哼唱着童谣和儿歌，既逗半农开心，又开发半农的智力；经年累月，从早到晚，她不是煮饭、洗衣，就是织布、拾掇后园；在家中艰困的时候，她成天都为家中的事儿操劳，从不为她自己着想，总是把家里的事情全都料理得妥妥帖帖，而她自己的难处却一概置之脑后，不管不顾；即使是最近她处在生命垂危的境况中，亦依然为儿子和儿媳的婚姻操碎了心……半农这么思着想着，热泪止不住扑簌簌直掉下来，甚至连嗓子都哭哑了。朱惠目睹了半农的这一情状，也不由得哭成了一个泪人儿。过了好一会儿，她才硬是止住了哭，劝慰丈夫道："人死不能复生，你也得要注意自己的身体才行。你一定比我更加懂得，对娘最好的报答，莫过于你在读书学习方面取得更好的成绩。唯有这样，娘在九泉之下，才能够含笑安心。"

家人为母亲蒋氏穿上了平时她根本不舍得穿的祖母夏氏为她亲手缝制的那件红缎袄，静静地躺在棺木中后，被安葬在了江阴西门外的青山上。

丧事经办完毕，半农和天华便去到常州，准备继续他们的学业。可万万没有想到的是，1911 年 10 月 10 日，震惊中外的武昌起义爆发了，拉开了辛亥革命的序幕，而且革命风暴一下子就席卷了中国大地。一时之间，由于社会动荡，政局变革，以及经费紧张等诸多原因，常州府中学堂不得不于 10 月 25 日宣告停办。就这样，半农和天华的中学读书时代就此结束，不得不怏怏不乐地回到了江阴老家。

投笔从戎，折翼而返

半农和天华回到家中时，江阴也已在辛亥革命浪潮的冲击下，出现了倾向于革命的新形势。半农在受翰墨林小学王校长之聘回母校任教后，就自发组织了"××青年团"，并担任了青年团的领导职务，为革命出谋划策，奔走呼号。在此期间，他还特别主持编演了几出文明戏，向群众宣传革命。他跟天华合演的一个戏剧小品也非常成功，在群众中产生了相当不错的影响，以致人们都纷纷称夸说，想不到刘半农、刘天华这两个白面书生，竟

然还能将文明戏演得如此之好！

与此同时，刘半农还应章文楠、吴研因和薛晓升这三位江阴知名人士之邀，参与了以宣传新学识、新技术、新思想和简明新闻为宗旨的《江阴杂志》的编辑工作。因发现用笔名"咄农"发文的吴研因文章写得特别出色（吴研因日后成为了著名教育家，确实是个文采出众的人才——笔者），半农深觉自己的学识和能力只及他的一半，所以就给自己起了个"半侬"的笔名。

时代风云不断变幻，革命浪潮一浪高过一浪，一天，半农从报纸上看到上海、广东、云南、九江、清江等地的革命军都成立了军政府，并在招募人才，扩充实力，不由怦然心动。经过一番认真的考虑，他终于决定投笔从戎，前去清江。于是，他就跟天华这么商量："我先去清江，如果干得好，再叫你去；若是干得不好，我就回来再作道理。我走之后，家里阿爹身体不好，小弟还小，你要帮阿嫂多做一点，多照应一点。"天华听了，一一点头应允。回家后，半农先跟朱惠商量，不料朱惠坚决不同意，说道："好铁不打钉，好男不当兵，你绝对不能去当兵！再说，清江那边你两眼一抹黑，举目无亲，去了一旦遇到问题，呼天天不应，喊地地不灵，那可如何是好呢？"

"路是自己走出来的，天地都得靠自己去闯！"半农的语气斩钉截铁。

"你在翰墨林教书，安安稳稳，又有固定收入，有什么不好呢？为什么偏要异想天开，去那人生地不熟的清江当兵？要是去了万一有什么闪失，我和阿爹、二弟、小弟怎么办？以往无论你做什么事，我都听从你，支持你，从来都没有拦过你，这一回你不征得父亲和我的同意，也不顾及两个弟弟都还年幼，就擅自决定要去从什么军，我是断然不会同意的！"从来都温顺贤惠的朱惠，这一次竟也显露出了江阴人所特有的刚强秉性。

听得小两口的声音提得愈来愈高，争论愈来愈激烈，宝珊不得不现身出场了。宝珊对半农的态度，通常都是较为温和的，可这一次他却丝毫不留情面，一见面就劈头盖脸地说："阿彭，你以往做事都比较得体，可这一回却要抛家别妻，前去清江投奔什么革命军，这事也不免做得太出格了！再说，那投笔从戎的事，少你一个，难道天就会塌下来吗？"

半农听父亲的话说得这么刺耳，马上就不客气地顶了这么一句："要是每个人都这么想，天还真就会塌下来！"

被半农这么一呛，宝珊可当真是恼火了："不管你说得怎么天花乱坠，这一回我就是不让你去！"

朱惠和父亲不会同意他去清江的事，其实早就在半农的预料之中，故而他早就想好了对策，只听得他立马就火蹦蹦地回了这么一句："不管你们怎么反对，我都会采取三不主义！"

听半农这么一说，宝珊和朱惠都有点发愣，不知他葫芦里到底是卖的什么药，便齐声追问道："什么三不主义？"

"不吃饭，不睡觉，不说话！"才说完，半农就掉头带了两本书，去后院老井旁的晒酱台上躺了下来，一本书当枕头，另一本书则拿在手中看。晒酱台不长，脚都不能伸直，他就两腿缩起了搁架着。躺着看书看累了，他就朝向天空看。宝珊和朱惠跟过去见了半农的这番模样，时间越长心里就越着急。这倒并不是因为半农没有吃晚饭，而是因为晒酱台是块大青石板，阴寒之气逼人，任何人在上面时间躺长了，准会得病。宝珊和朱惠几次叫半农去屋里睡，可他都是我行我素，压根儿就不回话。随后，天

华和北茂也过来给半农递上了一条旧被子，可半农也摆摆手拒绝了。时间一分一秒地过去，天渐渐地黑了，夜渐渐地深了，秋天的夜晚，天寒风冷，若是再这么在青石板上继续躺下去，那是一准要生大病的！面对这一情况，宝珊只得无奈地说："好吧，你想去哪里，就去哪里吧，我不再做你的主！"朱惠更是含着眼泪说："快去屋里吧，受了冻得了病，那可不是闹着玩的。你要去清江，就去清江吧，我也不拦你了！"

半农就这样凭着他火热的爱国热情，凭着他坚强的意志，凭着他对父亲和妻子心理轨迹的准确预测，坚信父亲和妻子是迟早会作出让步，同意自己去清江的决定的。果不其然，他的预测现在还当真是应验了。

第二天一早，半农就怀抱着美好的憧憬，去到了"喉襟关重地，鼓角动边楼"的历史名城清江。入伍时，他还特意将自己的名字改为了刘复，以表示他光复中华的壮志雄心。入伍后，因为他文才出众，所以在军队中担任文牍和翻译工作。

理想通常都非常美好，可现实却往往会让人碰一鼻子灰。刘半农去清江后不久，即形势骤变，袁世凯窃取了革命政权，所谓的革命军内，便顿显乌烟瘴气，不堪入目。极度失望的半农，也就不得不"一肩行李，踽踽南旋"，返回了江阴。跨进家门时，半农心里还真有点"无颜见江东父老"的那种感觉，然而知子莫若父，温柔莫若妻，宝珊和朱惠却都没有对他有半句埋怨和责怪的话，反而都和颜悦色地说："好，好！回来就好，回来就好！"听闻此言，半农心里不由涌起了股股暖流。不过，在他的内心深处，却依然在进行着这样极为深刻的反思：从今以后，每遇大事，都绝不能再仅凭一腔热血，就率意而为，因为一旦搞不好，就将遭遇重挫，折翼而归；而是一定要多从困难处考虑，慎思而后动，这才能逢山开路，遇水架桥，横扫一切艰难险阻，旗开得胜。

心情稍稍平复后，为了驱散心头余剩的阴霾，半农就带着天华和朱惠，一起去离家不远的兴国塔那里散散心。兴国塔历经千年风霜，虽须弥柱已经残缺，壁画亦已斑驳，但它依然屹立着，显示着它那不屈的身姿。还有那在塔身砖缝里钻出来的野草和常青藤，亦照样在展现着它们富有顽强生命力的青绿颜色。这一切，都给了半农很大的触动，他便深有感触地对天华说："这兴国塔，象征着我们江阴人的硬骨头精神，这绿色的野草，也彰显着入冬叶枯萎，春来又葳蕤的倔劲，这就都是在向我们昭示：尽管前路曲折坎坷，但只要绝不泄气，敢想敢闯，就一定能迎来金光灿灿的光明前景！"稍停片刻后，他又接着说，"事实上，天无绝人之路，只要肯闯，即使是在荆棘丛中，也一定能辟出一条大路来！最近，就有个朋友介绍我到上海开明剧社去当编剧，我觉得研究新剧乃是改良社会的一条捷径，前些时我之所以想去但又没有去，是因为我的志向并不在于此，所以也就搁置了下来。不过，眼下处在了这样的困境之中，我已决定前去，并把二弟也一起带去。到了那里，我当编剧，二弟则可以在乐团里工作。"

"好呀，好呀，这实在是太好不过了！"天华一听去搞音乐，这可是他心中的最爱，所以高兴得几乎要跳起来。不过，他转念一想，又不得不说道，"我们现在家里穷得叮当响，哪来去上海的路费呢？"

"这个你别愁，我马上去我娘家想办法。"说着，朱惠便转身去了。过了一顿饭的工夫，她果然就将去上海的路费给借来了。

小说新秀，惊动上海

　　1912年初春，半农、天华俩兄弟就来到了大上海。东问西询，找了好一阵子，好不容易找到了坐落在汉口路拐弯处的开明剧社。开明剧社是为了响应孙中山"必须唤起民众"的号召，而建立的演出我国最早话剧的进步团体，剧社社长李启磐，具有爱国民主思想，学识渊博，且多才多艺，既能创作，又能演出。剧社乐队负责人朱旭东，是清末音乐界可数之人才，且思想进步，曾因参加辛亥革命坐过牢。开明剧社在他俩的带领下，以演现代文明戏为主，向大家宣传爱国、民主的思想，在上海颇具影响力。半农和天华来到这里，仿佛走进了一片全新的天地，眼界顿觉大为开阔。天华跟着朱旭东，很快就学到了许多东西，也颇得朱旭东的赏识，并因此而立下了献身音乐事业的决心。有关这些，在本书下面专写天华的部分将作具体展开，这里就暂且按下不表。

　　半农来到了开明剧社后，他编译的剧本《好事多磨》，没多久就上演了，因人手不够，他自己还在剧中扮演了一个顽童丑角。演出那天，说来也巧，在上海《时事新报》当编辑的徐半梅正好前来观摩，刚到后台，李社长就将半农领到他的面前，请他帮助化妆。而在这一过程中，两人就亲热地交谈了起来。一听徐半梅说他在《时事新报》当编辑，笔名叫卓呆后，半农就极为高兴地说："我在《时事新报》上经常拜读您的文章，昨天我还读了您翻译的托尔斯泰的小说，译文流畅极了！"

　　"怎么，您也喜欢译文？您喜欢谁的作品呢？"

"我在常州府中学堂时，就曾试着翻译过一些诗歌。"接着，半农又具体介绍了自己喜欢的作品。临别时，徐半梅挺亲切地拍了拍半农的后背说："如果您有译好的文章，请寄给我看看。"

没过几天，半农就将自己翻译的两篇小说给了徐半梅。徐半梅看后，觉得半农的译文畅达、清新，还带点儿活泼，便把其中的一篇刊登在自己编辑的《时事新报》上，将另一篇推荐给了中华书局的《小说界》杂志。这年夏天，经徐半梅介绍，半农还兼任了《中华新报》的特约编辑，后来又在中华书局当上了编译员。

正当半农和天华觉得在开明剧社生活充实，大有奔头时，没料想因开明剧社所演剧目都带有反帝反封建或讽刺资产阶级腐朽生活的鲜明色彩，引起了当局的强烈不满，再加上经费不足等原因，不得不中途解散。这意外的变故，使尚无特异专长的天华不得不就此回归故里。而半农呢，则靠着他手中那支夭娇灵动的笔，在上海站住了脚跟。

1913年10月，半农在《时事新报》举行的征文比赛中发表了一篇百字小说《秋声》，虽篇幅短小，却以犀利的笔锋有力地揭露了辫帅张勋镇压二次革命，荼毒地方百姓的罪行，所以荣获了该报悬赏的一等奖。这无疑给了半农很大的激励，从此他便一发而不可收，走上了一条以文谋生的道路。

半农所写的作品大多发表在《时事新报》《小说月报》《中华小说界》《小说海》和《礼拜六》等后来被刘半农本人也讥为"鸳鸯蝴蝶派"的刊物上，他本人亦与鸳鸯蝴蝶派的代表人物包天笑、张恨水、严独鹤、程小青、周瘦鹃等有较多的交往。然而尽管如此，半农却并没有成为"鸳鸯蝴蝶派"，他的作品与鸳鸯

蝴蝶派还是有着明显区别的。众所周知,鸳鸯蝴蝶派作家惯于用文言文描写才子佳人、风花雪月之类的言情小说,"卅六鸳鸯同命鸟,一双蝴蝶可怜虫",乃是这派作家笔下的永恒主题。而半农的作品,却很少涉及这类题材,自有其独特的品相和风貌。他写小说,几乎每一篇都能弄出一个新名堂;搞翻译,则重在具有吸引力,所以尤多侦探小说。从翻译的作品来看,半农翻译的也多半是英国的狄更斯,俄国的托尔斯泰、高尔基,丹麦的安徒生,日本的德富芦花,以及美国的欧文等人的作品,大多是具有进步意义的世界名著。很显然,这些作品跟鸳鸯蝴蝶派的风格取向迥异,对开拓国人视野,启迪民众智慧,对针砭各种时弊,讨伐封建腐朽思想,都有着不可低估的作用。从他自己创作的小说来说,也同样与鸳鸯蝴蝶派小说格调迥异。譬如他的《稗史罪言》,就深刻揭露了当时"官遇老百姓胜,老百姓畏官也;洋鬼子遇官胜,官畏洋鬼子也;老百姓遇洋鬼子胜,洋鬼子畏老百姓之毁教也"的阶级关系和社会现实。又如他的《催租叟》,更是通过巧妙的安排和强烈的对比,狠狠地鞭笞了为富不仁者,热情讴歌了劳苦的工人形象。像这样诅咒旧社会昏庸黑暗,同情劳苦大众贫困生活的作品,在鸳鸯蝴蝶派作家的作品中,是根本无以得见的。

诚然,为了迎合读者的口味,半农也给自己起了几个艳俗的名字,如寒星、范奴冬等,而用得最多的笔名就是半侬。就当时的情势来说,他这样做应该说也是完全可以理解的,无须求全责备。

由于国文功底好,悟性高,再加上勤奋努力,五年间半农先后发表了翻译及创作小说40多部,累计百万余字,很快就成为上海滩文坛上一个十分活跃的小说新秀，受到许多读者的热情追捧。通过不畏艰难的勤苦奋斗，半农终于用他的一支生花妙笔，在上海滩上打拼出了一片属于自己的新天地，并赢得了"江阴才子"和"文坛魁首"等美名。

1916 年，中华书局遇到了财政危机，导致大量裁员，为避免书局领导的尴尬，半农便主动提出辞职，临时去实验学校和中华铁路学校任教，担任应用文写作和中国文法的教学工作。中国文法的课程，在当时国内可以说是属于首创。正是因为有了这样的教学经历，才催生了他后来出版的《中国文法概论》这一开拓性的著作，同时也使他此后出任北京大学预科教授师出有名。

结识独秀，思想转向

由于半农的作品不仅内容充满了对劳动人民的深切同情和对国家前途的深度忧虑，而且文笔也清新流畅，活泼生动，所以引起了《新青年》主编陈独秀的关注，并开始向半农约稿。而半农呢，亦在靠向媒体投稿为生的过程中，从报刊堆里发现了风貌特异、内容出新的《新青年》，便主动去编辑部拜会陈独秀（字仲甫）。陈独秀虽然穿着一件灰布长衫，但还是遮掩不了他的儒雅风度和英俊才气。一见之下，半农就顿觉这《新青年》的主编，果然是个不同凡响的人物，当即就说："陈先生，贵刊创刊号《敬告青年》一文提出的 6 条宗旨，十分精彩，我举双手赞同。确实，闭关自守的中国委实是太落后了，如果我们再这么麻木不仁下去，势必会继续挨打！"陈独秀见这圆头大脑，眼有芒角，生气勃勃的年轻人，一开口就谈吐不俗，不觉甚是喜爱。接着，两人就围绕着这个话题展开了一席长谈，滔滔不绝地交谈了好长时间。说到最后，陈独秀高屋建瓴，见地精到，气势恢宏，摄人心魄地说："今日之中国，列强虎视眈眈，军阀混战，民不聊生，针对这一现状，只有深刻总结辛亥革命的教训，把德谟克拉西（民主）和赛因斯（科学）这两位先生请进来，中国才有希望。在这阴霾密布的日子里，我们《新青年》提倡反对复古倒退，大力破除旧封建、旧文化、旧思想。中国的希望就寄托在广大青年身上，我们《新青年》杂志的使命，就是向守旧派宣战！为青年，为中国光明的未来摇旗呐喊！"就这样，通过这一次拜会，半农就如遇灯塔一般，顿觉心明了，眼亮了，一下就感到自己原本在上海滩上所认识的那些所谓文坛大腕，无论是在思想上、境界上，还是对中国文化的认知上，都根本无法与陈独秀比肩。在陈独秀面前，那些人不过是高山脚下的一抔黄土而已。从此，半农便决意脱离旧文人圈子，坚定不移地投身到陈独秀的麾下，做一名冲锋陷阵的英勇战士。

1917 年春节前，半农携带妻子朱惠，抱着襁褓中的女儿小惠，回江阴老家过年，同时也跟天华和他的妻子尚真，以及小弟北茂，在一起欢乐团聚。这一次，他准备在老家多待一些日子，因为近来《新青年》给他带来的冲击，实在是太大太大了，他要静下心来，认真思考一下：自己今后的文学之路，究竟该怎么走。

在此期间，他去南菁书院借书读书时，翻看到了 1917 年 1月第二卷第五号《新青年》上胡适发表的《文学改良刍议》，随后，又在第二卷第六号《新青年》上读到了陈独秀写的《文学革命论》。读了这些文章，他清醒地意识到，胡适提出的八种改良，陈独秀提出的三大主义，都是在向旧文学宣战，当今中国的思想文化战线，正面临着一场前所未有的巨大变革。与此同时，他也看到了守旧派代表人物林纾为回击胡适《文学改良刍议》而发表的《论古文之不宜废》一文。他反反复复、认认真真地琢磨着这些文章，深感当今的文坛太落伍了，也太令人窒息了，自己再也不能老写那些扎着长辫子、裹着小脚布的文章了，一定要紧跟《新青年》的陈独秀，向旧文化宣战，跟旧文化决裂，投身到新文化运动中去，为开创中华民族的新文化而英勇奋战。此后，半农便更积极主动地向《新青年》杂志投稿，以表达自己热心文学改革的强烈心愿。署名时，他斟酌再三，觉得自己以前所用的那种香艳媚俗的笔名"半侬"太不可取，便毅然去掉偏旁，改为"半农"，以示与过去自我的彻底决裂，决心不再写那些"吴侬软语"的缠绵悱恻之作，而要贴近下层人民，真正做广大民众的忠实代言人。从此以后，"刘半农"这个名字，就渐渐在整个华夏大地上被叫响了。

为了更好推动新文化运动的发展，半农时时都在精心思索，凝神结想。有一天，他终于铺纸研墨，奋笔疾书，以从来没有过的严肃认真神情，写下了《我之文学改良观》一文。这篇文章随后刊登在了1917年5月1日《新青年》第二卷第三号上。胡适的《文学改良刍议》一文提出的八种改良，只说了形式，没有具体的内容。陈独秀《文学革命论》一文提出了三大主义，也只是指出了新文学改革的大方向。而刘半农的《我之文学改良观》，则在多种文学作品的样式方面，提出了具体的改良意见，这就使胡适、陈独秀提出的新文学在理论上更为完整，在实践中更具有可行性和操作性，这显然就大有益于进一步推动新文学革命的发

展，为新文学革命做出了独特的贡献。所以，胡适、陈独秀和刘半农的这三篇文章，就被人们称之为新文化运动的三大板斧和奠基之作。

中学肄业，跻身北大

说来也奇，思想一旦转向，刘半农就感到在上海这样的环境中生活，心里总有点不怎么舒坦，所以 1917 年夏，他又回到了江阴老家中。

忽然有一天，小弟北茂手中举着一封信，连蹦带跳地来到后园，高声嚷嚷道："大哥，你的一封信，北京来的一封信！"半农听了不由满腹狐疑，因为他在北京没有一个熟人，怎么会有人来信呢？可接过信封一看，下端真真切切地印着"北京大学"几个字。奇了，这究竟是怎么回事呢？拆开信封一看，只见里面是一张聘书，上面端端正正地写着："敬聘刘复（半农去清江当兵时改名为刘复——笔者）先生为我校预科国文教授。"这一下，半农更是如坠五里雾中，完全懵住了，一家人当然就更是莫名其妙了：半农连中学都没有毕业，怎么可能被全国最高学府北京大学聘为预科国文教授呢？这岂不是成了天方夜谭般的奇事么？

那么，这事究竟是不是真的呢？是真的，百分之一百是真的！因为北京大学的红印章是那样的鲜亮，校长蔡元培的亲笔签名也是那样的真切！一家人你看着我，我看着你，都搞不清这天大的喜事，是怎么会落到他们刘氏的家门里来的。最后，还是半农自己首先清醒了过来，想到这事一定与那次自己去拜访陈独秀有关。

　　是的，半农的猜想一点都不错，他能进北京大学当教授，就正是陈独秀竭力向蔡元培举荐的结果。原来，蔡元培在1916—1917年被北洋政府任命为北京大学校长后，就大刀阔斧，除旧布新，不拘一格，广用人才。当他了解了陈独秀的非凡才华后，便三访陈独秀，不仅要陈独秀出任北京大学文科学长，而且还要陈独秀将风头正劲的《新青年》杂志编辑部也迁入北京大学。陈独秀的对答是，要将《新青年》迁入北京大学，并不是仅仅迁个牌子那么简单，而是首先得要有能干实事的人。蔡元培听陈独秀此说后，便一口应允能干事的人全由陈独秀物色。于是，陈独秀就特别向蔡元培鼎力举荐了刘半农。蔡元培便问陈独秀，刘半农至北京大学后适宜担任什么教职，陈独秀就说刘半农曾在上海两所学校执教过"中国文法"课。就这样，尽管刘半农连中学也没有毕业，但他的文章已在《新青年》上产生了一定的影响，所以唯才是用的蔡元培就非常信任陈独秀的举荐，二话没说便同意聘任刘半农为北京大学预科国文教授。于是，一张由蔡元培口授，陈独秀执笔，蔡元培签名的北京大学聘书，就千里迢迢邮发到了半农的手中。

　　此时此刻，刘氏一家人的喜悦之情自然是难以言表，可一摸口袋，半农却连去北京的车票都买不起，只得向夫人朱惠的弟弟借了5块大洋，才得以解燃眉之急。他身上穿的，也是朱惠用土布自制的长衫，日常用品也全都用土布包袱包裹着。就这样，一个连中学都没有毕业的乡间青年，竟陡然间获得了鲤鱼跃龙门的大好机会，一下子跨进了全国最高学府的门槛。而同时至北京大学执教的，可都是些具有高学历名的人，诸如钱玄同、周作人、胡适等。

刘半农虽然连中学都没有毕业，然而他的国学功底，却并不逊于其他人，而且他阅读广泛，长于写作，上课前又总能做深入研究，认真备课，故而讲课时他也总能游刃有余，得心应手。在讲课过程中，他亦既重视理性分析，又注重结合实际，常常是旁征博引，深入浅出，连枯燥的文法，他说道起来也能口若悬河，妙语连珠。他的智慧和才情，他的机敏和幽默，使他的讲课显得格外活泼生动，让学生都听得如痴如醉，全身心地投入。就这样，颇受学生欢迎的刘半农，不久就在北京大学牢牢地站稳了脚跟。很快，这一消息就插翅而飞，广为传开，整个北京几乎人人都知道北京大学来了一个中学肄业的国文教授刘半农。

骁勇善战，五四先驱

去到北京大学后，因半农未带家眷，一个人"打着光棍"，就借住在北京大学三院教员休息室后面的一间屋子里。常去他屋里的，有陈独秀、胡适、钱玄同。因他们四个人中有三人属兔，所以人们就戏称半农的住屋为兔子窝、卯字号。而这四个人，实际上就是《新青年》的主要编辑和核心人物，也是新文化运动的重要台柱子。金秋十月的一天，半农收到了钱玄同的来信，在回信中他就对钱玄同说，文学改良已经锣鼓喧天地开场："你，我，独秀，适之，四人，当自认为'台柱'，当仁不让，不计毁誉。"《新青年》四大台柱之说，就此在社会上广泛流传开来。外界一致认为，四个人中陈独秀是核心人物，不仅因为他是《新青年》的主编，还因为胡适是他邀请到北京大学的，半农是他从上海带过来的，钱玄同也是他先"碰到的"。陈独秀就这样上挂下连，很自然地把四个人联系到了一起。

既然是《新青年》的核心人物，是新文化运动的台柱子，所以在搞好教学工作的同时，为《新青年》撰稿编稿，努力推动新文化运动的发展，也就同样成了半农的重点工作。在自己多为《新青年》写稿的同时，半农还频频向其他人约稿，以壮大《新青年》的队伍，扩大《新青年》的影响。如鲁迅先生那篇揭露封建社会就是人吃人社会的著名小说《狂人日记》，就是半农和钱玄同一起，向他约稿后才写出来的。

不过，"新青年派"的新文化斗士，与主张旧文化的旧派文人之间的新旧论战，起始也并不如后人想象的那么激烈。在那个时候，即便有人敲锣打鼓搞文学革命，响应的人也并不很多，就算是那些旧派文人，也并没有完全把这当一回事。敌人的漠视，乃是让战士们感到最寂寞的事情。因此，半农觉得，仅在《新青年》杂志上写写文章还远不过瘾，他渴望着能与复古守旧派来一次刺刀见红的决战，以给他们迎头的痛击。具体该怎么着手呢？因在上海时他曾在剧团做过编剧，所以他首先想到双簧戏是一种很理想的形式，于是便把自己的想法告诉了好友钱玄同，并提议跟他一起合演一出双簧戏，一个扮演顽固的复古分子，封建文化的守旧者，一个扮演新文化的革命者，以记者身份对守旧者的论调逐一进行驳斥，彻底揭露他的真面目。他认为只有用这种形式把正反两个阵营的观点一起亮出来，双方展开激烈对攻，才易于引起全社会的浓烈兴趣和高度关注，才能为新文化运动添柴点火，尽快将新文化运动推向高潮。一开始，钱玄同觉得主意虽然不错，但手法有些不入流，不愿参加。但半农一再强调，非常时期只有采取非常手段，才能更好达到目的。架不住半农的反复动员，最后钱玄同终于应允，同意与他一起披挂出征。

1918 年 3 月 15 日，《新青年》杂志第四卷三号上，发表了一篇写给《新青年》杂志编辑部的公开信《给〈新青年〉编者的一封信》，署名"王敬轩"。信是用文言写的，全信 4000 多字，不用新式标点，完全以一个封建思想和封建文化卫道者的形象，列数《新青年》和新文化运动的所有罪状，极尽谩骂攻击之能事。而就在同一期上，发表了另一篇以杂志社记者半农之名写的观点与之针锋相对的文章《复王敬轩书》，全信洋洋万余言，对王敬轩的观点逐一狠加批驳。半农的文章，本就以幽默、诙谐的文风，流利畅达、泼辣尖锐的语言深受人们的喜爱，在这封信里，他的这一风格得到了更为淋漓尽致的表现。他高屋建瓴，旁征博引，雄辩滔滔，势如劈竹，每一个字都切中要害，每一句话都打在七寸，于嬉笑怒骂之中，痛快淋漓地将王敬轩代表的封建文化、封建思想和封建国粹派一伙人的谬论，批驳得体无完肤。且请看其中的两个精彩片段："知识如此鄙陋，记者惟请先生去读了三年外国书，再来同记者说话；如先生以为读外国书是'工于媚外，惟强是从'，不愿下这个功夫；那么，先生！便到了你'墓木拱矣'的时候，还是个不明白。""记者则以为处于现在的时代，非富于新知，具有远大眼光者，断断没有研究旧学的资格。否则弄得好些，也不过造就出几个'抱残守缺'的学究来，犹如乡下老妈子，死抱了一件红大布的嫁时棉袄，说它是世界间最美的衣服，却没有见过绫罗锦缎的面；请问这等陋物，有何用处？"在这等风生水起、文采飞扬的议论面前，对手可以说是连招架之功都没有了，哪还能有什么还手之力呢？难怪有人要对《复王敬轩书》一文作出"嬉笑怒骂，恢宏潇洒"的高度赞誉了。

因为这一期《新青年》的出版，新旧双方的旗帜鲜明化了，其结果是"旧式文人的丑相算是出尽，新派则获得压倒性的辉煌胜利"，对新文化运动的划时代意义有清醒认识的人由此更多了起来，连一些原来还在犹豫的人也都开始倾向新文化了。鲁迅就称赞这"双簧戏"是一场大仗，因为这场双簧戏在青年学生中反响很大，许多青年学生看了正反双方的文章，完全被半农的《复王敬轩书》说服，站到新文学这方面来了。所以，半农的这篇战斗檄文，在推动文学革命的进程中，确实是起到了难以估量的积极作用。

同时，我们更应该看到，在伟大的"五四"新文化运动中，在反帝反封建的激烈斗争中，满腹才情、满腔热血、旗帜鲜明、立场坚定的半农，始终站在斗争的前沿阵地上冲锋陷阵，勇斗敌顽，处处都表现出他闯将的本色。

1919 年 5 月 4 日，"五四爱国运动"爆发之日，北京大学学生上天安门游行的那天，半农"坐守北京大学指挥部"（北京大学著名资深教授沈尹默语），情绪激昂地对大家说："国家兴亡，匹夫有责，现在是青年学生冲在最前面。"以此吁请社会各界对这一革命运动的支持和声援。学生被捕后，身为北京大学教授会干事负责人的半农，即以北京大学代表身份，向当局提出去看望和慰问被捕学生的要求。遭拒绝后，他又跟钱玄同、沈尹默等二十位北京大学教职员工一起召开紧急会议，商量救援被捕学生一事，并亲自起草了《致全校全体教职员诸君函》，发表在《北京大学日刊》上，呼吁社会各界的大力支持和声援。全国各地由此而广泛响应，纷纷开始罢课、罢市、罢工。在全国人民的全力支持下，被捕的 800 多名学生获得释放；曹汝霖、章宗祥、陆宗舆三人被

罢免；6 月 28 日，在巴黎的中国代表拒绝在《凡尔赛和约》上签字。至此，"五四运动"这一场彻底的反帝反封建爱国运动取得了巨大胜利，这也成了中国新民主主义革命的一个良好开端。

1919 年 6 月 11 日晚，《新青年》主编陈独秀因散发《北京市民宣言》传单被捕入狱后，半农又在《新青年》上发表近一百行的长诗《D——！》，诗中这样写道："威权幽禁了你，还没有幽禁了我，更幽禁不了无数的同志，无数的后来兄弟……"字字句句，尽皆鼓励战友，揭露敌人，高唱牺牲的赞歌。

这就可见，在"五四"新文化运动中，在反帝反封建的革命运动中，半农都起了不可小觑的先驱作用。在这个问题上，著名作家苏雪林就曾发表过这样的见解："虽不足与陈、胡（指陈独秀和胡适——笔者）方驾，却可与二周（指鲁迅和周作人——笔者）并驱。事实上，他对新文学所尽的气力，比之鲁迅兄弟只有多，不会少。"即便是原本因半农学历低而对半农颇有微词的胡适，在半农作古后所送的挽联中，也这样满怀真情地写道："守常（即李大钊，字守常——笔者）惨死独秀幽囚新青年旧友而今又弱一个；打油风趣幽默情怀当年知己者无人不哭半农。"你看，就算是像胡适这样自视甚高的人，不也照样让半农跟李大钊和陈独秀比肩而立了吗？这就可见，半农当真是一名骁勇善战、功勋卓著的"五四"新文化运动和反帝反封建运动中的革命先驱。

赴欧留学，心系祖国

半农到了北京大学以后，虽说凭着他非凡的聪颖和刻苦的努力，很快就赢得了学生的认可，牢牢地在北京大学站稳了脚跟。

但在北京大学这个学院派占统治地位的地方，像他这样一个连中学都没有毕业的大学教授，还是免不了会被有一些人视为"下里巴人"，并向他投来不屑的目光。心气和悟性都极高的半农，对这样的目光自然能敏锐地感觉到，但他并不以为意，因为有校长蔡元培和文科学长陈独秀的垂青，有广大学生的拥戴，那样的目光就根本算不了什么。不过，尽管半农本人对那样的目光并不在意，可善解人意并对半农器重有加的蔡元培，还是从更多地为半农着想的角度，主动提出了让他去欧洲公费留学的建议。既然校长都这么提出来了，半农也就觉得自己亦正可以趁此机会多学点知识，以便更好地为国家做出更大的贡献，因此也就很愉快地答应了。为了表示对此事的重视，在1917年12月17日举行的北京大学二十二周年纪念会上，蔡元培还特邀半农上台作《留别北京大学学生的演说》。半农当然不会辜负蔡校长的美意，便深情满满地向所有的与会者这样吐露了自己的心声："我是中国人，自然要希望中国发达，要希望我回来时，中国已不是今天这样的中国。但是我对于中国的希望，不是一般的去国者，对于'祖国'的希望，以为应当如何练兵，如何造舰。我是——希望中国的民族，不要落到人类的水平线下去；希望世界的文化史上，不要把中国除名。怎么样才可以做到这一步呢？——这还要归结到我们的责任。"稍停片刻后，他又进而说道，"此番出去留学，不过是为希望能尽职起见，为希望我的工作做得圆满起见，所取的一种相当的手续，并不是把留学当作充满个人欲望的一种工具。"半农，当真是一位非同凡俗的华夏精英，他的这一留别演讲，站得高，看得远，想得深，讲得透，他从常人意想不到的角度，深刻阐述了他精深独到的见解，强烈抒发了他饱满充沛的爱国感

情，可以说是一篇难得一见的立意高远，思想深邃，感情深挚的留别演说，所以连在座的校长蔡培元，都不时地在颔首微笑，最后竟站起身来，为半农拍手叫好。而所有的与会者呢，则更是于瞬间爆发出了暴风雨般的热烈掌声，向半农表示由衷的敬意和谢忱。12月20日，《北京晨报》更是全文刊载了半农的这一演说，从而在全社会引起了更为巨大的反响。

临出发前，蔡元培又找半农谈了一次话，叮嘱他说："北京大学图书馆是北京大学的第二生命，你去国外深造时，要帮助北京大学注意考察一下国外的图书馆，在这方面你有什么见解，可及时写信告知。"半农当即应答道："图书馆是大学的命脉，图书馆里有上万册书，就可抵上三五个好教授。本校的图书馆不太完备，我打算到了欧洲，尽力代为采购有关文化的书籍；还有许多流失到欧洲去的彰显我国古代文明的书籍和史料，我也打算设法抄录和照相，随时寄回国内，以供老师和同学们研究之用。"蔡元培听了，紧紧地握着半农的手说："你去国外深造，研究学问，依然如此操心国内的事情，真是太有劳你啦！"

1920年1月初，半农带着妻子、女儿回到江阴，做出国的准备。他原本是打算一个人去欧洲，而让妻子、女儿留在江阴的，因为她们跟天华妻子尚真在一起相处，也好相互有个帮衬和照应。没料想期间却听到了这样一些不太入耳的话语："三十来岁的人出洋留学，一去四五年，老婆孩子都不管了。"个性耿直的半农，哪能容得这样的闲言碎语，便毅然决定携带妻子、女儿一起出国。妻子朱惠得知后直摇头："你一个人的公费，怎够三个人用呢？异国他乡，举目无亲，万一真没有了钱，那可怎么办呢？"刘半农说："教育部每月有20英镑，北京大学每月有40英镑，只要我们精打细算，我想应该是够用的。你放心，只要我有一口饭吃，就绝不会让你们俩饿肚子！"就这样，半农携妻带女，于2月7日从上海登上日本客轮"贺茂"号，经过一个多月的旅程，于3月17日抵达英国伦敦。

可现实生活往往是，你担心什么，偏偏就会遇上什么。1920年8月1日，怀孕7个多月的朱惠因患病不得不进行剖宫产，结果生下了一男一女龙凤胎。这时，半农异常激动，女儿小惠也特别开心，朱惠更是高兴得热泪盈眶：公公宝珊在世时，曾埋怨自己没有为刘家生儿育女；可公公去世不久，自己就在上海生下了女儿小惠，现在又生下了一男一女龙凤胎！要是公公还健在的话，他见了该有多么高兴啊！

从心理上来说，在英伦之地喜得龙凤双胞胎，无疑是一件令一家人都感到喜从天降的大好事，可从现实生活来讲，这又是让半农一家人不得不面临的一个重大难题：先前，三口之家尚且勉强度日，如今再添上两张嘴，日子必然就将是难以形容的艰辛了。更何况朱惠因剖宫产而元气大伤，需要滋补，龙凤胎是早产儿，需要特别护理，这些就全都是得花钱的事情。而更要命的还在于：由于国内军阀混战，社会动荡，留学公费往往不能按时汇过来。为补贴家用，半农虽然天天夜里给国内报刊写文章，但即使文章发表了，稿酬也同样未必能及时汇过来。所有这些，可以说都是雪上加霜，穷上加急，无一不让人深感一筹莫展的事。没办法，一家人就都得想着法儿省钱：买不起摇篮，半农就将从国内带去装行李的藤条箱子，一拆两半当摇篮；朱惠就变着法子，用面粉做成各种各样的主食；夜晚要到天黑得实在看不见了，才点上蜡烛；蜡烛燃烧时滴下的烛油也不可浪费，得积聚起来重新

组合，放根线进去再继续点；半农尽量不理发，有时候甚至瞒着家人，一天只吃一顿饭。曾经有一天深夜，夫妻俩轻声聊说家事时，朱惠随口说了一句："如果这时能有碗鸡汤喝，那可真是天仙佛国里的日子了。"半农听了，莞尔一笑，立马就在纸上画了只鸡，画了只鸭，画了条鱼，还画了一只猪大腿，然后对朱惠说："古人画饼充饥，我先画点鸡鸭鱼肉，给你饱饱眼福；等我有了钱的那一天，第一件事就是买只老母鸡，让你好好补补身子骨！"朱惠听了，心里热乎乎的，笑着嗔了他一句："省省钱吧，到时你买了我也不会吃！"半农却挺认真地说道："你不必过分担心，我们江阴人死都不怕，难道还怕眼前的这些困难么？你放心，只要我们心心相印，不屈不挠地持续奋斗，好日子就一定会在前面不远处等着我们！"

生了龙凤胎后的兴奋喜悦，生活艰困中的焦虑惆怅，再加上作为一个热血男儿，时时牢记着前来英伦留学所肩负的重任，刻刻系念着灾难深重的祖国和广大同胞，万千思绪交织一起，郁积于胸，久而久之，半农终于在1920年9月4日诗兴勃发，写下了一首题为《教我如何不想她》的诗歌，将内心的深浓情感一下子全都喷涌了出来：

天上飘着些微云，地上吹着些微风。啊，微风吹动了我头发，教我如何不想她！

目光恋爱着海洋，海洋恋爱着目光。啊，这般蜜也似的银夜，教我如何不想她！

水面落花慢慢流，水底鱼儿慢慢游。啊，燕子，你说些什么话，教我如何不想她！

枯树在冷风里摇，野火在暮色中烧。啊，西天还有些残霞，教我如何不想她！

全诗共分四节，每节四句，中间外加一个语气词"啊"，节与节虽说大体匀齐，却又在匀齐中见参差错综之致，在整饬中显变化灵动之美。每节诗的开头都选择了容易引发思念的景物来起兴，从浮云微风，写到月光海洋，写到落花游鱼，再写到枯树野火，全都采用蒙太奇手法巧加组接，从而突破了时空的限制，扩大了视野的范围，将丰富多彩、绚丽夺目的众多画面——呈现了出来。景物的描写既就之后，紧接着用一个"啊"字，由写景转入抒情，显得舒缓自如，巧妙得体。最后是直抒胸臆，发出一声深情的感叹："教我如何不想她！"整首诗一气呵成，自然流转，且于往复回环之中，将自己浓烈真挚的感情一步步向前推进，直到最后掀起让人怦然心动的高潮，致使我们捧读时不得不反复咏唱，爱不释手。这种形式结构和比兴手法的精巧运用，既是对《诗经》传统的遥远回应，又是对民歌技法的虚心借鉴，还有对欧洲诗歌元素的巧妙接纳。总而言之，是充分表现出了诗人半农的可贵创新精神。

诗中的"她"，是诗人抒情的直接对象，也是诗歌寓意之所在。那么，这个"她"究竟是指的谁呢？我们认为，根据其时其地的特定写作背景来看，"她"应该是指客居异国他乡的游子半农所苦苦思念的祖国。诗人将祖国呼作"她"，实际上也就是把祖国喻作为生他养他的母亲，这就更能凸显半农对祖国至深至爱的眷眷深情。试想，倘若这样去理解，整首诗岂不就尤显寓意深远了吗？

不过，也有人认为，这个"她"，也可能是刘半农朝思暮想的"故乡"，包括故乡的山水、故乡的亲人。因为当时的半农身

处国外，那个"她"，无疑应该有"故乡"的影子。

面对这各异的见解，究竟该如何对待呢？其实"诗无达诂"，一首诗的主旨，尽可以根据欣赏者的不同生活经验和不同审美情趣，进行不同的探求，作出不同的理解。这往往反倒可以使诗的内涵得到更深层的挖掘，使诗的意蕴得到更充分的彰显，甚至还可以使诗人自身的形象，得到更饱满乃至更立体的展现。情况既然是这样，以上二说就应该都有其可以成立的理由，我们也就大可不必过于偏执一词；更何况，家国之思的合二为一，在我国的诗学传统中本就源远流长！

正因为这首诗意蕴如此丰富，情感如此动人，故而后来被博学多才的音乐家赵元任一眼相中了，他精心地将它谱成了歌曲。诗歌谱上了曲子，就等于是鸟儿插上了翅膀，自然也就不胫而走，在国内广泛传唱开来，并且一直流行至今，经久不衰。就这样，半农这首家喻户晓的名诗，就成为中国文学史上新诗的经典，经赵元仁谱曲后，它又成为中国音乐史上中国艺术歌曲之经典。

有关这首诗，还有一点不得不特别一提，那就是诗中的"她"字，乃是半农的首创。汉字中的"他"，本无男女之分，因此在翻译外国作品和自行创作时，都感到十分不便。起初，人们便用"伊"字来作为女性之"他"，如鲁迅早期的小说《阿Q正传》和《祝福》等，就都用"伊"字来代替女性之"他"。然而，"伊"与"他"毕竟是截然不同的两个字，且又带有较浓的方言色彩，用起来仍然有不少麻烦。半农考虑及此，经过反复琢磨，终于首创了"她"字，并将它用之于自己的诗作之中。随着《教我如何不想她》在千百万读者和歌者中的不断传播，"她"字也就飞速地流行和推广开来。此后虽还有一些守旧者坚持拒绝使用"她"字，但大势所趋，人心所向，"她"的前进脚步已经是任何人都阻挡不了了，"她"不仅悄然地走进了广大民众的心里，而且还堂而皇之地走进了字典之中，二十世纪三十年代初，教育部公布的方案，也承认了这个"她"字，"她"也就名正言顺地成为了第三人称女性的专用代词。对半农"她"字的这一首创之功，鲁迅就曾给予过高度评价："他（指半农——笔者）活泼，勇敢，很打了几次大仗。譬如罢，答王敬轩的双簧信，'她'字和'它'字的创造，就都是的。这两件，现在看起来，自然是琐屑得很，但那是十多年前，单是提倡新式标点，就会有一大群人'若丧考妣'，恨不得'食肉寝皮'的时候，所以的确是'大仗'。"这就可见，"她"字的创造乃是何等的不易。不过，事情还远没有就此而画上句号，围绕着这个"她"字，此后还有件更为有意思的事情呢：美国方言学会曾于2000年1月举行过一次有趣的"世纪之字"评选活动，获得提名的"世纪之字"有"自由""正义""科学""政府""自然""OK""书""她"……而进入决赛的只有"科学"和"她"。而且到了最后，"她"竟以35对27的选票战胜了"科学"，从而成为了"21世纪最重要的一个字"。这一点，恐怕是半农创造"她"字的时候，无论如何也意想不到的。如果半农当真九泉有知的话，想定然也会开怀大笑吧！

完成学业，圆满归国

半农出国时，本是想研究文学和语言学的，可到了外国，才知道二者不可得兼，于是只能舍弃文学，专攻语言学。后经了

解，又得知没有十年八年的功夫，语言学也是攻不下来的，于是他就想在语言学中侧重语音学。此后又因为觉得自己的嘴巴和耳朵不是非常灵敏，于是他又从普通语音学再转到了四声实验语音学。

四声实验语音学中的"四声"之名，是一千五百多年前齐梁周颙、沈约所首创。但在"四声"的解释上，长期以来却是迷雾重重，没有定论。因此有人就说，我们中国没有这方面的专家，必须靠外国人的力量加以研究。可刘半农绝不信这个邪！他认为，中国人的四声，理所当然该由中国人自己来研究。于是，为了得出科学的结论，他就"不驰于空想，不骛于虚声"，脚踏实地地开始了长期的研究工作。这项研究，虽然理论上不算高深，但实验枯燥且艰苦，一般人都没有这样的决心和耐心。鉴于此，刘半农就想到学习曾国藩"结硬寨，打呆仗"的做法，下周密细致的水磨功夫。所谓"结硬寨，打呆仗"，说白了，就是把进攻变成防守，先让自己处于不败之地，再慢慢积攒细小的优势，进而变为最后的胜势。刘半农是一个非常聪明的人，他为什么要效法曾国藩，用"笨"方法一步步去获取科研成果呢？这是因为他深知，要想走出困境或者取得胜利，靠的都是耐心，而绝不是某个突发性或是奇迹般的机遇。他坚信，日拱一卒无有尽，功不唐捐（唐捐，虚耗、废弃的意思）终入海，只要目标方向坚定明确，战术方法正确无误，再加上有持恒不懈的足够耐心，那就迟早会迎来成功的那一天。

就是怀抱着这样的理念和精神，刘半农踏踏实实地投入到了科学研究工作之中。在实验时，他全神贯注，侧耳倾听，捕捉瞬息即变的声音，并用仪器测绘成声调曲线，推算语音纹线中处于同一时间的一个或多个颤动的速度。如果发现出了什么差错，他就先用冷水洗把脸，清醒清醒头脑，再接着做进一步的推敲。在实验过程中，他还竭尽努力，在巴黎找到了可以代表我国东南西北不同区域的、发音正确的十多个人来受试，以确保实验的客观性和可靠性。经过这样长期艰苦、认真的实验，他终于得出了科学的诊断：声音的要素在于强弱、音质和高低。"决定四声的主要是音的高低，这种高低是复合音，不是简单的移入，两者之间是移滑的，而不是跳跃的。"这个科学论断一举驱散了笼罩在四声解释上一千五百多年来的迷雾，乃是具有开创意义的全新论述。有关刘半农刻苦从事研究工作的情况，著名学者赵元任曾做过这样的描述：刘半农几年如一日，孜孜以求，白天收集资料，做实验，晚上写论文，不写论文时就写文章。长年累月，没日没夜地工作，使年仅 34 岁的刘半农未老先衰，眼睛近视，脊背也有点弯了，连他自己也知道，"虽然没有闹成病，但弯腰曲背，已彰彰在人耳目"。留学的几年中，他没睡过一个囫囵觉，没吃过一顿定时饭。为了节省时间，他头发长得像野人，长时间伏案研究，甚至影响了他的肺功能，使他经常感到胸闷憋气。

北京大学校长蔡元培去欧洲考察时，了解到了刘半农在国外如此刻苦攻读的情况后，不胜感叹，大加赞赏："孔子在《论语》中说'知之者不如好之者，好之者不如乐之者'，看来，半农来欧洲留学，当真不是为的来此镀金，而是完全沉浸在前来求知的快乐之中了。这也就是说，他确实是一个言行一致的人，他当真是践行了当初在留别北京大学学生的演说中所许下的诺言：'此番出去留学，不过是为希望能尽职起见，为希望我的工作做得圆满起见，所取的一种相当的手续，并不是把留学当作充满个

人欲望的一种工具。'半农的这种精神，应该值得我们每一个人学习！"

正是由于刘半农在科学研究上下了如此刻苦的功夫，所以在 1925 年 3 月 17 日举行的法国国家博士论文答辩会上，法兰西大学和巴黎大学的六位主考官（其中五位是教授，一位是专家），一致同意，全票通过，授予刘半农法兰西国家文学博士学位（这是法国国家中的最高学位），同时被推选为巴黎语言学会会员。刘半农是第一个获得以欧洲国家名义授予的最高学衔的中国人，所以会场上顿时响起了如潮的掌声，与会的中国留学生，甚至还发出了"万岁"的欢呼声。此后不久，刘半农的《汉语字声实验录》又获得了康士坦丁·伏尔内语言学专奖，并被列为巴黎大学语言学院丛书之一。

留学欧洲，功德圆满，刘半农本可即刻返回他日夜思念的祖国，可他却并没有立马动身。这又是为什么呢？因为鸦片战争以来，我们的国家蒙受了极大的耻辱，我国的无数文物和珍宝被外国掠夺，以致国内许多学者要研究有关历史，却无法找到相关的资料。每念及此，刘半农就心痛如绞，所以他决心趁此次机会，践行对蔡元培校长的承诺，将巴黎图书馆所藏的许多宝贵资料分门别类抄录下来，带回祖国去。至于敦煌史料，虽说他先前已偷空抄录了一些，但现在他还得更集中精力，去图书馆把更多的资料抄录下来。他抓住所有的时间做这项工作，即使是在马赛的候船期间，他还在旅馆里将抄录的 104 种敦煌史料，分类整理写成了《敦煌掇琐序目》。

一切如愿完成后，他才终于得以启程归国。1925 年 7 月 3 日，半农全家 5 口人，自马赛登上法轮波尔诺号回国，随身携带大批研究语音学的最新仪器。在船过地中海一座小岛时，他写下了"一片清平万里海，更欣船向故乡行"；在船过苏伊士运河时，他写下了"最是岸头鸣蟋蟀，预传万里故乡情"；在船经一座小岛时，他又写下了"从今不看炎荒景，渐入家山梦魂中"。所有这些，都充分显示了他思乡情切、归心似箭的急切心情。而他的浓浓爱国情怀，亦由此可见一斑。

船行一个多月，半农一家终于回到上海。黄浦江畔，大雨滂沱，阔别祖国五年有余的半农，看到了雨雾蒙蒙中矗立在外滩的海关钟楼，顿觉百感交集，在接船亲友的欢声笑语中，冒雨登岸，心中充满了欣喜和期盼。

爱憎分明，本色依旧

欧洲留学归来后，尽管作为一个学者，他将以更多的精力投放到学术专业上去。但是，半农是一个始终不忘初心的人，他的心里永远装着祖国，装着人民，在一些事关大局的关键时刻，他还是本色依旧，始终冲在为人民说话、与敌人决斗的第一线。

一是在"三·一八"惨案中英勇战斗。

1926的春节由于是闰月，姗姗来迟，正月刚过几天，3月18日即发生了震惊全国的惨案，史称"三·一八"惨案。事情的发生是这样的：3月12日下午，两艘日本军舰不顾驻军旗语制止，欲强行闯入天津大沽口。守军立即空炮警告，没想到日本军舰竟以实弹炮击守军炮台，打伤守军13人。炮台守军忍无可忍，予以还击，将日军赶出大沽口。事后，日本政府竟以破坏《辛丑条约》中港口不允许有防御设施等条款为借口，向中国抗议，并

纠集订立《辛丑条约》的美、英、意等国公使，于 3 月 16 日向中国发出最后通牒，要求"撤去大沽口防御设施""否则采取必要手段"，并限段祺瑞执政府于 48 小时内答复。大沽口事件发生后，由中共北方区委领导李大钊和国民党右派执行委员、中俄大学校长徐谦等国共双方商议决定，组织学生和各界群众团体在天安门前集会，要求驳回八国通牒，驱逐八国公使。

3 月 18 日，天安门广场北面临时搭建的主席台上，悬挂着孙中山遗像和他遗嘱中最著名的两句话："革命尚未成功，同志仍需努力。"台前横幅上写着"北京各界坚决反对八国通牒示威大会"。大会决议通电全国，一致反对八国通牒，驱逐八国公使，废除一切不平等条约，驱逐外国军舰！李大钊作为大会主席之一，号召人们用"五四"的精神，"五卅"的热血，不分界限联合起来，反抗帝国主义的联合进攻，反对军阀的卖国行为！

大会结束后，浩浩荡荡的游行队伍在李大钊等人的率领下，像滚滚洪流一般地来到段祺瑞政府所在的铁狮子胡同门前的广场请愿。此时，段祺瑞政府的门里门外，士兵都杀气腾腾地端着步枪，枪口一起对着学生。走在学生最前列的女师学生自治会主席刘和珍见状，回过身去对大家说："同学们，不要慌，士兵不会开枪的，他们也是中国人！"谁料话音刚落，"啪！啪！"枪声就响了，正当青春年华、年仅 22 岁的刘和珍，随即应声倒下，为国捐躯。身旁的杨德群同学想扶她起来，也被开枪射击，她虽然中弹倒下，但还能坐起，然而残暴的士兵竟冲上前去，在她的头部、胸部猛击两棍，活生生将她打死了！在这次事件中，共被打死 47 人，被打伤 200 多人，李大钊和陈延年（陈独秀之子）也被打伤。这就彻底暴露了段祺瑞执政府卖国求荣和残暴成性的狰狞面目，更加激起了全国人民推翻北洋军阀的决心。

　　这天，北京大学教务室的半农、钱玄同等人听闻这一惨案，个个都义愤填膺，怒不可遏："这帮头戴金缨帽，肩披金肩章，腰挂指挥刀的军阀，竟然残暴到这等程度，真是万万没有想到！""这帮双手沾满鲜血、祸国殃民、卑鄙无耻的军阀，当真是禽兽不如！"半农更是痛心疾首地说："学生时代是黄金时代，本应安心读书，但社会动荡，学生无法安下心来读书，当局如果稍有良知，理应好好反省！可当局不但不反省，还居然开枪屠杀学生，这样的狠毒之心和残暴行径，可以说史无前例！"回到家中，半农依然怒火中烧，心意久久难平。掌灯时分，他便在书桌上摊开稿纸，边写边吟边击拍，挥泪写下那首战斗诗篇《呜呼三月一十八——敬献于死于是日者之灵》。现特录其中的一节于下：

　　　　　　　呜呼三月一十八，

　　　　　　　北京杀人如乱麻！

　　　　　　　养官本是为卫国！

　　　　　　　谁知化作豺与蛇！

　　　　　　　高标廉价卖中华！

　　　　　　　甘拜异种作爹妈！

　　　　　　　愿枭其首籍其家！

　　　　　　　死者今已矣，

　　　　　　　生者肯放他？！

　　　　　　　呜呼三月一十八，

　　　　　　　北京杀人如乱麻！

　　此诗发表后，在社会上引起了强烈反响，更激起了全体国民的同仇敌忾和无比愤怒。

　　"三·一八"惨案发生后，军阀当局连下通缉令，准备逮捕这次爱国行动的有关带头人与发动者，首当其冲的当然是李大钊。半农与其挚友《世界日报》的进步记者成舍我，亦在通缉之列，他俩只好东躲西藏，一时有家也归不得。为了中国的明天，半农这一回当真是做了一个敢于正视淋漓鲜血的猛士。

　　二是以切实行动表达对李大钊崇敬有加的深挚感情。李大钊遇害后，半农即与钱玄同、蒋梦麟、沈尹默等12人联名发起为李大钊举行公葬的募款活动，并不畏白色恐怖，受李大钊众友人公推，为李大钊撰写碑文，文中有一段这样写道："君温良长厚，处己以约，接物以诚，为学不疲，诲人不倦，是以从游日众，名满域中。会张作霖自称大元帅于北京，政出武夫，儒冠可溺，遂逮君及同游六十余众，而今何丰林（时任安国军政府军事部长、'党人案'军法会审审判长——笔者）按其狱。君与路友于、张伯华、邓文辉等二十人遂同罹于难。风凄雨横，摧此英贤，呜呼伤哉！"然而，即便是这样一篇措辞较为委婉含蓄的碑文，在风凄雨横的1933年，也还是不能公开采用。半农不得已，只得又改用工整遒劲的唐人写经体书法，分别给李大钊烈士及其夫人写了仅有死者姓名、籍贯、生卒和五个遗孤姓名的两块墓碑。在如此风雨如磐的险恶环境中，半农竟然能这样义薄云天，敢作敢当，确实是太可敬可佩，异常的难能可贵了！

　　三是对生养自己的祖国饱含着浓浓的深情，对日本帝国主义侵略者充满着切齿的仇恨。当看到几十年的好友周作人在家门口悬挂膏药旗（即日本国旗）后，他掉头就走，并异常愤怒地说："周作人再挂日本旗，我就和他划地绝交！"这就充分表明了他鲜明的爱国立场。该如何爱国呢？半农认为：就是要痛心切齿地记牢四个字:"总有一天!"到了那一天,我们就做,我们就拼命。
我们有枪就用枪,没有枪就用刀,没有刀可以用木棍,用树枝,
用砖石,再没有,我们有头可以撞,有拳可以挥,有脚可以踢,
有牙齿可以咬!我们要跟日本人拼,能组成军队就用军队拼,不
能组成军队联合了十个八个人、三个五个人也可以拼,单独一个
人也可以拼!我们所要的就是拼,一个拼死一个不赔本,一个拼
死两个还赚一个!只要世界上还剩得一个中国人,你们日本人就
休想好好得过;只要世界上还剩得一滴中国人的血,就必须拼到
你们日本人相等的血才甘心。所以,要救国,先该救我们自己,
先该救我们自己的事业。自己不肯救,只是呼号着"救!救!
救!"其结果必至于不可救。要救我们自己,应该时时刻刻努力,
把自己做成一个堂堂正正,能在这竞争激烈的世界上站得稳脚头
的人!应该时时刻刻责问自己:所做的事,是不是不问大小,每
一件都可以在国家的总账簿上画一个正号,不画一个负号。要救
我们的事业,就应当认定现在是卧薪尝胆、刻苦耐劳的时代,把
什么"颓废主义""享乐主义",以及"摩登""跳舞"等淫逸丧
志的东西,一概深恶痛绝,视同蛇蝎。

殚精竭虑,保护文物

　　半农留学英伦期间,北京大学校长蔡元培于1920—1921年
赴欧美考察,顺便对各国所藏的中国西北文物进行了一次调查。
1921年的5月9日—10日,蔡校长由半农、傅斯年等中国留学
生陪同,在大英博物馆调查了斯坦因所掠的敦煌绘画和写本,见
到了从敦煌石室中掠取的古写本、切韵、小公主信、唐时历本、

木简和佛教图像等多种物件。刘半农一见之下，心灵不由大为震颤，他万万没有想到那些帝国主义殖民者，对我国的文物竟然会如此凶相毕露，吃相难看地鲸吞蛇噬。这无疑更燃起了他仇视帝国主义的冲天怒火，更激起了他热爱祖国的无比深情。这一次的初涉文物被掠事件，在刘半农的心灵中留下了刻骨铭心的深深印记，因此在转赴巴黎大学留学期间，在繁忙紧张地攻读博士学位的过程中，他就不辞辛劳地收集整理被帝国主义掠夺的我国重要文史资料，抄录了法国国家图书馆所藏的法国探险家伯希和掠夺的敦煌文献 104 件，辑成《敦煌掇琐》三卷本，归国后出版，为国内研究敦煌的学者提供了详实的第一手资料，为我国敦煌学的建设立下了汗马功劳。

与此同时，刘半农在旅欧留学期间，对几支外国的所谓"考察队""探险队"在中国的活动，也始终都给予了极为警觉的关注与追踪。当得知美国人华尔纳领导的哈佛大学福格"考察"队，1923 年和 1925 年年初两次前去敦煌的"考察"，都因为我国大学生和教授的坚决反对，并采用各种机智巧妙的方法加以了有力的阻拦，最后均以失败告终的消息后，刘半农更是情难自抑，在回归祖国的轮船上给鲁迅的弟弟周作人写了一封信，对此深表赞赏："这是中国学术界中破天荒的一件事。"虽然只是简短的一句话，然而刘半农对国人在保护我国文物免遭帝国主义掠夺斗争中所取得的胜利的喜悦之情，却是力透纸背，难以言表的。

1925 年 8 月回国后，刘半农身任北京大学国文系教授、研究所国学门导师，讲授语音学，教学和研究任务十分繁重。1931年 8 月，北京大学设研究教授最高职称，半农被聘为文学院五位研究教授之一，并兼任文史研究部主任，以及他亲手创立的北京大学语音研究室主任。在教学、研究、论著之余，他还竭尽所能地腾出宝贵的时间和精力，积极投身到了为保护祖国文物而斗争的艰巨而又伟大的工作中去，将竭力抵制洋人的文化侵略，保护中国的宝贵文物，发展祖国的文化科学水平，作为自己最神圣的使命。

为使祖国珍贵的科学、艺术、文化遗产不至于流失境外，刘半农反对洋人来华肆意横行的单独"考察"，撰文撕下洋人以考察为名劫掠我国奇珍异宝的种种遮羞布，无情揭露盗宝者所在国的某些官员的帮凶行为和我国某些官员的媚外嘴脸。总而言之，为抵制殖民者的文化侵略，为把文物考察事业牢牢掌握在中国人自己的手中，刘半农呕心沥血地做出了杰出的贡献。

具体来说，他在这方面所做的贡献，主要表现在几个方面。

一是在抵制洋人来华盗宝的基础上，建立了中国西北科学考察团。

1926年年底，瑞典探险家斯文·赫定无视中国人的学术主权，率领瑞典、德国、丹麦等国的20来人组成了一支"远征队"，准备到我国西北作第5次东亚考察，刘半农等著名学者闻讯后，联合北京大学、清华学校等在京10余个学术机构，创立"中国学术团体协会"，对斯文·赫定的行径予以针锋相对的反对。斯文·赫定之所以目中无人，无视我们中国人的学术主权，是因为他也算是个有些来头的人物：1890年后，他曾多次来新疆、西藏"探险"，曾到过"冰川之父"慕士塔格峰，"世界屋脊"青藏高原；还曾三次进入被称为"死亡之海"的塔克拉玛干沙漠，漂流过叶尔羌河及塔里木河；1900年他偶然发现了被沙漠湮没了千年的楼兰古城，1901年又专程到该地作进一步发掘，挖出 150 多件汉文图书，并考证出了古城被遗弃的原因。这许多发现，使斯文·赫定饮誉欧洲学界，逐渐成为世界著名的"中亚探险家"。再说，斯文·赫定又认为按惯例在中国考察都由洋人独断专行，采集品运出国境也无人过问。而且这次考察已获得政府批准，又允许两名中国人参加，已比过去有所让步，肯定能长驱直入西域之地了，所以他领导的"远征队"已有大量人员和物资到了包头。他做梦也没有想到，这次竟会遭到中国学术界如此强烈的反对。怎么办呢？斯文·赫定求助北洋政府，北洋政府怕酿成学生运动，转告斯文·赫定："如果反对组织变得更加激愤，现政府出于自身的考虑，也将撤回签发的许可证。那么您与您的整个探险队将面临从包头被迫强制迁回的风险。"斯文·赫定准备宴请学术团体协会的代表，可学术团体没有一人赴宴。这时赫定自感"身陷困难的深渊"，在日记上这样写道："尽我所能对抗难以容忍的中国人。此事与我的荣誉和名声生死攸关。我绝不能滚回去，在我的余生中因这突然的失败留下痛苦的回忆。"他意识到只有与中国人合作，此外别无出路。他无奈地写道："假如我拒绝与中国人合作，那全部事体都要落得坏名声，我也只好解散远征队，准备归程。"他不得已通过北京大学研究所国学门主任沈兼士转达学术团体协会，谋求妥协，愿意合作。

二是学术团体协会方面决心要保护中华历史遗产，维护国家主权，但当时经济实力和技术装备严重不足，又缺乏大规模野外考察的经验，觉得值此机会，积极开展平等互利的中外合作，将更有利于发展我国的科学技术事业。鉴于此，学术团体协会审时度势，把握时机，坚持以我为主、平等互利的原则，与斯文·赫定谈判合作事宜。

我国的多个学术团体召开了多次会议，一致推举刘半农为主要谈判代表。大家觉得刘半家学识渊博、著述丰富、思维缜密、处事谦谨，又能仗义执言，且深切关注并竭力抵制洋人来华盗宝已有多年，选他为与赫定谈判的主力，实可谓是众望所归。

可刚开始时，谈判并不像人们想象的那么顺利。因为斯文·赫定心存西方人惯有的偏见，蔑视中国人。谈判伊始，他在笔记中写着："中国的民族主义分子希望向他们的人民炫耀那借来的华丽羽毛，并盗用不属于自己的功绩。但他们得到的只会是瞬间即逝的、可笑滑稽的一丝毫光。""中国的科学水准和组织能力以及财经实力均未达到欧洲人的水平，不足以组织一次现代的探险。自愧之情将使他们更为敏感和多疑。""为此，我采用了一套温和加雄辩的外交辞令。"

对于这个阅历丰富、自命不凡、老谋深算的谈判对手，年仅36岁的刘半农博士，虽然没有像斯文·赫定那样有数十年闯荡江湖的练达和经验，但他以及以他为代表的学术团体，却具有睿智、博识、远见和务实的精神，而且他们对国家对民族的担当和为争取学术主权的不懈努力和坚定信念，都绝不是斯文·赫定所能比拟的。所以，刘半农始终以坚定的自信和实事求是的态度，对斯文·赫定晓之以理，动之以情，令斯文·赫定充分感受到中国学者的诚恳、智慧和坚毅，在他的笔记里，就记下了他最初的直觉——"谈判代表客气而和蔼。刘半农、徐炳昶（北京大学教务长、哲学教授）袁复礼（清华学校兼北京大学文学教授，北京大学考古学会代表）等能操流利的法语、英语"的记载，又感受到学术团体代表们"语言逻辑上的锋利及其穿透人心的深度令人震惊。没有使用激烈的语言和暴力，只有友谊和忍耐。我并未觉

得欧洲人的文化高于中国人。"——这就是斯文·赫定对中国人有新认识的开始。

三是学术团体协会提出15项合作考察条件，由刘半农与斯文·赫定继续进行谈判。15项的要旨是：遵循学术主权属我的原则，为保障中国文化前途，严禁一切侵犯我国主权、破坏文物古迹等损害学术的不良行为。

学术团体由刘半农、徐炳昶、马衡（北京大学历史系教授、故宫博物院院长）共同起草合作条文，经过刘半农与斯文·赫定反复磋商，4月20日推选周肇祥（古物陈列所所长、中国画学研究会代表）、刘半农、袁复礼、李济（清华国学研究院教授、考古学家）四位代表，与斯文·赫定逐条研究合作办法。最后，由徐炳昶、马衡、刘半农起草，李四光（北京大学地质系教授）、袁复礼、李济译成英文，议决了《中国学术团体协会为组织西北科学考察团事与瑞典国斯文·赫定博士订定合作办法》（简称十九条），于4月26日由周肇祥和斯文·赫定签字通过。

十九条规定：西北科学考察团理事会监察并指挥该团进行的一切活动。刘半农被任命为理事会常务理事，即最高负责人。从1927年起，始终遥控着考察团的工作进程，直到他去世为止。

5月9日，中国西北科学考察团从北京大学红楼出发西行，刘半农亲自到车站送行。考察团西行期间，刘半农坐镇北京，对考察中的一切工作，无论是事务性的或是监察指导性的，事无巨细，必亲自躬行，把各种问题解决得妥帖而合乎情理。

在刘半农的监察下，严格执行十九条协议的各项规定。例如，考察团工作中不断取得惊世成果，大量采集物、发掘物分批都由骆驼经草滩、戈壁东运，无一流失境外。运到北京后，都由刘半农——验收、保管，造册登记，每一物件都写有收据。

考察进程中，刘半农还做了许多工作，计有：

一是及时掌握考察进程并作指导，促使考察顺利进行；及时肯定成绩并向社会发布。考察团的丰硕成果让世界震惊，令中国人欢欣鼓舞。

二是不断扩大西北科学考察在社会上的影响、作用和意义，计划增聘著名学者加入学术团体协会成为理事会理事。

三是争取南京国民政府（北伐成功结束了军阀割据，统一成为南京国民政府）的支持，便于排除地方势力对考察工作的干涉和破坏。

四是建议延长考察期限、增加考察团中外团员、委任中方代理团长。

功崇惟志，业广惟勤。祖国的大西北资源丰富，考察团几乎每天都有新的发现和收获。

丁道衡在白云鄂博发现大型铁矿。该矿储量丰富，成分高，体质纯。一个月后，袁复礼又在丁道衡发现的矿区以西十余里处发现铁矿苗。进入新疆后，丁道衡横穿天山，（直到我国西端的葱岭，帕米尔一带，）采集到多种化石和地质材料，又发现多处油苗、煤炭、铁矿等，他绘制出地质图，写出《新疆矿产志略》，论述省内石油、煤、铁、铜、金、银、锡、玉石等矿产资源。

考古方面，考察团到包头不久，黄文弼就发现具有辽、金、元史料价值的王傅德风堂碑，又发现新石器时代的石斧，不久，又在额济纳—土堡中发现数枚居延汉简（汉代原始边役档案的木简）；入新疆后，黄文弼对吐鲁番盆地、塔里木河流域和罗布泊地区的古代遗址作了周密调查，考证了古高昌国的茔域和纪年，

发现古墓群、古陶器、西汉烽燧台遗址、居仓遗址，还发现很多汉通西域的最早的文字简牍、墓表、石器、玉器、五铢钱等。黄文弼对许多古城的位置、迁徙、历史演变，都做了考证。

考察五年，袁复礼完成了学科众多、内容广泛的地质调查和考古发掘，取得了举世瞩目的成果。袁复礼入新疆后，从测绘开始，调查地貌、地层、构造、岩山、冰川、古生物、矿产，制作了详细的地质图。他两上天山，建立了二叠纪、三叠纪的地层剖面图，在准噶尔东部编绘了地貌图，详细记载了侏罗纪天山龙产地的地形地貌特征。五年中，袁复礼发掘到兽形爬行动物恐龙化石 72 具，其中首次发现的新品种就有八种，这些化石的年代比以前外国人在中国发掘所得提前一亿多年，发现如此众多而且完整的大型爬行动物化石，当即震惊了世界。此外，袁复礼还发现中华半椎鱼、叶支介、珊瑚及双壳等重要动、植物化石，还发掘到大量古代文物，发现了煤、铁、石油苗等矿点。他还为当地人民找到了地下水，又帮助少数民族改进炼铁技术，人民感谢他，为他立生祠，造"袁公庙"和"复礼庙"，让子孙后代永远记住他的恩德。

在整个谈判和科学考察期间，与斯文·赫定接触机会最多、接触时间最长的中方代表，是学术团体协会理事会的常务理事刘半农。斯文·赫定深切感受到刘半农"可亲而友善"，后来还兴致勃勃地为刘半农画了张素描肖像，半农沉稳与睿智的形象简直是跃然纸上。

在考察团西行期间，刘半农虽坐镇北京，可斯文·赫定却说："刘半农在幕后左右着协会的行动。在随后的几年里，我向他申请我所需要的一切。"确实，考察团在考察过程中有什么问题，不分巨细都得找刘半农解决。斯文·赫定说刘半农是"学会团体协会真正的领袖，是理事会的灵魂和核心"。说来有趣的是，在历经了多次的谈判乃至激烈的交锋后，斯文·赫定终因钦佩刘半农智勇双全的才能，以及热爱祖国的精神，竟然与刘半农不打不相识，由此而惺惺相惜，建立了真挚的情谊，以致在诺贝尔奖评选中拥有发言权的斯文·赫定，还特请刘半农推荐诺贝尔文学奖的中国候选人。刘半农不假思索地推荐了鲁迅，并通过作家台静农向鲁迅转达，只是淡泊名利的鲁迅，婉言相拒了。

中国西北科学考察团的组建和长达 6 年的成功科考，是我国科学技术史上的里程碑。北京大学国文系教授，研究所国学门导师刘半农为此做出了杰出的贡献，立下了不朽的功绩。

以刘半农为主力的中国学术团体协会与瑞典探险家斯文·赫定经过五十天的谈判，所签订的《中国学术团体协会为组织西北科学考察团与瑞典国斯文·赫定博士订定合作办法》（简称十九条），这是中外科学考察史上第一个中外平等互利的合作协议，是中外双方考察活动的规范，为六年西北科考任务的圆满完成起到了根本的保证作用。

十九条合作协议成为此后任何外国人来华考察必须遵循的规矩。它让清末以来外国探险家、科学家、盗宝人无视我主权，在我国境内畅行无阻、肆意发掘掠夺大量珍贵文物的屈辱历史，就此而终结。

十九条协议是第一个中外平等的条约，推广到科学考察以外的任何领域都可以仿效。刘半农在一次大会上指出："这个协议开我国与外人订约之新纪元，当此高唱取消不平等条约之秋，望我外交当局一仿行之。"

考察过程中，刘半农虽未随考察团西行，但他监督、指导、设法解决考察中的一切事务，还及时报道、宣传考察成果。所以，无论是考察团成员，或团员家属、学生、一代代的继承人、后学者，都一致认为：中国西北科学考察团的辉煌成果和深远影响，全都离不开刘半农的贡献，刘半农是整个考察团的灵魂和核心。

除领导中国西北科学考察团取得卓著成果外，刘半农还在抵制洋人的文化侵略方面做出了巨大贡献。这主要体现在以下三桩事情上。

第一件事是：在报上公开发文，无情揭露美国自然史博物馆安得思率领的所谓"考察团"一再疯狂掠夺我国文物的种种罪行，并呈请政府下令扣留该"考察"团的全部所获物，还针锋相对地撰文怒斥安得思惯于食言而肥、惯于吹牛贴金、惯于破口谩骂和惯于撒谎欺骗的种种恶行，将他的流氓本性彻底暴露在了光天化日之下。

第二件事是：1927 年 8 月，德国的中央亚细亚探险队在艾米尔·特林克勒率领下从西藏闯入，1928 年到达和田，拟去罗布泊"考察"。西北科学考察团理事会常务理事刘半农获悉后，即促使中央政府下令，禁止德国探险队的活动，特林克勒被迫无奈，只得于 1928 年 7 月离开中国。

第三件事是：1929 年，刘半农在《世界日报》上发文，公开揭露由哈特率领的法国探险队的丑恶真面目：一是盗取中国文物；二是收集中国情报；三是这些人其实就是一伙地地道道的强盗和骗子！可法国驻华公使馆参赞韩德威却竭力为卜安做种种辩解，刘半农毫不相让，当即又撰文《质问法使馆参赞韩德威》，进一步对卜安大加痛斥，迫近使国民政府不得不宣布取消其考察资格。岂料中国外交部长王正廷随后又同意他从新疆入境考察。刘半农闻讯后，气愤异常，立即撰文向国民政府表示抗议，国民政府这才下令中法考察团停止工作，并限期出境。

综上可见，为使祖国珍贵的科学、文化、艺术遗产免遭劫掠，为维护国家主权和民族尊严，刘半农始终殚精竭虑，全力抵制洋人来华作肆意横行的单独"考察"。他或撰写文章、或组织协会、或参与谈判、或电请政府下令，倾尽全力与殖民主义者、与腐败官僚做不懈的斗争，费时十余年，历尽艰辛，不屈不挠，不遗余力，促使长达半个多世纪的我国文物被劫历史，从此画上了句号。这就可见，作为"五四运动"闯将、作为新文化运动先驱的刘半农，在留学归国后，一直怀揣着满腔的爱国热情，在与各种内外恶势力进行着最勇敢最激烈的搏斗。有些人，或是因为与刘半农的住地相距遥远，讯息不通，不了解刘半农的具体情况，或是因为误信刘半农将出任山西教育厅厅长的谣传，就认为留学归国后的刘半农，锐气削减了，斗志不在了。应该说，这实在是一个天大的误解。因为刘半农一直就是一个无意于仕途的人，他就曾说过，他喜欢专职搞研究，不喜欢兼职做行政杂务，1931年他就辞去了中法大学服尔德学院中文系主任、辅仁大学教务长、北平大学女子文学院院长等职务，专任北京大学文学院研究教授。实际上，留学归国后的刘半农，在勤奋投身教学和学术研究的同时，依然一如既往地站在对敌斗争的最前线，充分展现了他全局在胸，游刃有余，折冲樽俎，克敌制胜的非凡才能。总之一句话，不管情势如何变化，工作怎样变动，刘半农"闯将"的特质依旧，"先驱"的本色不变，他崇高的爱国主义精神，将始终为国人所铭记，并永远流芳后世。

率真热情，好友良多

有一段时间，民国朋友圈的事，被媒体炒得相当火热，徐志摩、鲁迅等人都榜上有名。不过，若真要论起民国时谁的朋友圈最为"高大上"，实际上还得要数刘半农。因为他博学多才，不管干什么都有一手，在诸多方面都颇有建树，其外溢的效应势必就极其广泛，再加上他为人热情，待人真诚，自然也就更是朋友多多了。有人说他"一人串起了半个民国文艺圈"，此话可以说一点也不为过。在他的朋友圈中，有思想界领袖陈独秀，有共产主义先驱李大钊，有比鲁迅资历还要老的钱玄同，有北京大学校长蔡元培，有文坛巨子鲁迅，有诗坛才俊徐志摩，有把音乐作为副业，却在这方面大放异彩的赵元任，亦有"数人社"中的一些志同道合者，还有一些民间的歌手。

与陈独秀：上文已有详述，这里也就不再细说。

与钱玄同：在新文化运动刚刚起步时，为壮大文学革命的声势，为宣传文学革命，刘半农与钱玄同因合演"双簧"而名闻中华的事情，在上面"新文化运动闯将"一节中亦已有详述，这里也就不再赘述。刘半农与钱玄同两人相处时，有一个与常人相处截然不同的特点，那就是他们几乎是一见面就会抬杠，而且每次都要抬杠到面红耳赤，甚至青筋直暴。可这绝不影响他们之间的友谊，下次见面时，他们就好像先前什么事也没有发生过似的，依旧和颜悦色，谈笑风生。不过，过了一会儿，他们或许又会抬起杠来。可即使是这种情况一直在循环往复地出现，他们两人依然是最贴心的好朋友。

与蔡元培：上文已多处有所涉及，这里仅补叙一下半农去世后，蔡元培对半农所作的这样一段评价："先生（指半农——笔者）在《新青年》上提倡白话诗文，叙述地摊上所搜集的唱本，我们完全认为他是文学家。后来……他专做语音学的工作，完全是科学家了。"

与赵元任：留学美国的赵元任，虽对半农心仪已久，可直到1925年他去欧洲游学时，方得以与半农在巴黎会面。而相互一见，两人便一拍即合，谈得十分投机，都有相见恨晚之感。期间，赵元任还特意在巴黎租房住下，逗留了较长一段时间，经常与半农在一起促膝叙谈，好像永远有说不完的心里话。1925年，两人同期归国，回到北京。半农在北京大学，赵元任在清华，1926年，赵元任更是在反复酝酿后，精心为刘半农的《教我如何不想她》谱了曲，使刘半农的这首诗因此而更为走红。赵元任生平不喜欢写应酬文字，却独独因刘半农的亡故，写下了这样一副别开生面的挽联："十载凑双簧，无词今后难成曲。数人弱一个，教我如何不想他！"

与鲁迅：1918年旧历除夕，半农是在绍兴会馆与鲁迅、周作人兄弟共同度过的，这是半农到北京后过的第一个春节。在此后的两年里，直到赴欧洲留学前，他造访鲁迅寓所三十次，书信往还十余封。后来半农去到了英国，尽管连写作业用的笔、纸和蜡烛都要省着用，但他还是给鲁迅寄了一张明信片，以表示对鲁迅的深切思念之情。后因种种误会，二人虽渐渐疏远，但半农去世后，鲁迅曾两度撰文纪念他。一篇为《忆刘半农君》，一篇为《趋时和复古》。文中都不乏对半农的赞美之词。而半农也曾为鲁迅写过一副"托尼学说，魏晋文章"的对联，被公认为是对鲁迅

的准确评价，鲁迅自己也给予了默认。

与徐志摩：1931 年 11 月 10 日，半农邀请好友数人到郑颖孙家，其中包括曾同在伦敦待过的徐志摩。席间高朋满座，谈笑风生，好不热闹。徐志摩接到电话后，便笑意盈盈地说："我明早六点南飞。明晚此时，当与小曼共饭也。"同座中，半农年龄最大，又爱开玩笑，徐志摩语毕，他便打趣道："飞空之戏，君自好之，我则不敢尝。"徐志摩回应道："危险在所难免，我自甘之。我苟飞死，君当为我作挽联。"半农笑着应诺。宴席散去，半农与徐志摩握手道别时，徐志摩依然笑着叮嘱："一事费神：我若死，毋忘作挽联。"孰料两位文人好友之间的玩笑之词，竟然成为谶语。19 日，徐志摩乘坐由南京到北平的"济南号"在济南党家庄遇大雾失事。半农为此悲痛不已，按约送去这样一副挽联："一夕清谈成永诀，万山云雾葬诗魂。"

与李大钊：刘半农与李大钊既是同事，又是好友，所以在李大钊遇害后，他可以说是倾其所能，无畏无惧地为李大钊之事奔走效力（上文对此已有详述）。即使在李大钊牺牲多年后，半农每有忆及，仍悲痛不已，这就充分表达了他对李大钊的无比崇敬之情。

与"数人社"：半农与赵元任等曾成立了一个"数人社"。为什么叫"数人社"？因为就几个人，即赵元任、半农、钱玄同、黎锦熙、汪怡（一庵）、林语堂和周辨明 7 个人。细窥其意，实际上也就是为的与魏晋年间的"竹林七贤"遥相应和，表明他们都是特立独行，志向高洁，不同流俗，意在有所作为之人。"数人社"由半农任主席，主要议题是"国语罗马字拼音方案"，由赵元任主稿。"数人社"这一名字，乍听起来好像很自卑，其实一点也不谦虚，因为赵元任曾说："我辈数人，定则定矣。"意思就是说："我们几个，就要把现代汉语的有关事情给定下来。"结果，这几个人团结一心，通力合作，还真是将有关现代汉语的事给定下来了。这也就是说，正是这几位大师级的人物，为我们后人留下了一笔宝贵的精神和物质财富。

与民间歌者和江边船夫：半农虽是个知名的文人、学者，但他却有着深厚的平民情结，他深知文学的根其实在底层，高手也同样在民间，所以他与江河边一些唱船歌的船夫，与祖籍殷家埭卖豆芽菜的老农，都成了经常在一起娓娓畅叙的好友。

刘半农对朋友都那么重情重义，对祖籍以及对祖籍人民的挚爱深情，自然就更是浓得化都化不开来。他虽曾去上海闯荡过，后又在北京长期驻足，可在他的心中，却总是时时系念着他的祖籍南沙殷家埭（原属江阴县，现归张家港市金港街道柏林村管辖）。南沙有座香山，因传说春秋时吴王夫差偕美人西施上山采香而得名，文人墨客来此观光赏游者，也就代不乏人。苏东坡游香山时，就曾为梅花堂题写匾额，徐霞客则多次登上香山，并留下精彩的诗文。而半农呢，他更是始终对香山梦牵魂萦，不仅多次登临，而且还特意为香山写诗抒怀，在1918年《新青年》4期第2卷上，就发表了他的《游香山纪事诗》10首。现在此择其中的四首与大家一起分享：其一："扬鞭出北门（指江阴城的北门——笔者），/心在香山麓。/朝阳浴马头，/残露湿马足。"其三："古墓傍小桥，/桥上苔如洗。/牵马饮清流，/人在清流底。"其七："白云如温絮，/广覆香山巅。/横亘数十里，/上接苍冥天。/今年秋风厉，/棉价倍往年。/愿得漫天云，/化作铺地棉。"其十："公差捕老农，/牵人如牵狗。/老农喘且嘘，/负病难行走。／公差勃然怒，／叫嚣如虎吼。／农或稍停留，／鞭打不绝手。／问农犯何罪，／欠租才五斗。"这些诗，或叙沿途美景，或写游赏心境，或抒忧民之情，或斥公差暴行，全都写得短小精悍、朴实无华，令人爱不释手。而透过这些诗，半农这个敢爱敢恨的性情中人，就活脱脱地站立在了我们的面前。他对祖籍香山和香山人民的一片绵绵深情，对凶暴地残害百姓的反动政府走卒的无比憎恨之情，便都显现出了动我们心魄、感我们肺腑的无穷魅力。

多方涉猎，广有建树

半农原本是搞文学创作的，而且取得了非常出色的成绩。他的小说风靡上海滩，赢得了许多粉丝，连著名作家苏雪林都说他的小说"滑稽突梯，令人绝倒"。作为中国新诗的开拓者和实践者，他的诗歌也同样有许多追捧者乃至发烧友，著名作家周作人就给了他很高的评价："那时作新诗的人实在不少，但据我看来，容我不客气地说，只有两个人具有诗人的天分，一个是尹默，一个就是刘半农。"他的杂文则更是享有盛名，能成一家之言，在新文化运动中发挥了无比威力。他还从事翻译，出版过《茶花女》《国外民歌译》及《法国短篇小说集》等多种译作。在我国的声韵方面，他也做出了重大贡献，汉字中声调的本质就是他给确定的。历来研究我国声韵学的人，对于四声的见解都模糊不清，一直到半农的《四声实验录》出来，用实验文法测定了十二处的声调，这才说明了声调的真相，才把中国声韵学上一千五百年来一直捉摸不清的四声问题真正解决了。

刘半农当真是个"才子"，除了上面所说的在文学和语言学方面的成就外，他还在以下许多方面广泛涉足：喜欢摄影，出过专著《半农谈影》，他也因此被誉为中国现代摄影理论的开拓者和奠基者之一；喜欢书法，常临一种很冷门的字帖；喜欢编书，既编古书，也编时尚的副刊；因为弟弟刘天华是著名的音乐家，所以他在做学问时，对有关的音乐知识也有所涉猎，如他就曾用明代王子朱载堉在困境中潜心研究乐律，写出《乐律全书》并提出十二平均律的事迹，来鼓舞刘天华增强与所遇困境作殊死拼搏的勇气，并用朱载堉提出的十二平均律，来帮助刘天华解决改革琵琶定音的难题。半农还引领学生对清宫所藏古代乐器的音律，写过多篇论文。此外，他还曾为《梅兰芳歌曲谱》作过序，而且他还最早提出，应在弘扬中华优秀传统文化的基础上，创造顺应时代的新歌剧的课题。

要说半农的兴趣爱好和突出成就，无疑不能不特别说一说他在民歌的采集、整理和大胆创新上所做出的特殊贡献。半农是我国第一个对民歌进行学术调查的先驱者，同时也是我国首先创作地道民歌体新诗的著名诗人。早在 1918 年，他就草拟了一份《北京大学征集歌谣简章》，在蔡元培校长的支持下发表在《北京大学日刊》上，随后又在《新青年》第四卷第三号上加以转载，由此便全面掀起了我国近代史上第一次征集歌谣、研究民俗文学的运动。同时，他还身体力行，利用三次回祖籍殷家埭老家的机会，进行了采集民歌的活动。一回到祖籍老家，他就探耕者，访渔夫，察风俗，观民情，在跟父老乡亲们叙谈离情别意和话说家常趣事的过程中，见缝插针地采集家乡的民间歌谣，甚至还把民间说唱艺人请到家中，酒饭相敬，待若上宾，虚心向他们请教，从他们口中记录下宝贵的歌谣作品。后来这些民歌被编为《瓦釜

集》。一部《瓦釜集》，全用江阴最流行的"四句头山歌"和方言来写作，句式长短参差，是一种"乱山歌"，生动活泼，在中国诗歌史上开辟了一个新的境界。半农之所以如此重视民歌的采集和整理，是因为他对民歌的高度艺术价值有着深刻的认识，他认为"歌谣里边有许多真情实感的活文字，是当前一些空洞无物、陈词滥调的诗无法比拟的。"在《〈瓦釜集〉代自序》中，他更是说："集名叫'瓦釜'，是因为我觉得中国的'黄钟'实在太多了。"一句话，他是立志要独树一帜，"把数千年来受尽侮辱与蔑视，打在地狱里而没有呻吟机会的瓦釜的声音，表现出一部分来。"他还特别强调，要写好白话新诗，就非要在学习民歌的基础上自造新体。事实上，从内容到形式，他都确确实实向民歌学习到了许多东西，并由此而创作了《相隔一层纸》《学徒苦》《铁匠》《敲冰》等许多脍炙人口的好诗，出版了内容上反对封建，形式上着力模仿民歌的诗集《扬鞭集》。有人称誉他为"在中国文学上用方言俚调创作诗歌的第一人，同时也是第一个成功者"。对此，刘半农应该是当之无愧的。

归绥之行，身为学殉

1934 年 6 月 19 日，一生从不知停歇的半农，为了完成《四声新谱》《方言字典》和《中国方言地图》的资料收集，又开始了西北归绥之行。

6 月 20 日，半农一行到达包头后，立即深入到计划中的包头、绥西、安北等八个点去采样。5 天后，又到呼和浩特、武川、丰镇等七个点去采样。7 天后，去到了百灵庙。每到一个地方，半农都涉足乡野村落，深入民众之中，听放羊的、种地的、赶路的以及街头的百姓唱民歌。在内蒙古，民歌称为漫瀚调，在晋、陕、冀、甘，所有的民歌都同称爬山调，它们都是西北劳动人民心声的自然流露，是历史、生活、风土人情的真实写照，都具有浓郁的乡土风味与泥土气息。它们的神奇魅力还在于将蒙汉两个民族的语言和音乐有机融合，因而千百年来一直保持着旺盛的生命力。半农带领着助手一筒一通采录原声，以民歌的音韵为方言标出字韵、音韵，再画出音调、声调的曲线图形，然后做比较研究，并请各个点的老乡说同一句话，相比较，作定局，完全确定后，再在方言图上加以标明。半农每天从清早开始到晚上六七点，一天要工作十几小时。凡是助手记录的，半农必定要亲自核对一遍，或提出疑点，或指出误处，然后商量纠正。即便是半农自己记录的，他也要叫助手们加以复核检查，以确保没有失误。每次发现一个新音，那就一定会反复试验，多次研究，然后才决定一个新的符号。他的助手们是各司其职，而半农除完成自己的工作外，还要看收声，调浪纹，听民歌唱筒。尽管这样成天忙得不亦乐乎，可他总还是笑眯眯地对年轻的助手们说："你们累不累？累了就休息。我这把老骨头倒还能再记录。"他这种认真、刻苦、严谨的工作作风，使所有的助手都深受感染，大得教益，工作起来也就愈发来劲了。

　　一路之上，半农跟他的助手们一起，脚踩黄土，头顶烈日，全然不顾条件的艰苦和旅途的劳顿，用最新的科学方法一一记录了沿途的歌谣土风和方言资料。谁知因为住宿的条件太差，半农被虱子叮咬得几乎彻夜难眠，这就种下了病患的祸根。到7月9日晨，半农已有发烧的感觉，大家劝他休息，他不肯。带病到张

家口第一师范学校工作时，又架不住校长的再三恳请，为全校师生做了一次演讲。而演讲结束时，他的体温已是38.5度了。大家劝他休息，他仍不肯，照旧记录了一个县的方言。工作完毕，他的体温已上升到39.5度。大家一看情况不对，这才连夜送他乘火车返回北京。后虽确诊他患上了回归热病，但由于已耽误了些时日，且半农本就身体虚弱，终于因施救不及，于7月14日2时不幸英年早逝，享年仅44岁。人们常说"战士死于疆场，学者死于课堂"，而半农这个知名学者，竟也是死在了疆场之上。这就可见，他确实是新文化运动中一位名副其实的猛将和先驱啊！半农虽说是身为学殉了，但他那锐意进取的精神，他那斩获颇丰的文化学术成果，将永远令我们由衷钦佩，始终被我们视为珍宝。总之一句话，半农的卓著功绩，必将彪炳千秋，永远被人们所铭记。

半农去世后，朱惠和尚真（刘天华的妻子）一起商量，决定将半农的灵柩跟天华的灵柩（天华已在1932年6月18日先于刘半农仙逝）用相同的办法处置，先停厝北京，等待时机再回江阴安葬（此皆因当时时局动荡混乱所致）。于是，1934年7月16日，刘半农的灵柩移厝北京西城北海后门的嘉兴寺。移灵这天，送灵的学生擎着蔡元培亲笔书写的"国立北京大学教授刘复博士铭旌"为前导，灵车上盖着北京大学三色旗，以表达北京大学师生的由衷敬意。灵车经过北京大学一院时，校长蒋梦麟率领教职员工、学生举行路祭，蒋梦麟、胡适、杨仲子、马幼渔等人一起送殡至嘉兴寺。7月20日，法国驻华代理公使特发唁电到北京大学，向家属表示慰问。在此期间，瑞典斯文·赫定博士也特地赶到大阮府胡同16号吊唁，并将西北科学考察团的纪念邮票送给朱惠，以作永久纪念。半农逝世三个月后，10月14日，北京大学暨半农生前好友发起追悼刘半农先生大会。追悼大会在北京大学二院大礼堂隆重举行。出席追悼会的有北京各界代表，北京大学校、院、系负责人，中法大学、辅仁大学负责人，半农的生前好友、同事、学生代表500多人。追悼会收到挽联300多件，花圈200多个。送挽联的有蒋梦麟、孙科、马裕藻、俞平伯、胡适、钱玄同、周作人、郁达夫、林语堂、汪兆铭等。

追悼会场内外满目花圈、挽联、挽幛，气氛肃穆，庄严隆重。追悼会由校长蒋梦麟主持，蒋梦麟、胡适、周作人、钱玄同等生前好友在追悼会上介绍了刘半农的生平事迹。刘北茂代表家属致答词。

半农逝世后，全国各地的报刊如《世界日报》《人世间》等，均纷纷发表消息和文章以示纪念。《青年界》第六卷第三号，更是专门为纪念半农出了专辑，其中有蔡元培的《刘半农先生不死》，鲁迅的《忆刘半农》，全增嘏的《刘复博士》，徐霞村的《半农先生和我》，姜亮夫的《介绍四声实验录》，赵景深的《刘复的中国文法讲话》等文，全都对刘半农作出了相当高的评价。

半农去世后不到一周年，整个中国处于全面抗战的前夕，从各种迹象来看，已经绝对没有条件实现将刘半农、刘天华的灵柩运回江阴安葬的可能了，因此刘北茂、朱惠以及尚真，也就不得不考虑就地安葬的问题了。因国难当头，他们决定丧事一切从简。刘家将这一决定汇报校方后，校长蒋梦麟相当重视，校方当即成立了治丧委员会。半农、天华会葬之期定于1935年5月29日。中法大学为感谢半农对中法大学的贡献，捐赠了属于中法大学公墓区里的一块约六十平方米的墓地，这块墓地在北京西郊香

山玉皇顶大木坨。

5月29日，半农灵柩由嘉兴寺，天华灵柩由法华寺，在家属的哀哭声中分别发引前往香山玉皇顶南岗大木坨。这天，《北京晨报》以"半农、天华昆季今日同窆玉皇顶"为标题作了报道："半农、天华昆季，一以治语音学及工为小品文著称于世，一以音乐家名，乃不及三年，先后即世，识与不识，均叹为吾国文艺界之大损失！"香山在北京西郊，由于路途遥远，交通不太方便，除治丧委员会安排数百人送葬之外，刘家事先登报辞谢送葬。然而这一天，主动自发前往送葬、敬献花圈者，仍络绎不绝。在香山脚下，人们一批批自动会合，然后再相继登上山去。

安葬完毕，已是傍晚五点多钟。半农的墓在北，天华的墓在南，相隔不远，以让这对手足情深的兄弟，依然时时能亲切叙谈。半农墓前有两块碑，其中一块由蔡元培撰写墓志，吴敬恒题碑，章太炎篆额，以及钱玄同书丹的故国立大学教授刘君碑铭。碑铭的全文是：

刘君讳复，号半农，江苏省江阴县人，民国纪元前二十一年五月二十七日生。四岁受父教识字。六岁就传能为诗，十三岁进翰墨林小学，十七岁进常州府中学。武昌义军起，君辍学参加革命运动。中华民国元年，君在上海任中华新报特约编辑员及中华书局编辑员。五年以后，常为文发于《新青年》杂志。六年任国立北京大学预科教授，益与《新青年》诸作者尽力于文学之革新，著有《我之文学改良观》《诗与小说精神上之革新》等文，及《扬鞭》《瓦釜》等诗集。君所为诗文，均以浅显词句达复杂思想，于精锐之中富诙谐之趣，使读者不能释手。然君不以此自足，决游学欧洲。九年，赴英吉利，进伦敦大学之文学院。十年，赴法兰西，入巴黎大学，兼在法兰西学院听讲，专研语音学。十四年，提出《汉语字声实验录》及《国语运动略史》两论文，应法兰西国家文学博士试，受学位，被推为巴黎语言学会会员，受法兰西学院伏尔内语言学专奖。

回国，返北京大学任中国文学系教授，兼研究所国学门导师，计划语音乐律实验室。二十年，任北京大学文学院研究教授。君于是创制刘氏音鼓甲乙两种，乙二声调推断尺，四声模拟器，审音鉴古准，以助语音与乐律之实验；做调查中国方音音标总表，以收蓄各地方音，为蓄音库之准备；仿汉日晷仪理意，制新日晷仪，草编纂《中国大字典》计划；参加西北科学考察团任整理，在居延海发现之汉文简牍，虽未能一一完成，然君尽瘁于科学之成绩已昭然可睹，而君仍不懈于文艺之述造，如《半农杂文》及其他笔记调查录等，所著凡数十册。旁及书法，摄影术，无不粹美。可谓有兼人之才者矣！君于二十三年六月赴绥远，考查方言及声调，染回归热症，返北平，七月十四日卒，年四十有四。妻朱惠，长女育厚，男育伦，次女育敦，葬君于北平西郊玉皇顶南岗。铭曰：朴学隽文，同时并进；朋辈多才，如君实仅；甫及中年，身为学殉；嗣音有人，流风无尽。

蔡元培

（著名教育家，曾任北京大学校长）

让国乐与世界音乐并驾齐驱的刘天华

刘天华（1895—1932），原名寿椿，后改名天华。他是刘半农的胞弟，江苏省江阴市澄江镇西横街人，祖籍南沙香山东麓的殷家垺（现属江苏省张家港市金港街道柏林村，其父刘宝珊即出生于殷家垺——笔者）。天华是"中西兼擅，理艺并长，而又会通其间"的中国现代民族音乐事业的一代宗师，优秀的民族乐器作曲家、演奏家、音乐教育家，被国人誉为中国现代民族音乐的奠基者。

先天禀赋，钟爱音乐

也许是天赋使然吧，天华自小就对音乐怀有超乎常人的浓厚兴趣，只要听到器乐声响，他就会脚底发痒，情不自禁地赶过去聆听那美妙动人的乐曲声。不满三岁时，他第一次跟念佛的母亲蒋氏到涌塔庵去，见大殿上有七八个和尚正在香烟缭绕中做法事，一下子就被那钟、鼓、铃、板、木鱼等乐器构成的优美旋律给迷住了，便趁人不注意，悄悄地钻到了供桌底下，眼睛也一眨不眨的，一直在和尚们弹奏的乐器上看来看去，好像非要看出什么名堂不可。母亲蒋氏上香拜佛完毕了，一时竟不见了他的人影，不得不着急地四处寻找。

天华家就住在江阴城内涌塔庵和孔庙附近西横街上，所以每逢僧家佛事或春秋丁祭，他都因地利之便，经常会不请自到，去现场聆听悠扬的钟鼓之声，动人的丝竹之乐，而且去了之后，他就总会沉迷其中，几乎到了如痴如醉的程度，有时甚至竟忘了回家吃饭。

凡遇到会音乐的人，天华就喜欢跟他交往。他们邻居家有一个叫汪阿大的年轻人，为人热情诙谐，还会一点笛子和二胡，因此天华就跟他非常投缘，总是亲热地称呼他"汪大哥"。夏夜在院中乘凉时，这位汪大哥每次都会怡然自得地吹吹笛子，拉拉二胡。他会"五更调""梅花三弄""孟姜女"和一些民歌小调之类的乐曲，数量并不多，技艺也不算高明，但天华小时候总是怀着极大的兴趣去欣赏他的演奏，在当时没有音乐会的情况下，对他来说，这不仅是一种学习的机会，而且也可以算是一种艺术的享受了。

每逢农历正月十五元宵节那天，家住江阴城东蟠龙山地区的姑妈便会特意进城，去城隍庙观看香会。半农和天华也就常常会趁此机会，跟着去看个热闹。所谓香会，实际上就是各种民间文艺的集中展示，内容极为丰富，表演也相当出彩。香会开始后，先是舞狮子，随后是舞龙灯，全都生动传神，相当吸引众人的目光。舞狮子、舞龙灯的前奏过后，便是八抬大轿抬着城隍老爷出场，以让众人一睹城隍老爷的风采。紧跟其后的是拜香队，拜香队的人左手托着木鱼和铜铃，右手则不时地敲击着左手的托物，还边走边唱着拜香调："至心朝礼，……大慈大悲天尊！"一听到这拜香调，天华会顿即两耳直竖，双目放光，表现出一种异乎寻常的浓厚兴趣。拜香队后边是高跷队，高跷队有男有女，扮演着戏曲里的各式人物：有《八仙过海》中姿态各异的吕纯阳、何仙姑、韩湘子、曹国舅、钟汉离和那形象特异的铁拐李；有《西游记》中的唐僧、孙悟空、猪八戒、沙和尚以及一些出名的女妖，全都各有其摄人眼球的精彩表演。随后，还有挑花篮和彩船舞等异常热闹、逗人嬉笑的节目。热闹的队伍过后，则是江南丝竹乐队轮番演奏佛教音乐和道教音乐，全都乐声悠扬、悦耳动听，给人以余味无穷的美好享受。天华听着，更是觉得心都要醉了。拜香会结束时，半农说："真好看啊！"天华则说："真好听啊！"确实，对以上这些节目，小哥俩当真是各有所好，也各有所得，全都心情欢畅，收获满满，而且每到临了，还都会觉得意犹未尽。

天华很喜欢音乐，其实他自己最早掌握的乐器是笛子，而并不是二胡。这也许是因为笛子的取材较为方便，制作也较为简易的缘故吧。小时候，笛子就好像是他形影不离的伙伴，只要一有空，他就会一笛在手，有滋有味地吹起来。有时候到乡下去走亲戚，他也总是笛子不离身，往往会在室外一吹就是老半天。有时他徜徉在田野上，尽情地边走边吹，完全陶醉在自己吹奏的笛声中。因此，村里面有的大孩子就跟他开玩笑说："大概只有在蹲茅坑时，你才会不吹笛子吧！"逗得四周的人全都哄堂大笑。

进了翰墨林小学，见学校开设了音乐课，天华自然就更有了如鱼得水的感觉，愈发感到趣在其中，不仅上课时特别专心，而且课后还经常缠着音乐老师问这问那，因而深得音乐老师的赏识。

二胡风波，有惊无险

因为爱音乐，也就必然会爱屋及乌，对乐器特别喜爱。不过，大多乐器的价格都较为昂贵，天华知道自己家里穷困，自然不敢有所奢望。相对来说，二胡显然要便宜一些，所以他的脑子里有时也就不免会动动这方面的念头。农历二月初八，是江阴城里一年一度的庙会，那天一大早，母亲蒋氏就给半农和天华小哥俩一人一个铜板，说是逛庙会时可以买点点心吃吃。那天半农因留在学堂里帮语文老师刻印辅助教材，无法脱身，天华就一个人带着母亲给的一个铜板，意兴盎然地去庙会上开开心心地逛了一番。什么马戏呀，杂技呀，小热昏（又名"小锣书"，俗称"卖梨膏糖的"）呀，唱滩簧呀，唱莲花落呀，敲花鼓呀……真是让他大饱了一次眼福和耳福。不过，母亲给的一个铜板，他却没有舍得买点心吃，而是省下来买了一把他神往已久的牛皮纸二胡。太阳下山前，他喜滋滋地拿着那把二胡回家了，神采飞扬地举着它对父亲宝珊说："阿爹，阿爹！你看，你看！"

"这是从哪儿来的？你带回来干什么？"

"这是我省下了阿妈给我的点心钱买来的！今后，我就可以自己在家里学着拉二胡啦！"

宝珊听儿子这么一说，气不打一处来，脸色瞬间立变，随即怒气冲冲地对天华说："这二胡是和尚、道士和讨饭叫花子常用的东西，你一个读书人，带回家来干什么呢？噢，对了，听说你还曾到涌塔寺去学过拉二胡，这也太不成体统，太令我失望了！"说着，他就从天华手中一把夺过二胡，恶狠狠地朝地上砸去。没想到那二胡竟然也不愿屈服，依然直挺挺地没有散架。这一来，宝珊就更是火气直往上蹿，连声说道："这可真是玩物丧志，地地道道的玩物丧志啊！"他边说又边上去狠狠地踩了一脚，随即便听得"啪"的一声，牛皮纸破裂了，琴筒也散架了。可宝珊依然觉得还难解他的心头之恨，所以接着又上前加上了一脚，直到将整把二胡都踩得四分五裂地散在地上，他这才收了手。

这骤降的风暴，一时间将天华完全给吓呆了，过了好长一段时间，他才回过神来，十分伤心地哇哇大哭了起来。

不过，刘宝珊砸坏了二胡还感到余怒未消，第二天他就将事情的经过原原本本地告诉了他较为亲密的好友、国学功底深厚的郁咏春，而且还特别认真地跟郁咏春强调说："郁兄，你一定得明白我的良苦用心哪，我就是担心天华他因为玩物丧志，而荒废了学业呀！"

郁咏春听了宝珊的这一番讲述，说道："刘兄，你热爱孩子，望子成龙的急切心情，我是完全理解的，但因此就断然反对孩子喜欢音乐的做法，我却不敢苟同。梁启超不就曾说过'盖欲改国民之品质，则诗歌音乐为精神教育之一要件'吗？"

宝珊听了郁咏春说的这一番话，还是坚持自己的看法："郁兄，教育孩子，我还是信奉《诗经》上所说的话'白圭之玷，尚可磨也；斯言之玷，不可为也。'"稍顿了一下，他又说道，"反正，学叫花子二胡，我是坚决反对的，还得请郁兄也代为多作引导。"

郁咏春是出国留过学的，在国外接受过先进的教育理念，所以他并没有依顺宝珊的想法，而是这样说道："我在日本留学时，日本朝廷就把音乐作为鼓吹国民进取精神的重要手段。所以，我们也绝不能将音乐视为洪水猛兽，采取绝对排斥的态度，你说对吧？孩子如果对音乐有特殊的兴趣，我们一定要热心支持，多作正面引导，而绝不能将他的艺术天赋扼杀在摇篮里。至于你认为他目前最主要的任务是要学好功课，而不是先去学习二胡，这样的想法显然完全正确。有关此事，我一定会好好跟天华谈一谈，让他摆正主从关系。对此，你尽可放心。"

宝珊听郁咏春这么一说，激烈反对天华学二胡的态度，才稍稍得到了一些缓和。

后来，长子半农得知了此事，也对父亲宝珊作了一番言辞极为恳切的劝说："每一个人都是各有其所长，也各有其所短的。譬如我，对文字较为敏感，擅长写作，可对音乐一类，我的反应就较为迟钝，更谈不上有什么爱好了；而二弟呢，他在文字上的敏感度或许要比我差一点，但他对音乐却有特殊的爱好，并有着非常灵敏的反应，我在这方面就远远不如他。因此，对我们俩，你就不能以同一杆标尺来作划一的要求。再说，我十分了解二弟，他不仅心地非常纯正，而且对未来也有明确的追求，相信只要他这样不断努力下去，将来准会在音乐方面有所建树的。所以，你完全不必有二弟会玩物丧志的担忧。当然，我也会跟他说说，在上学读书期间，他必须在读好书的前提下，适当在音乐方面做些努力，下些功夫。要相信，二弟是一个懂事明理的人，你

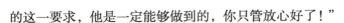

的这一要求，他是一定能够做到的，你只管放心好了！"

对半农的见解，宝珊一向都是比较认可的，现在听了半农这一番恳切中听的话语，他那郁积在胸中的块垒也就顿觉释然了许多，便连连点头说："好的，好的，只要天华在搞好学习的前提下，喜欢他所热爱的音乐，我今后不会再一味地加以激烈的反对了。"从此以后，宝珊对天华热爱音乐，甚至是喜欢二胡的事，也就当真不那么粗暴地横加干涉了。

二胡，在天华生活的那个年代里，在众多人的心目中，只不过是民间艺人用来糊口的一种工具而已，因此都认为即便是当真学会了，也根本不可能派上什么大用场，所以好多人都瞧不起它，有人甚至干脆就称它为"叫花子胡琴"，这就足可以见二胡当时在人们心目中的地位是何等的低下。可天华却并不认同这种世俗的看法，他认为二胡之所以被人瞧不起，那是因为一直以来，没有人真正了解二胡，重视二胡，更没有人在二胡这方面下认真刻苦的功夫，所以二胡的优长之处，也就一直没有能被人们发现。现在既然阿爹在郁老伯和大哥的劝说下，思想已有所改变，口风已有所松动，那自己就一定要认真地去学习二胡，下功夫去研究二胡，不断提高自己学习二胡的水平，以便真像大哥所说的那样，使二胡得到创新发展的机会，直至最终能开创令世人刮目相看的美好前景。

天华不仅在音乐方面确有天赋，而且因受到兄长半农的影响，不管做什么事情，都喜欢以"恒"和"毅"的精神全身心地投入，有着不达目的，誓不罢休的闯劲和拼劲。所以自此以后，在认真读书的同时，他就经常会抽暇四处拜师学艺，只要是会二胡的人，他就不管那人是什么身份，都会主动去登门请教。到了晚上，他就会端坐在院子里老井旁的石鼓墩上，一遍又一遍不厌其烦地刻苦练琴。

在炎热的夏天，他卧室里最显眼的就是旧式木床上的那顶蚊帐，一直都静静地挂在那儿。一天晚上，有位同学前来探访天华，进屋后只听见声声琴响，却不见拉胡琴的人。他循声找去，这才发现为了躲避蚊虫的干扰，天华正躲在蚊帐里练琴。尽管浑身上下汗流如注，可他却浑然不觉，仿佛已完全陶醉在那琴声里了。

因为热爱二胡，天华还与涌塔庵中的彻尘小和尚有了密切的交往。彻尘小和尚是因为家贫才出家为僧的，因他聪颖好学，故而被他的师傅送到宝珊办的私塾来上学，而且就寄宿在刘家。就因为这样，天华也就跟他一起读书玩耍，形影不离。彻尘为人诚恳，喜爱音乐，特别擅长吹笛，所以常和天华在一起奏乐，一个拉二胡，一个吹笛子，两人相互鼓励，此呼彼应，配合颇为默契。有时，他俩还一起去寺庙里聆听和尚道士的演奏，并常躲在一旁指指点点，评论一番，从而成为了莫逆之交。后来，天华已在音乐方面卓然成家，并在北京大学当上了教授，可回到家乡时，还专程去看望了彻尘，并说"咱俩可是'拖鼻涕'的朋友啊！"

常州求学，大哥引领

1909 年，天华即将从翰墨林小学毕业，这时他正处在求知欲与日俱增的阶段，对未来充满着无限的憧憬和幻想，一心想像大哥那样，能上名牌中学读书，以便日后也能一展雄才。不料此

时父亲却病情恶化，身体不支，只得停止教书，且母亲的胃病也日益严重，因此家庭的经济显得越发窘困。面临这样的状况，父亲宝珊便打算让天华小学毕业后，就到人家店铺里去当学徒，以减轻家庭的负担。这本是万不得已的事情，但对天华来说，却无异于是当头泼了一盆冷水，所以他愤愤不平，坚决不同意父亲的这一决定，并说到店里去当学徒，无异于是去挨打受骂，去拌猫饭，去给大伙计们倒夜壶，去给老板娘抱孩子，这岂不就把他一生的前途都给白白断送了！说完了这番气话后，他竟一天不吃不喝，也不再说话。幸好上苍眷顾，没多久就从常州传来半农因在常州知府黄步瀛出题考试的作文比赛中获得了第一名，在经济上得到了常州知府和常州府中学堂的双重大奖，这就在无形中大大减轻了家庭的经济负担。同时，大哥半农也始终反对让天华入店当学徒，在他的竭力劝说下，父亲终于同意了天华的升学要求。而天华自己也十分争气，通过刻苦努力，终于在1909年以优异成绩考入了常州府中学堂，实现了他立志升学的夙愿。

天华考上常州府中学堂后，翰墨林小学的同事、左邻右舍和亲戚朋友，全都给宝珊祝贺道喜："你两个儿子都考上了大名鼎鼎的常州府中学堂，可以说是双双中举啦，当真是可喜可贺！"宝珊虽连声称谢，面上开心，心中却愁肠百结，有苦难言。天华深知家中的苦处，因此去常州上学时，既没有要求添一件新衣，也没有提出买一支新笔，连母亲想给他买一顶跟哥哥一样的青色贡缎瓜皮帽，也因他说"读书不是出风头"，而硬是给省下了。

半农带着天华到学校报到后，先领天华去参观校园，并给天华作了这样的详细介绍："学堂建在常州东门护国寺遗址上。南宋末年，万安长老以诗宣誓：'时危卿作将，时定复为僧。'说完，即手执禅杖，率领寺内 500 和尚，与来犯的元军浴血奋战，此后终因寡不敌众，全部牺牲。为了纪念他们，后人将他们染血的袈裟收集掩埋，并用 5 块鼓形花岗石垒成袈裟塔。"说到这里，半农意味深长地发出这样的感慨："'时危卿作将，时定复为僧。'你听听这 10 个字，彰显了万安长老何等的英雄气概！"随后，他又领着天华去凭吊了袈裟塔，并对天华说："我们是忠义之邦江阴的后代子孙，现在来到这有着忠义之魂的常州学堂里读书，我们就一定要有忠义之胆啊！《中庸》里说：'博学之，审问之，慎思之，明辨之，笃行之。'这学、问、思、辨、行五个字，就是我们人生有所建树的根基之所在，我们一定要在这几个方面下切切实实的功夫！"天华当即应答道："大哥，你尽可放心，我一定照你所说的这些话认真去做！"

在常州府中学堂，天华的学业成绩虽不如哥哥出色，但在音乐方面，他已崭露了头角，只是他没有选择他喜欢的二胡，而是选择了小号。半农问他原因，他的回答是："一来是学校的军乐队大多是西洋乐器，二胡根本排不上号；二来是二胡构造简单，大多数人都看不上眼，容易被人轻视。所以，我想先从西洋乐器入手，来提高自己的音乐素养。"半农便说："这主意也不错。不过，你一定要牢记，不管学什么，必须学一样，专一样，真正把它学得像模像样。而更要牢记的是，一定要瞅准自己最爱的那一样，下狠劲去学，拼全力去学，并在传承中不断出新，力争不时跃上一个又一个新的台阶，最终开创出让人耳目为之一新的大好局面。"

天华听了大哥的话，不时地点着头，实际上他心中还有个小秘密并没有告诉半农：因为教小号的老师告诉他，用小号演奏

的旋律，可以表现战争，表现胜利，表现英雄气概，而这正符合他心中的愿望。小号，看起来好像并不复杂，而要练好它却并不那么容易，这里面有许多诀窍需要掌握：除手指灵活、舌头气流要配合之外，小号的号嘴、人的嘴唇一定要跟门牙组成一个发声体，并且整个嘴角还必须呈现出自然而轻松的状态，难度应该说也是不小的。为了练好小号，天华不怕难，不怕苦，就是吹到嘴唇麻木，他也绝不轻易停歇。即使是夏天酷暑难熬，或是冬天寒冷异常，他都坚持在校园后院的空旷处刻苦地反复练习。当然，学吹小号，也只是他学习和掌握军乐队全部乐器计划中的一个突破口而已，对于整体的学习，他还有着更为长远的打算。

为了让天华能更好地学好小号，半农特地从英文刊物上翻译了一首题为《军乐》的诗。诗的全文是："战争我所怖，军乐我所欢。街头角鼓声，飘扬如鸣鸾。寡妇眼中泪，老母腹中肠。狰狞与悲伤，冠冕与堂皇。摄灵与勾魂，颠倒在战场。可怜良家子，随尔赴北邙。安得折笛破鼓断尔角，试听寒窗荒圃泣声之低昂。"

天华将这首诗反复读了两遍后，问大哥："从你翻译的这首诗来看，军乐好像是罪恶的工具？"

"那你对军乐怎么看呢？"

"这个要看谁用它。用在正义战争里，它是正义的呐喊；用在非正义的战争里，它是杀人的帮凶！"

"好，说得好！"半农听后，高兴地说，"因为你在练小号，所以我特地翻译了《军乐》这首诗，来让你谈谈对小号的看法，因为只有从根本上明白了小号所起的作用，你才有可能真正把小号学好。你刚才能作出这样的回答，表明你对学小号的意义和作用，已有了正确的认识，我也就完全放心了！"

接着，他又对天华说，"不管做什么事，首先都必须明白做那件事的意义之所在。唯有这样，你才有可能真正把那件事情做好。你来常州府中学堂上学的第一天，我为什么先要领你参观校园，了解常州府学堂是在常州东门护国寺遗址上建造起来的？就是为了让你知道我们这所学校，是南宋末年万安长老以诗宣誓，在与元军的激战中以他们的鲜血和生命给我们换来的。只有了解了这一些，我们才能懂得，我们今天来这里求学绝不是为了个人的私利，而是要发扬万安长老们的精神，发扬生养我们的江阴精神，勇往直前，无畏无惧地去攻克知识的堡垒，以便将来更好地为国家效力，为民众效劳。同样，我今天之所以要将译诗《军乐》带来给你阅看，亦是为的让你更明白学小号究竟意在何为，以让你增强学好小号的自觉性，真正将吹奏小号的技术精熟地握在自己的手中，从而给所有在征程中前行的人们不断地加油鼓劲。"

天华悉心地听了大哥的这一席话，顿觉茅塞顿开，便连声说道："大哥，你的这番话讲得实在是太好了，我先前就没有像你这样从深处去思考问题，所以对许多事情都缺少深刻的认识。现在听你这么一说，我这脑瓜子似乎一下子开窍了，觉得自己心更明了，眼更亮了，前面的路也更加宽广了。"

随后，半农还特别提醒天华，让他务必要经常抽时间去向童伯章老师多请教，因为他不仅对不少乐器都有所了解，而且还知晓有关的音乐理论知识，你只有跟着他把这些东西都学到了手，才易于闯入音乐的广阔天地，发现那五彩缤纷、无限美妙的音乐世界。

天华进入常州府中学堂后，给人的初步印象是"课业不异于人，且朴讷寡言语"，如果不跟他多加接触，做进一步地深入了解，有些人或许就会误以为他是一个碌碌无为之辈，殊不知在他那饱满的天庭中，却充满了丰富的想象力和创造力。他不好夸夸其谈，可实际上却总是在默默地学习着，思考着，求索着。不论是做什么事情，或是学什么东西，他都沉着稳重，有条不紊，显现出一副成竹在胸的模样。而全力支撑他这么做的，正是他那真诚、谦虚和坚忍不拔的内在精神。

天华除努力学好课本中的知识外，课余还喜欢阅读古典文学作品。他常读的书有《红楼梦》《水浒传》和《三国演义》等，思想性和艺术性特别高超的《红楼梦》，更令他赞叹不已，不忍释手。除古典小说外，他还爱读经典的古代散文和古典诗词，他不仅熟读了《古文观止》，而且还能背诵许多唐诗宋词。这就使他累积了丰富的知识，为他日后的音乐创作储备了深厚的国学功底。

除了爱阅读古典文学作品外，天华还喜爱美术，他在游艺课上创作的美术作品——几幅水彩画和炭画，就曾被学校荐送到在上海举办的"南洋博览会"上去展出。其实，天华也是很喜欢油画的，只是因为家庭经济条件所限，买不起油彩和画具，因而没有能够学成。一位名叫王者香的美术老师，更是认为天华在美术上会有很好的发展前景，可他见天华一直有志于音乐，择业方向既定，也就没有硬性去劝他走美术创作这条路。不过，即便是这样，由于各门艺术的内在之间，都是相连相通，互有渗透的，所以我们从天华《月夜》《空山鸟语》等音乐作品中，还是可以感受到在那优美的旋律中，所蕴含的浓郁的诗情画意。

音乐，是天华的最爱，可以说它已成为天华生命中不可或缺的一个组成部分。所以入学以后，他总是见缝插针，绝不放过一切学习音乐的机会。课余时，他在参加校内军乐队的过程中，不仅把小号练到了较高水平，而且把军乐队中所有的乐器都学会了，特别是对铜管乐器，他更有莫大的兴趣，因此在短短的两年时间里，他对铜管乐的掌握，在校内已成为了首屈一指的高手。同时，在音乐理论知识方面，他也广搜博览，有了很大提高。总而言之，入学以后，天华在学习音乐方面确实是取得了长足的进步，得到了众人的广泛赞誉。

假期里，半农、天华哥儿俩，本是想回江阴跟父母、小弟团聚的，但是学校利用假期组织学生去镇江、扬州旅行。旅行团按照军事编制组队，以军乐队作为前导。因大军鼓笨重，演奏时要将它系身挂颈，拥于胸前，这显然是一桩特别苦也特别累的活，而鼓声却极为单调，缺少应有的吸引力，所以也就没有人愿意去干。面对这种情况，天华勇敢地站了出来，他的理由是：一来，他觉得自己曾学过敲军鼓，有一定的基础；二来，他觉得自己个子高大，身体健壮，即使重一点，累一点，也能扛得住；三来，他觉得再苦再累的事情，也总得有人挺身而出，勇于去担当。听了他的这番表白，所有的人都向他投去了敬佩的目光。

旅行团出发了，以军乐队为前导，边前行边演奏，场面颇为壮观，那万人围观的盛况，绝不亚于庙会集场。天华贴胸拥着大军鼓走在最前列，特显帅气威武，精神饱满，他脚下的步子纹丝不乱，手里的鼓槌劲健有力，那鲜明的节奏，敲奏出了千军万马、杀声震天的雄壮气势。所以每到一处，都吸引着无数人关注的目光。一路之上，苦是苦了点，累是累了点，但天华的心里，

却有着说不尽的自豪和快乐。

　　旅行团的活动结束了，天华一回到江阴老家，首先就是去涌塔庵探望彻尘和尚，因为他的心中始终铭记着大哥半农跟他说过的那一番话："一定要瞅准自己最爱的那一样，下狠劲去学，拼全力去学！"他今天去拜访彻尘，就正是为的将大哥嘱咐自己的那一番话，尽快变为自己的切实行动，以让自己能尽早在学习二胡方面取得显著的成绩。彻尘自然不知此中的内情，所以一见天华，即惊喜异常，笑着说道："嚯，天华，今天是什么风把你给吹来了？"

　　"我早就想来看你了，只是被假期旅游团的活动给耽搁了。说真的，其实我一直都想到你这里来，既是来听听你娴熟演奏二胡的动听乐声，又是来跟你聊聊有关学习二胡的这件重要事情。"

　　"噢？自从你阿爹将你的二胡砸掉后，你就一直没有来过我这里，我还以为你是再也不想碰二胡了，没想到你还这么惦记着二胡啊！"

　　"跟你，我还能说半句假话吗？二胡，始终是让我魂牵梦绕的一个宝，我心里永远给二胡留着一个最重要的位置！"

　　"那就太好了！现在，就请你先给我拉一曲《梅花三弄》，看看你现在二胡究竟拉得怎么样了。"说着，彻尘就从里屋拿出一把红木二胡，交到了天华的手上。

　　天华接过二胡，试了试弦，就开始拉了起来。他聚精会神，费劲用力，好不容易将一曲拉完，身上的白土布短衫已经完全湿透了。他不得不尴尬地说："其实，二胡我起初就没有真正入门，此后又长时间没有好好摸过二胡，所以今天拉得磕磕绊绊、别别扭扭，当真是在你面前出丑了！还是得请你拉上一曲，让我能好好享享耳福！"

"你我之间，还用得着这样客套嘛！那好，恭敬不如从命，我就也为你拉一曲《梅花三弄》吧。"说完，彻尘即从天华手中接过二胡，也没有调弦，就驾轻就熟地运起弓来，而一曲悠扬悦耳的乐声，就从那琴弦上自然地流泻了出来。一曲终了，天华情不自禁地夸奖道："彻尘，你现在的二胡，可真是拉得狗赶鸭子——呱呱叫啦！今后，我一定得认认真真地好好向你学习啊！"

"你可别这么说，以你的悟性，只要你真在这方面下了功夫，水平必将远在我之上。再说，我也并不是二胡拉得最好的，听说现在有人已在拉法上做了改进，水平又有了新的提高呢！"

"既然二胡亦是一个大有学问的乐器，为什么还总是有那么多人瞧不起它呢？"

"其中的原因，我一时也说不清楚，只是听人说，琵琶、古琴都有曲谱传下来，只有二胡啥都没有，只能拿琵琶、古琴的谱拿过来改编改编。你想，老是吃人家嚼过的馍，能有什么新鲜滋味呢？"说到这里，他抬手拍了拍天华的肩膀，满怀深情地说道，"二胡要想象琵琶、古琴那样登上大雅之堂，看来只有靠像你这样肚子里有墨水的年轻人啰！"

彻尘的这一番话，强烈地触动了天华的心灵，他不由得想：小号也好，军鼓也罢，固然是军乐队中不可缺少的行当，但那些引进的外国乐器，再怎么用心学，也不过是稍稍纯熟一些，灵巧一些而已，断然不可能给人以耳目一新的感觉，更不要说是迈上创新出奇的更高台阶了。而二胡呢，它是我们老祖宗传下来的东西，可目前却完全不为人们所重视，甚至竟被冠上了"叫花子胡琴"这样刺耳的恶名，我们怎能不正视这样令人尴尬的现状呢？我们又有什么理由不勇敢地站出来，尽快改变这样的现状呢？如果我们不挺身而出，努力学好二胡，为二胡正名，让二胡出彩，我们还有什么资格做一个堂堂正正的中华儿女呢？天华这么思着想着，顷刻之间，他就听到自己内心里迸发出了这样一个响亮的声音：是时候了，是到了该按大哥的指引，对自己魂牵梦萦的二胡，真正下功夫刻苦学习的时候了！

就因为这样，临别之际，天华特意向彻尘提出了要借一把二胡回家练习的要求。彻尘听了，二话没说，就将那把红木二胡慷慨地借给了天华。回到家中后，整整一个假期，天华就一直在后园竹林的阴凉处，从早到晚都苦心孤诣地拉着他特别钟爱的二胡。越拉，他就越感到内心的充实；越拉，他就越感到精神的振奋；越拉，他就越感到心情的愉悦。尽管他明白，自己现在拉二胡的水平，还远远上不了档次，但他已看到了前景，看到了希望，所以他完全沉醉在了自己学习二胡的无比快乐之中。

不过，除潜心学习二胡外，天华还做了一件事，那就是接待了几位来访的挚友。天华虽然不如半农那样善于与人交往，但为人正直厚道的他，也并不是形单影只的孤家寡人。在中学时代，他就结识了三位志同道合的同乡挚友：姚至诚，沈松寿，季树型。这三位挚友，都是音乐爱好者，性格、爱好、品行等都与天华较为接近，因此常在一起切磋学问，谈论音乐，研究问题，并由此结下了深笃的情谊。他们都对天华立志献身民族音乐事业的决心和行动，给予了热情的鼓励和全力的支持。被天华敬为"学长"的姚至诚，经常主动帮助天华解决这样那样的困难，使天华感到特别的热情和暖心。沈松寿，跟天华在小学和中学读书时，就是同学和好友，所以两人也就似乎始终有说不完的共同话题，而且沈松寿后来就在江阴城内一所小学当了一名音乐教员，可以说也成为了天华的一个同行。季树型，家境小康，为人健谈且豪爽，在见到天华经济窘迫时，他常能解囊相助。这一些挚友的支持和帮助，使天华颇有感触，所以他曾引用王羲之的话说："人生有二三知己足矣！"确实，在20世纪初的旧中国，尤其是在民族音乐普遍受到歧视的情况下，家境艰困的天华在中学时代能得到这二三知己的支持、鼓励和帮助，这就使他在精神上感到莫大的慰藉，更坚定了他日后革新民族音乐的信心和勇气。这也就是说，在天华成就他一生事业的过程中，这些挚友也起了较为积极的推动作用。

闯荡上海，大开眼界

世事纷繁难预料，人生之路多坎坷，此后天华便接连遇到了几件倒霉事：一是父亲生病，没法再继续执教，家中就此断了财路；二是母亲病重，虽想借大哥半农结婚冲喜渡过难关，可最终也没能挽回她的生命；三是武昌起义爆发，常州府中学堂停办，半农和天华不得不一起辍学，怏怏不乐地回到了江阴老家中。

返回江阴之后，半农和天华虽一起参加了"××青年团"，合演过一些文明戏，在革命的洪流中得到了锻炼，增长了见识，提高了觉悟，学到了许多在中学读书时难以学到的东西，弥补了他们中途辍学的失落感，但对天华的音乐之路来说，都并没有起多少裨补的作用，而且"××青年团"仅是响应武昌起义的临时性组织，在完成其历史使命后，仅一年光景即宣告解散了。

1912 年二三月之交，人们过完春节后余兴未消，紧接着又迎来了元宵节，大多数人在家中品尝着美味的元宵，共享着天伦之乐。可刘氏一家人却并没有这样的雅兴，大哥半农更是双眉紧蹙地说道："往事如梦，如今我们家是每况愈下，日子一天比一天艰难了。不过，人总不能让尿给憋死嘛，我们一定得开通开通思想，寻找寻找新的出路才行啊！"原来前不久，半农的一位朋友来信，邀请他和天华同去上海的开明剧社工作，可父亲宝珊得知后，又恐怕半农重蹈去清江参加革命军的覆辙，死活不同意。天华听大哥讲了这一些，便接过话头说："大哥，这一回去上海是为了找工作，跟你去清江参加革命军完全不是一码事，绝对不会有什么风险的。走，我们再一起去跟父亲好好说一说。"于是，兄弟俩便一同去到了父亲的房间里。见了一脸病容且略露惆怅之色的父亲，兄弟俩就着重从解决家庭经济困难乃是全家的当务之急这一角度，有理有节地向父亲述说了去上海找工作的必要性和急迫性。听完兄弟俩的恳切陈述，沉吟片刻后，父亲的眼中终于闪烁出了一丝希冀的光亮，缓缓地说道："既然你俩决心已定，又是结伴而行，你们就放心地去吧。只要你们同心同德，遇事有商有量，我相信你们一定会一切都顺顺当当，把事情干得漂漂亮亮！至于家里嘛，还有朱惠照应着，你们就不用再惦记我和老三了。"听父亲这么一说，兄弟俩终于如释重负地舒了一口气，并立刻着手做前去上海的准备工作。

将破旧的衣衫洗刷干净，向亲友借了五块大洋作路费，兄弟俩就满怀着远大的抱负和美好的憧憬，向大上海进发了。临行，天华还不忘带上他最心爱的伙伴二胡。

到了上海，半农在开明剧社当编剧，且应《上海演说报》之聘，担任了该报的编辑。天华呢，则在开明剧社的乐队里工作，主要是为节目伴奏，有时也给乐队编曲。兄弟俩真可谓是各擅其长，各尽其才，各得其所。

天华的演出任务并不十分繁重，主要是：在一戏开场之前任前奏，剧中奏一些插曲，幕与幕之间亦有些间奏，剧终再奏一曲以告结束，有时候也给一些歌舞节目伴奏一下，就算完事了。所以，他有比较充裕的时间，来学习多种西洋管弦乐器，来学习他最心爱的二胡，来钻研他十分喜爱的音乐理论。剧社乐队负责人朱旭东，乃是清末"音乐界可数之人才"，他对娴熟二胡和小号的天华相当赏识，除主动传授音乐理论知识外，还常在演奏乐器时加以具体的点拨。而在听了天华的二胡演奏后，他更是意兴浓郁地这样对天华说："你的二胡拉得真不错，只是我们乐队里没有二胡，也用不上二胡，实在是有点可惜了。不过，这也没有什么关系，我可以安排一个时间，在我们乐队里搞一次二胡独奏音乐会，让队员们一起来欣赏欣赏你的二胡演奏技艺。"他还真是说话算数，后来果真为天华举办了一次二胡独奏音乐会，让全体队员悉数前来聆听了天华的二胡独奏。听完天华演奏的二胡曲子后，所有的队员都对天华竖起了大拇指，并从此都对天华更高看一眼了。

跟天华在一个乐队里的童乐师，为人热心随和，他见天华年纪虽小，却朴实勤奋，二胡拉得悠扬动听，小号吹得极具穿透力，也赞赏有加，便在各方面都对天华给予了热情的关照。一次，童乐师见天华对可以伸缩调音的黑管、音色清亮的双簧管，一个劲儿地盯着看个不停，想学又不好意思启齿，善解人意的他就笑着对天华说："小弟，是不是也想学呀？这是大好事么，我

来负责教你就是！"天华是个实在人，也就微笑着朝童乐师点了点头。随后，他俩之间还就此展开了一场很有意思的对话。

童乐师先作了这样的点拨："其实，无论搞什么，都要博采众长。你知道京剧老生谭鑫培吗？"

天华摇了摇头，说："不知道。"

"谭鑫培是京剧名家，他在吸收各派老生之长的基础上，创造了老生新腔，这才成为了今天赫赫有名的谭派首领！"稍顿了一顿，童乐师又接着说，"你既年轻，又肯学、肯钻，日后准定有出息。如果你真能把各种乐器的优点都学到了手，一心想在二胡上搞出名堂来，那说不定将来你就是刘派二胡祖师爷啰！"

听了童乐师的这一番话，天华只觉得心头发热，眼睛发亮，但他又觉得自己现在还远没有这样的底气，所以就红着脸说："童乐师，你的这番话确实使我大开眼界，大长见识，只是'刘派二胡祖师爷'这个头衔，我现在还不敢奢想！不过，二胡是我的最爱，在学习和研究二胡方面，我这一生是一定会作出最大努力，争取获得最大成功的！"

"好，好！你能有这样的想法，将来就一定会前途无量，值得期待！"童乐师说完，又拿起黑管，对天华认真地说，"现在，我就先来教你掌握黑管的基本要领吧。"随后，童乐师就毫无保留地，从理论到实践两个方面，将学习黑管必须掌握的技艺，全数传授给了天华。童乐师教得悉心，天华学得专心，效果自然就十分显著，天华在学习黑管方面的进步，也就特别神速了。

天华在常州府中学堂读书时，就以吹小号闻名，所以到了开明剧社乐队后，他的主要任务也是吹小号。剧社是在大上海，又是正式对外演出，要求自然也就更高。为了更出色地完成任务，天华在练习小号方面，自然也就付出了更超乎寻常的努力。每天清晨，他都早早起床吹奏小号。为了不影响其他人，他常常套上弱音器练，一吹就是几小时，直吹得嘴唇发麻，再也吹不动了，他才停下来稍稍歇息一会儿。这时，他拔下小号的嘴子，拿着小号向地面甩上几下，就都会甩出一片水来，这正是初春微寒季节，从他胸腔里呼出的热气凝结而成的水分。苦练结硕果，付出见成效，每一次剧场演出时，他吹奏的小号分外悠扬嘹亮，特别振奋人心，给剧情加以了很好的烘托，为乐队增添了极大的光彩，博得了观众一阵阵热烈的掌声。而这种"自黎明至深夜不停歇"（刘半农《书亡弟天华遗影后》一文语）的苦练精神，正是天华从事音乐事业获得成功的一个重要原因。

　　天华到了上海开明剧社，不仅在苦练乐器方面要克服种种困难，而且在生活方面也要与贫困作顽强的搏斗。兄弟俩刚到上海时，长兄半农以"卖文为生"，要同时给几家报刊写稿，工作极为繁重，收入虽比天华要多些，但在上海生活不易，且又免不了有一些必不可少的应酬，同时江阴老家还欠着大洋千元左右的债务，有赖于半农和天华兄弟俩合力偿还，所以他们只能克勤克俭，省下每一分钱来还债，两人生活的艰苦也就可想而知了。每天晚上，天华演出归来，半农依然还在灯下写文章，天华也就总是凑在一旁认真读书。夜已深，可上海人的夜生活仍在继续，弄堂外小贩叫卖馄饨和各种夜宵的吆喝声此起彼伏，不时传入他俩的耳中，可兄弟俩却丝毫不为所动，依然在专心致志地写作和读书，直到夜很深了方才入睡。

　　第二天一早，他俩往往都以烧饼果腹，觉得嘴太干难以下咽时，就喝几口自来水，稍微潮一潮嘴唇。至于穿着，那就更是无暇也无力顾及。在那以衣帽取人的上海滩，他们的土布穿着不免遭人白眼，但他俩都心在事业，对此毫不介意。记得头一年去上海的冬天，有一阵子他俩只有一件棉袍，因此两人不能同时出门，一人穿着出去了，另一人就只能在屋里躲在被窝里取暖。直到半农用稿费收入添置了一件棉袍，这才完全解决了两人过冬的困难。后来，他俩的生活虽然有所改善，但他们为事业艰苦奋斗的精神，却始终如一地长期保持着。那时候，他们兄弟俩，可当真成了货真价实的"难兄难弟"了。

天华跟着兄长半农，一起从江阴这个小县城来到了"十里洋场"的大上海，仿佛是进入了一个全新的世界：这里既是冒险家的乐园、吸血鬼的魔窟，同时也是人文荟萃、各种思想异常活跃的场所。这对天华来说，犹如是"乔木出幽谷"，一下子得到了更多阳光和雨露的滋养；尤其是在开明剧社两年多的工作和学习期间，他有了更多艺术实践的机会，又受到了剧社领导和师父的帮助、提携和熏陶，因此也就得到了较为快速地成长。谁知"好花不常开，好景不常在"，因为开明剧社所演的许多剧目都带有反帝反封建或讽刺资产阶级腐朽生活方式的色彩，不仅为一般的老剧班所不容，同时也为地方当局所不满，因此于1914年仲夏，遭遇了被当局下令解散的厄运。消息一经传出，犹如晴天霹雳，使天华备受打击，满腹的惋惜、失望和痛苦一齐涌上心头，令他心如刀绞，欲哭无泪，简直难以用言语来表述。然而事已至此，也无可奈何，所以他也就只能卷起铺盖，准备回江阴老家，留下大哥一人继续在上海以写文章谋生。

为了对家乡曾经关心和帮助过自己的亲友以及年迈的父亲，表示自己的一点心意，行前天华决定动用手头仅有的一点积蓄，去购买一点赠送的礼品。当他来到繁华的市区时，街道两旁鳞次栉比的高楼大厦，五光十色的霓虹灯广告，以及那摩肩接踵的红男绿女，对他都没有丝毫的吸引力，他只顾着低头走路，心中只是装着购物的清单。当偶尔路过一家门面不小的乐器行时，他却情不自禁地停下了脚步，伫立在了橱窗外，以无限留恋的心情，对一件件乐器仔细地观赏了起来。他发现橱窗里摆着的不是金光闪闪的小号、法国号，就是茶红色的大、中、小提琴，以及其他各式各样的西洋乐器，而中国的锣鼓和琵琶，只作为一两样点缀品放在那里，显得十分寒碜和孤单，仿佛是一两个低三下四的中国人，站在一群趾高气扬的洋人中间一样，至于二胡，那就更是连影儿都无法见到。所有这一切，虽说是重重地刺伤了天华的心，不过同时也更激起了他振兴民族音乐的壮志雄心，他坚信：人心齐，泰山移，只要大家团结一心，共同努力，就总有民族音乐空前繁荣的那一天，就总有在商店的橱窗里摆满漂亮中国乐器的那一天！他这样想着，心里也就很快释然了。

　　行前，大哥半农又特意跟天华做了一次彻夜长谈。半农语重心长地跟天华这么说道："我和你嫂子到上海后，你就是家里的顶梁柱了，父亲和三弟就全得你费心照管。当然，经济上你不用多操心，我一定会用我的稿费来设法解决的。至于你自己，我发现来上海后已发生了不少可喜的变化，这是令我非常欣慰的。回去后，你一定要进一步增强自信，要坚信凭现在的音乐水平，你不仅可以找到一份合适的工作，而且还一定能够搞出一点名堂来！我们江阴是忠义之邦，我们是喝长江水长大的江阴人，面对屠刀，眼睛都不会眨一下，眼前遇到这么一点小小的挫折，难道还扛不过去吗？"

听了大哥半农的这一番话，天华心里感到暖暖的，顷刻间增添了无穷的勇气和力量，心中的阴霾顿觉一扫而空。就这样，天华重又迈出了坚实的脚步，踏上了返回故乡江阴的路程。

潜心民乐，不耻下问

天华从上海回到了江阴，又走进了自幼住惯了的老宅。家中的一切依然如故，只是堂屋墙壁上那只用了不知多少年的挂钟，不知什么时候已停摆了，让人觉得分外凄凉。而父亲呢，则显得更加清癯消瘦，衰老虚弱了，这就使天华感到益发的心酸不已。不仅如此，他还闻听了这样一些冷言冷语：说不行就是不行嘛，即使到大地方去混了两年多，你看，不也还是没有混出什么名堂来嘛！此时此地，此情此景，天华的心境之苦，确实是可想而知。不过，此时的天华，毕竟已不是弱不禁风的幼苗了，当他一想起大哥在上海送别时的谆谆嘱咐，一见到后院中那两棵枝繁叶茂、郁郁葱葱的桂树，心中就又增强了信念，又燃起了希望。

而事实上，只要信念坚定，只要百折不挠，就必然是天无绝人之路！就在此时，那个待人一片至诚的挚友姚至诚，就几次前来拜访，商量为天华寻找工作的事。经过一番周折，经姚至诚的热情介绍，天华终于去到距江阴二十多里地的华墅小学堂，当上了一名音乐教员。

机会得来不易，势将倍加珍惜。为了打响这一炮，在新的学校里搞好音乐教学工作，天华还真是动了一番脑筋。他根据乡下小孩以往没有接触过音乐的现状，不仅教孩子们学唱简谱和孩子们喜欢唱的歌，而且还在课堂上讲一些生动有趣的音乐小故事，以增强对孩子们的吸引力和感染力。所以，他的音乐课内容丰富，上得有声有色，受到了孩子们的普遍欢迎。就这样，华墅小学堂里除了琅琅读书声外，还飘荡起了悦耳动听的歌声，显得更加富有生气了。

教学之余，天华自然手不离他心爱的二胡。有位跟他关系较好的徐教员见他对二胡如此的热爱，就热心地向他做了这样的介绍：离华墅镇十几里地的顾山镇上，有个叫周少梅的，此人可以说丝竹乐器样样精通，尤其是二胡、琵琶，就更为拿手。天华得知了这一情况，简直是喜从天降，乐不可支，便连声道谢。星期天天刚蒙蒙亮，天华就向顾山进发了。到了顾山一打听，很快就找到了在一家杂货店里当伙计的周少梅。天华一见，当即就笑脸迎了上去，简单作了自我介绍后，就着重说明自己今天是专程赶来向他学习二胡的心意，希望能得到他的鼎力帮助。周少梅听天华这么一说，当即就被这位披星戴月，一大早就赶了十几里路来向他求教的年轻人感动了，便也向天华简要介绍了自己的身世和经历。原来他出生在顾山镇一个民乐世家，他父亲周靖梅是名震三县（江阴、无锡、常熟）交界处的二胡、琵琶高手，他的两个哥哥也热爱并擅长丝竹。在父亲和哥哥的影响下，他自幼就喜欢音乐，8岁入私塾读书后，就开始正式练习，只要有机会，他就积极参与笙、箫、二胡等乐器的演奏活动。除日常苦练外，周少梅还到处拜师学艺，取人之长，补己之短，不断提高自己的演奏水平。有个叫陆瞎子的街头艺人，锣鼓、唢呐、二胡、琵琶件件皆能，尤其是用三弦拉戏更为出色，擅长在弦上模仿戏中人物生旦净末丑的唱、念、换台锣鼓等各种打击乐器的声音，还能模仿

各种鸟类、家禽的鸣叫声，令所有的听者都觉得惟妙惟肖，赞不绝口。周少梅常年跟着此人刻苦地学，潜心地练，终于习得了一手过硬的本领。

双方简介完自己的情况后，周少梅本想随即就跟天华具体商谈学习二胡的事宜，可这时店里的顾客却骤然多了起来，他觉得自己毕竟是店里的伙计，这么自作主张或许不太合适，于是就不免有点犹豫起来。店老板是个极善察言观色，且又善解人意的人，他见教书先生特意从华墅赶到顾山来，说明他是个充满诚意、虚心求教的人；再者，教书先生能专程来请教他店里的伙计，这也是他当老板的一种荣耀嘛，所以他也就非常大度地对周少梅说："现在店里还不算忙，我帮着看一会儿没问题，你就去跟刘先生具体洽谈有关学习二胡的事情吧。"

就这样，天华就一边向店老板道谢，一边跟着周少梅来到了杂货店后面堆放杂物的小院子里。周少梅安排天华坐定后，便从屋里取出一把二胡递给了天华："刘先生，那就请你先拉一曲给我听一听。"

天华接过二胡，正了正身，调了调弦，就拉了一曲《梅花三弄》。周少梅聚精会神地看着，听着，待天华一曲拉完，他就极为坦率地开口了："应该说，你已具备了一定的功力，一般拉拉也可以了。"

天华马上接口说道："我就是为了不是一般的拉拉，所以才特地前来向你请教的，万望周先生一定多多指教！"

"那好，我就也拉一曲给你听听，这是用老曲子改编的《虞舜熏风曲》。"说完，他就开始随手拉了起来。天华两眼紧紧地盯着，只见他的手指是那样的轻盈，那样的柔和，还没有发现他怎样滑指换把，那弓弦上的一个个小精灵就活泼泼地展翅飞翔了起来，眼前仿佛顿时就出现了那春风轻拂、桃红柳绿、小溪潺潺的动人景象。一瞬间，天华不由得完全被惊呆了。而更使天华震撼的是，以前相遇的二胡演奏者，手指都是在两把的范围内上下移动，而周少梅却多了一个把位，因此他拉出来的乐曲，音域也就更为宽广，音色也就更加动听。

所有这一些，都使天华情难自抑地显现出了前所未有的激动："周先生，这三把头是你自己创造的吧？"

"是的，老祖宗只传下了二把头。我之所以创造三把头，倒并不是我要异想天开，而是为了让二胡能得到更好的发展！"周少梅如实地这么作了说明。

天华听后，连声说道："周先生，你真了不起，我一定要好好向你学习！"

周少梅却说："你是学堂里的老师，我不过是商店里的伙计，你提出要跟我学，这固然说明你人品的厚道，但我却不能轻易接受，因为不知情的人会认为我不懂尊卑，不知礼仪，这可让我承受不起呀！你看是不是这样，今后我们俩就算是互相学习吧！"天华觉得周少梅想得周到，说得在理，为了不使他为难，也就退一步说道："你认为怎么办最合适，就照你说的行事，只要能真正从你那里学到二胡技艺，不管你怎么安排，我都非常乐意！"周少梅听了，笑着点了点头。

从此以后，每逢星期日，天华就一天不落地往顾山跑。江南多雨，而天一下雨，乡村的道路就泥泞不堪，有时一脚踩下去，就像是踩在了陷坑里，要费很大的劲才能拔出来。然而，不管雨下得多么大，也不管路多么难走，天华总是头戴斗笠，身披蓑衣，将裤脚管挽到膝盖上边，赤着一双脚，在又烂又黏又滑的泥泞小道上，一步一步艰难地朝前走，从来就没有轻易停歇过。天华这种风雨无阻、虚心好学的坚韧精神，着实是深深地感动了周少梅，他不禁发出了这样的由衷感叹："像刘天华这样勤苦好学的人，我看这世界上很难找到第二个！"正因为此，他也就掏心掏肺的，不仅手把手将二胡"三把头"的演奏技法，原原本本地教给了天华，而且还将他的琵琶演奏技艺，也毫无保留地传授给了天华。

除了星期日去顾山向周少梅学习二胡外，下午放学后，天华还经常去华墅街尾的一间破祠堂里，找一个姓龚的落魄艺人学吹唢呐。据说这姓龚的早年家境不错，只因为染上了毒瘾，抽鸦片抽光了所有的家产，名声也因此一败涂地。如今他无家无业，就住在破祠堂里，被人称作为"龚极客"（"极客"，是江阴地区对家里穷得叮当响，身上污秽不像样，一日三餐无保障，根本就难以为生者的一种蔑称）。好在他吹得一手好唢呐，但凡人家有红白喜事，总请他去，他才得以去蹭顿饭吃，得几个小钱，勉强维持生计。唢呐的构造虽比不上小号、黑管和双簧管，但"龚极客"鼓着两肋吹出的唢呐声，却别具一格，格外悦耳动听，特别是他用舌头打着花腔吹出的装饰音，旋律时而欢快，时而悲戚，时而高昂，时而低沉，华丽多变，让人听起来感到格外美妙。所谓"一招鲜，吃遍天"，所以人们也就都喜欢请他去吹唢呐。

一天太阳下山时分，天华就来到了破祠堂门口，站在了"龚极客"的面前，并叫了他一声"龚先生"。

听到有人称自己"先生"，"龚极客"有如白日做梦一般，顷刻惊呆了。"龚先生！"天华又恭敬地叫了一声，并谦虚地说，

"听说你的唢呐吹得特别好，我虽然是个音乐教员，可也没有你这样的本事，所以我想跟你学吹唢呐，你愿不愿意教我呢？"

这时，破祠堂前围观的人多了起来，一位过客奇怪地问："刘先生，你是教音乐的先生，怎么来称这个极客为先生呢？你不会是故意来跟他开玩笑的吧？"

"不学自知，不问自晓，古今行事，未之有也。"天华认真地回答道，"我虽为人师，但并不是什么都会，得知龚先生的唢呐吹得非常好，所以我就来向他学习嘛！"

"有道理，有道理！"过客听了连连点头，接着又对龚极客说，"你这个赖皮鸦片鬼，平日里有哪个看得起你？现在刘先生这么抬举你，你可得将自己吹唢呐的本事，统统都拿出来教他呀！"这时，龚极客还是有点不相信似地问天华："你是真的想跟我学吹唢呐？"

"人面对着肉面，这还能有假？你一百个放心，我今天是真心实意来跟你学吹唢呐的！"

"不敢当，不敢当！"受宠若惊的龚极客红着脸，将唢呐举过头顶，发誓说，"如果我姓龚的不把真本事教给你，我就不姓龚！"

此后，每天放学后，天华就去布满蛛网灰尘、臭气熏天的破祠堂里，跟龚极客学吹唢呐。

这事很快就传开了，可在传到天华一些同事的耳朵里后，事情就变得复杂了起来：因为有一些教师，原先就认为天华是从上海大地方到他们"叫花窝里来抢饭吃"的人，天华的到来，使他们顿显相形见绌了，也就产生了嫉妒和排挤之心，现在一听说这桩事，他们自然就觉得有机可乘了，于是便添油加醋，扩大事

态，向校长做了并不符合实情的反映。而校长呢，竟然也偏听偏信，没过两天，就将天华找了去，板着面孔训斥道："刘先生，作为一位老师，要处处为人师表，自己的日常行为一定要多加检点。听说你最近到破祠堂里去找姓龚的鸦片鬼学唢呐，是否真有此事？学校认为，你的这一做法当真是有失妥当：一来是唢呐并非高雅乐器，而且音乐教学上也用不到这样的乐器；二来是去与一个不务正业的鸦片鬼混在一起，有失教师的尊严和体统，社会影响很不好！"稍顿了一顿，校长又说，"我是为了维护学校的声誉，才找你直言相告的，请你三思而后行，多加自重！"

天华听了校长的谈话，心情十分沉重，回到办公室后，便将刚才的谈话内容，告诉了跟他比较亲近的徐教员，并向他诉说了自己内心的不解："我认为唢呐是吹打合奏中的一部分，这对提高学生对国乐的认识，也是必要的嘛。再说我是放学后去的，对学校的工作可以说没有丝毫的影响，而且我是专门去学唢呐的，又不是去与人家瞎混的，这到底有什么过错呢？"

徐教员给他倒了杯茶，拍了拍他的肩膀说："你不要想不通，而要多掂量掂量校长说这话的分量。你虽然做事肯动脑筋，工作十分认真，教学成绩也很出色，但你毕竟资历不长，世面见得不多，经验相对不足，对复杂的社会还缺少深刻的认识，还不明白人心难测的道理。你一定要明白，现在要找个工作很不容易，所以还是饭碗要紧，该忍耐的一定要尽力忍耐，影响不好的事情该停的就得立刻停下来！"

徐教员的话是语重心长的知心话，可性情耿直、不谙世情的天华，一时并没有能深刻理解，所以依然我行我素地照旧去跟着龚极客学唢呐，结果任教一年就被学校解聘了。自己在教学工作中投入了那么多心血，下了那么多功夫，而就为这样一件事情遭到解聘，天华当真觉得意外，也当真感到不解。但人在屋檐下，不得不低头，面对那被解聘的残酷现实，他还是只能心情沉重地挑着一肩行李，重又回到了江阴城内西横街的老家。

得知了天华被华墅小学堂辞退回家，病恹恹的宝珊心里显然很窝火，但一见天华那黯然失色的神情，宝珊的火气也就全都压下了，反倒安慰起天华来："阿椿（天华原名寿椿），别难过，眼前这个社会，老实人吃亏是常事，没有什么大不了的！不过，吃一堑，长一智，你一定要慢慢变得聪明起来！"随后，为了宽慰天华的心，他还进而说道，"近来阿爹身体不太好，你回来得正是时候，今后我也就能得到你更多的照应了。"

尽管父亲对自己没有半句怨言，但天华还是难以消除心头的忧愁：自己已是二十岁的人了，到现在工作还没有着落，前路茫茫，究竟该往何处走呢？于是他便给上海的大哥半农去了一封信，诉说了自己的遭际，也讲述了自己的困惑。

半农很快就给天华回了一封长信，除了鼓励他"失业不可失志，一定要振奋精神，努力去闯出一片新的天地"外，还特意在信中讲述了朱载堉与十二平均律的故事：

> 朱载堉是明朝开国皇帝朱元璋九世孙，他的父亲朱厚烷是郑王，朱载堉10岁时被封为王世子，是郑王的继承者。朱厚烷善文能算，精通音律。朱载堉受父亲影响，从小喜欢音乐、数学，聪明过人。父亲见他好学，聘请了文学、天文、地理、数学等各种名师来培养他，朱载堉15岁那年，父亲因看不惯皇兄嘉靖帝沉迷道教，不思朝政，正直谏言；加上家族出现争夺王位的

内讧，被诬告谋逆，被皇帝削爵囚禁。15岁的朱载堉一下子跌入低谷，住进了土屋，但他并没有沉沦。艰难困苦中，他潜心研究，著书立说。音乐是世界通用的语言，有各种各样的形式，如何能实现乐曲演奏中的旋宫转调，历朝历代都有人苦苦探索，但都没有成功。在总结前人失败经验的基础上，朱载堉用自己设计制作的81档的特大算盘，通过开平方，经过无数次演算，证明了匀律音阶的音程可以取12的12次方根，得出了"十二平均律"。他将"十二平均律"的论述写进了《乐律全书》。朱载堉的"十二平均律"是世界音乐史上的重大发现。西方传教士们通过丝绸之路，把朱载堉的"十二平均律"传播到西方。一百多年后的十八世纪，德国人巴赫根据十二平均律，制造出世界上第一架钢琴，巴赫的《平均律钢琴曲集》被誉为音乐圣经。

　　随着封建社会的结束，宫廷雅乐已经衰退，除了春秋丁祭孔子的时候能见到之外，平时几乎已被遗忘。而来自民间的音乐，正在得到发展。你走十几里路去找民间高手周少梅学习，你到破祠堂找有一技之长的龚极客学习，不耻下问，很是了不起！阿椿，你在二胡演奏上已有造诣，望你进一步深入探索……

大哥信中的一字一句，天华都读了一遍又一遍，从中受到了启迪，也振奋了精神，汲取了力量。在后园的竹林深处，他一边拉着二胡，一边仰望着星空，决心遵照大哥指引的方向，沿着先贤朱载堉所走的路，尽快去闯出一片属于自己的天地来。

寻求突破，谱写名曲

1914 年寒假结束时，为人忠厚老实、不知江湖险恶的天华，经人介绍去华墅工作了才一年，便遭人排挤打击，被江阴华墅小学堂辞退了。刘天华失业回家后不久，父亲刘宝珊就病倒了，而且病情愈来愈严重，浑身都感到万蚁蚀骨般的疼痛。于是，他便叫天华赶快写信，叫大哥半农立即回家，因为在他的心目中，半农就是刘家的骄傲，就是他最信得过的刘家的顶梁柱。接到信后，半农和夫人朱惠就立即从上海赶回了江阴。一到家，半农就给父亲请了江阴最好的医生，用了最好的药。不知是因为看到大儿子回家心里高兴，还是因为药物起的作用，半农到家后的第三天，宝珊的病就有所起色。他从床上一骨碌坐起后，首先就关照半农说："马上捎信给三甲里，让阿大先过门。"半农明白父亲这么做，也有借此"冲喜"的意思，所以当即就去操办。

三甲里是个小镇，与宝珊的祖籍地殷家埭近在咫尺，小镇上的塾师殷可久，跟宝珊同年考取秀才，从此两人便成了知交。宝珊每次回祖籍地殷家埭时，总会带些江阴的土特产顺便前去看望殷可久。一次他去到殷可久家，恰好见到了他家名叫阿大的长女，虽才 9 岁，却勤奋能干，烧饭洗衣，养鸡种菜，浣纱织布，不仅件件皆能，而且都干得甚是利索。她虽然长得不及未过门的大儿媳漂亮，但模样周正，一副聪明伶俐相，所以他越看越喜欢，就为二儿子向殷可久家求亲。殷可久深知宝珊家的底细，自然满口答应。就这样，8 岁的刘天华跟 9 岁的殷阿大正式定了亲。

如今阿大 21 岁，天华 20 岁，按农村习俗，都已到了男大

当婚女大当嫁的年龄了。可天华却提出："我现在连工作也没有，怎么结婚？"半农就说："阿爹跟我这样说过：让阿大先过门，她过来后，家里就可多个照应；再者，你现在心绪愤懑痛苦，阿大过来后，你心理上也可以得到些安慰。应该说，这是一件两全其美的好事情。等以后家里稍稍平顺了些，再选个黄道吉日，正式举办结婚仪式。"一方面是父命难违，另一方面父亲现在的身体又相当得不好，那就更不应该违拗，天华自然也就只有应允的份儿了。

殷阿大过门后，半农就提出："阿大这名字，在家里叫叫没关系，不过如果是对外也这么叫，那就有点上不了台面，我看得将这名字改一改。"天华回应说："大哥说得有理！"殷阿大也紧接着说："是的，我在娘家与外界联系少，叫阿大没关系，现在嫁到了刘家，与外界的联系将越来越多，再叫阿大自然就不合适了。那我这名字，就请大哥帮着改一改吧！"宝珊听了，也笑着点头说道："这就再好不过了！"半农见大家都有这个意思，脑子里飞速转了一会儿，就跟大家说："我想了想，就叫'尚真'，就是崇尚真理的意思。我们江阴人给女孩起名，都习惯用'珍'呀'凤'呀的，而这'真'与'珍'正好同音，应该说还是蛮好听的。大家以为如何？"大家都觉得改得很好，殷阿大更是高兴："能得到大哥这样有学问的人为我起名，这是我最大的福分！"

殷尚真过门后，成天忙里忙外，叫她休息一会儿她也不听，还说自己家里的活比这里还要多几倍，自己从小就做惯了。对公公刘宝珊，她一天到晚都尽心尽力地服侍着：烧茶送水，煎药煲汤，一日三餐，她全都亲手端到公公床前，而且总是随叫随到，家里没有一个人不夸她勤快贤惠的。

尽管儿子孝顺听话，儿媳照料周到，但家里原先就欠了一屁股债，加上近期又因自己病情严重，请医抓药花了不少钱，尚真过门时虽然极其省俭，但也总有一笔开销，经济上也就愈发显得窘困了。更要命的是一到年关，那些要债的就一个个逼上门来，压得人连气都喘不过来。宝珊自然禁不起这样的煎熬，他稍有起色的病情，马上又变得严重起来。1915年农历正月二十七日清晨，宝珊终于心有不甘地撒手人寰，享年仅48岁。

突遭失业，心中忧愁，债务累累，压力山大，再加上父亲又猝然离世，这种种灾难接踵而至，一起压到了自己的身上，天华的身体当真有点吃不消了，多少出现了一点病恹恹的状况，但他还是咬紧牙关，始终顽强地硬挺着。

料理完父亲的丧事后，半农和天华兄弟俩，又做了一次促膝长谈。半农再一次跟天华强调："你有音乐天赋，一定要向明朝王子朱载堉学习，即使是处在困境乃至逆境之中，也必须奋力拼搏，矢志追求，务必在音乐方面搞出点名堂来！"同时，他还非常巧妙地利用这个机会，向天华传递了这样一个非常重要的信息："阿爹生前曾经告诉我，说他已听取了郁咏春老先生的意见，同意你走专攻音乐的道路。这也就是说，阿爹已经认命，别的不再对你有什么奢望了，就希望你将来能在音乐方面搞出一点名堂来！"

"阿爹真的这样说过？"天华的脸上露出了从未有过的欣喜之色。因为父亲反对他搞音乐，这一直是一块他始终都没能解开的心病，现在知道父亲已同意他专攻音乐了，他岂能不感到从未有过的松爽和快乐呢？而这，显然也就更坚定了他搞好音乐的信念

和决心，更激发了他在音乐方面搞出点名堂来的勇气和斗志。不过，与此同时，他也感到自己就此留下了一个极大的遗憾，那就是他先前曾多次冲撞过父亲，惹父亲生过气，现在父亲业已离世，再也没有向他道歉的机会了；同样使他万分遗憾的还有，即使今后自己当真在音乐上搞出了点名堂，也再没有向父亲回报的机会了！想到了这一层，他就更是感到了前所未有的莫大悲痛，以至眼泪禁不住夺眶而出，扑簌簌地流了下来。

处在此时此刻，眼见此情此景，半农也同样是思绪万千，心潮汹涌，不由得哽咽着对天华说："二弟，就算不为别的，仅仅是为了阿爹，你我今后都要加倍努力啊！"

天华再也抑制不住自己内心的激动，一下子扑到了半农的身上："大哥，你放心，有阿爹的期盼，有你的指引，今后，我一定会让你看到一个全新的我！"

"我相信你，绝对地相信！凭你在音乐方面的天赋，凭你对音乐异乎寻常的热爱，我是坚信你迟早会在音乐方面有所作为的！不过，最近你经历了太多的磨难，身子骨好像不如先前硬朗了，你可得好好注意身体才行啊！"

"不要紧，我毕竟年轻，会很快恢复过来的，你尽可放心就是！"

随后，兄弟俩的手，又紧紧地握在了一起，握得很紧很紧，握得很久很久。

要成为一个全新的自我，那就一定要有一个新的开端，新的拓展，否则一切就都只是嘴上或是纸上的空谈。这样的开端和拓展，究竟以什么为切入点，从什么地方开始着手呢？天华思虑再三，终于找到了一个最切合自身实际情况的理想的突破口：既然先前二胡从没有过独奏曲，那自己就从为二胡谱写独奏曲开始吧！说来也奇，一经确定了这一突破口，他顿觉眼前的重重迷雾一下都驱散殆尽了，不由得长长地舒了一口气。

于是，1915年春，心情稍稍释然的天华，也就在贫病交迫之中，逐渐振奋起了精神，开始了他第一首二胡独奏曲的谱写工作。他边拉琴，边构思，因为他觉得通过自己最心爱的二胡，最有利于不断地忆想和理顺自己的曲折经历，使那历历往事，犹如放电影似的一幕幕展现在自己的眼前，让自己能更清晰地感受到所经历事情的曲折、顿挫和起伏；而且他还觉得，通过自己最心爱的二胡，也最有利于自己适时地在乐曲中糅合进自己的思想感情，使那或抑郁、或悲愤、或低沉、或激越的感情，与那曲折、顿挫、起伏的经历有机地交融在一起，从而使乐曲起承转合和高低抑扬的层次，能显得更为条理分明，并使喜怒哀乐的复杂感情，能得到更为鲜明突出的表现。总之一句话，唯有这样，才能使整首音乐曲具有更撼人心魄的艺术魅力。

而当天华将自己的经历通过二胡一一展现出来时，他就更清晰地发现自己的遭际确实是太不幸了：一次失学，两次失业，振兴刘氏家族的最大功臣、最可敬爱的祖母驾鹤西去，母亲和父亲又随后相继离世，贫困一再无情逼迫，疾病也就此开始光顾，真可谓是艰困接踵，煎熬相继，日子过得可以说比黄连还要苦。而尤为让他焦虑和忧心的是，自己钟爱音乐，本乃天经地义的正当之举，却遭到了外界的各种阻力：有人认为是游手好闲，不务正业，肆意加以嘲讽；有人则认为他抢了他们的饭碗，而心生嫉妒，竭力排挤打击；即使是知子莫如父的亲生父亲，开始时也误认为这是不思进取、玩物丧志的出格表现，因而多次加以阻挠，后在大哥的劝说下虽有所改变，但他的内心深处也还是并不真心支持。唯有大哥半农、上海开明剧社的乐队负责人朱旭东和童乐师，以及自己的二三挚友，给予了真诚的支持和帮助。一路行来，可以说不是荆棘砾石，泥泞水凼，就是漫漫陡坡，重重峭壁，甚至是漫无边际的黑松林，或者是让人难以脱身的陷马坑，实可谓是危难接踵，步步惊心。偶尔虽也能瞥见密密云层中透露出来的丝丝光亮，能看到远处江河边摇曳着的盏盏渔火，能听到小溪中的潺潺水声，能闻得绿树上的啾啾鸟鸣，但那都只是短暂的一瞬，更多的则是滂沱的大雨，震耳的霹雷，呼啸的寒风，漫天的飞雪，甚至是一片迷蒙的黑暗。环境确实是太艰难了，但自己并没有止步，更没有屈服，而是依然在左冲右突，上求下索，拼命地挣扎着，奋力地前行着。"路漫漫其修远兮，吾将上下而求索"，大诗人屈原的这两句诗，就是那激励自己不懈奋斗的动力源。只有在觉得心好疼，腿好酸，身子骨几乎要散架时，自己才不由得仰望苍穹，发出这样的呼喊：这样的路究竟什么时候是个尽头？究竟往什么方向走才算正确？我的落脚点究竟该在哪里呢？但即使是在这样的情况下，自己的脚步也没有止歇，依然在不停地走着，走着，手中的二胡也没有停下，依然在不停地拉着，拉着……这么多年来，郁积在自己心头的愤懑、痛苦、不甘和呼号，今天终于全都在二胡的琴弦上，化作了一个个音符，自己胸臆间的所有块垒，也都在瞬间化作了一片天光。

　　他泪流满面，他如释重负！回到自己的房间后，他当即取出一支毛笔，在砚池中饱蘸了墨汁，在白纸上奋笔疾书："上尺四上尺工尺上尺六五六尺工尺……"这，就是他创作的二胡独奏曲《病中吟》的最早音符。

这首乐曲，通过悲愤激昂的旋律，采用曲式结构，将整首乐曲分成三个乐段和一个尾声。乐曲的第一段表现了苦闷彷徨，"剪不断，理还乱"的情绪，旋律如泣如诉，缠绵委婉。第二段的节奏劲健有力，旋律较为急速，表现了一种要从苦闷的重压下解脱出来的强烈愿望，以及誓与周围黑暗势力作斗争的宏伟抱负。第三段和尾声，表达了奋斗的意志不断加强，以及在逆境中挣扎前行的感叹和苦衷。当乐曲发展达到顶点时，旋律忽然中断，情绪急转直下，全曲在宛如痛苦呻吟一般的颤音中结束，十二度的下行滑音，造成了一种回肠欲断的悲恸效果。作者所提出的人生究竟往何处去的问题，就这样通过音乐时而幽咽微吟，时而激愤高歌，时而深情倾诉，时而呻吟叹息的起伏变化，得到了淋漓尽致的充分表现。

这首乐曲，初名为《胡适》，意思是人生去往何处？但因《胡适》一名与当时的文学家胡适同名，故随即改为《安适》。不过，"安适"一词又易产生歧义，往往会被人误解为"沉湎于安逸舒适之中"的意思。所以几经权衡，天华最后决定将此曲定名为《病中吟》。确实，《病中吟》是天华在贫病交迫之中，处于最痛苦的人生境地中吟咏而成的，所以曲中既反映了他抑郁不得志的悲愤心情，又表达了他对理想和前途的憧憬和追求。只不过，我们在着眼于天华个人遭际的时候，更应该看到这首乐曲产生的这一特定的时代背景："五四"前后，我们的国家正处于"长夜难明赤县天"的至暗时代，整个民族正经历"城头变幻大王旗"的动荡年月，广大人民都生活在水深火热的苦难之中。所以，《病中吟》中的"病"，实际上反映的更是国家的病，《病中吟》中的"吟"，实际上凸显的更是民族的吟。所以，从这个意义上来说,《病中吟》的诞生,是表明了全民族在思索,在觉醒,而这正体现出了我们民族不屈不挠、前赴后继的奋力拼搏精神。当然,《病中吟》也确实是对人生某个阶段的诠释和反思,它要表明的乃是这样一种意愿和观点:要允许失败,但绝不能因循怠惰,更不能消极沉沦,而要不停地去探寻,去抗争,去追求那美好的前景。如果从这样的角度和层面来分析这首《病中吟》,我们就会惊喜地发现:刘天华在那"江头未是风波恶,别有人间路行难"(宋辛弃疾诗句)的黑暗社会中,谱写出这一首《病中吟》,对广大民众确实具有非常积极的思想意义,它就跟贝多芬的《命运交响曲》一样,能使人们从中明白这样的深刻道理:对一个群体或者一个人来说,"病"并不可怕,可怕的是不知其"病",不去疗"病";遭遇失败也并不可怕,可怕的是不想通过努力的奋斗去改变这种失败的现状,不去想方设法将屡屡的失败变为自己所想望的成功。所以,不管处在怎样艰困的环境中,我们都必须换一种思路,换一个活法,从习惯地默认中觉醒,从一味地忍耐中奋起,不断地去抗争,去变革,去拼尽全力,创造一个前所未有的光明前景。

《病中吟》这一乐曲,不仅在思想内容方面有诸多发人深省的东西,而且在艺术创作方面,也为我国民族音乐的发展闯出了一条新路。作者有意识地借鉴了西方作曲技巧,在旋律写作、调式运用和曲式结构等方面,都做了深入的思考和大胆的尝试。它虽然运用了西洋音乐三段体附加尾声的曲式结构,然而在思想感情的表达和乐曲的情调方面,却具有浓郁的民族色彩。作品乐句丰富,长短不等,但连贯性很强,特别是速度较快而又紧凑的第二段,尤给人以一气呵成的佳妙感觉。在节奏的运用上也极富变化，因此歌唱性和律动性的对比非常鲜明。在指法上，则巧妙地运用了吟音、滑音和颤音，并注意把位的巧妙更换。在弓法的运用上，乐曲又用了长弓、分弓、断弓以及顿音，来表达情绪上的变化，这就使乐句在表现或沉吟慢诉、或悲愤激昂的情绪方面，收到了极为理想的艺术效果，从而大大地发展和提高了二胡的表现力。倘能这样从艺术创作层面对此曲进行深入的研究和分析，就势将十分有助于我们准确地把握乐曲的风格特征和思想情感，并极大地提高乐曲的整体演奏技巧，从而使整首乐曲产生更为撼人心魄的艺术效果。

没过多久，天华儿时的"拖鼻涕朋友"彻尘和尚，见到了天华谱写的这首曲子，禁不住眉飞色舞地大声赞扬说："天华，你这曲子确实是谱得漂亮，谱得精彩！过去我们拉二胡的，拉来拉去，从来没有拉过自己写的曲子，现在总算有了你这首独奏曲《病中吟》，这可真是老天爷开眼啰！祝贺你谱写了这样佳妙的二胡曲，期待你今后能谱写出更多的好作品！"

天华的《病中吟》，得到了人们普遍的认同和赞誉，可天华并没有在众人的赞美声中陶醉，他对自己处女作的要求，可以说是远超常人想象的严格，他容不得有丝毫的瑕疵。此后，他竟用了七八年的时间，做了反复修改，一再加工，这才得以有了最后的定稿。这就可见，此曲中的每一个音符，都是天华出类拔萃音乐才华的充分展示，都是天华精益求精力臻完美精神的集中凝聚。正因为这样，《病中吟》不仅是刘天华的处女作、成名作，而且还成为中国二胡独奏曲的开山之作、扛鼎之作，同时还成为中国民族音乐史上里程碑式的经典之作、传世之作。

绝处逢生，谋得教席

彻尘和尚以及一些挚友对《病中吟》的充分肯定和热情赞许，犹如炎炎盛夏里吹来的习习凉风，使天华的心里顿觉舒坦了许多，也由此更增添了在音乐方面搞出点成绩来的信心和勇气。只是时光荏苒，屈指算来，失业在家已近半年，还真有点度日如年的感觉，所以他亟盼能在一个小学里谋个教席，以解决眼前的生计问题。但四处求职却屡屡碰壁，他心中不免又增几分惆怅。他茫然四顾，仿佛坠入了深谷中一般，只觉得四周都是悬崖峭壁，压根儿就没有通道可走。"天地如此之大，何以就我无路可走呢？"天华大声地呼喊着，回声久久地在他耳边哀转不绝。而在冥冥之中，他忽然想起了久别的母校——常州府中学堂，好像游子怀乡那样，引起了无尽的忆想和思念，他仿佛又迈着轻盈的脚步走进了昔日的校园，听见了同窗学友们琅琅的读书声，见到了师长们慈祥的笑容，并聆听着童校长的谆谆教诲。与此同时，他更想起了那时在军乐队活动的件件往事：为了苦练小号演奏技艺，他每天总是最早一个起床，独自在空旷的操场一角吹响小号，迎来那第一缕晨光。作为军乐队的一名主力，他当时无论是在校内还是校外，都已声名远扬，而且也得到过老校长童伯章的多次夸奖。想到这里，他就更是念想起童校长的种种好处来：他为人正直，珍惜人才，在音乐方面又是行家里手，尤其是昆曲唱得特别好，商务印书馆还出版了他的专著《中乐寻源》。一想起这些，他脑子里也就自然而然地闪过了这样一个念头：能否借此机会，去请求他想想办法，帮助自己在某个学校安排一个音乐老师的职位呢？不过，转瞬之间，他又马上否定了自己的这一想法，因为自己毕竟没有受过专业的音乐教育，甚至连中学都没有正式毕业，怎么可能去一个学校当音乐老师呢？这么一想，他自然也就不敢再存有这样的奢望了。

没想到就在此时，他却收到了大哥半农从上海寄来的一封信。信中提到，目前正是各学校决定下学期人事之际，建议天华即刻前去常州府中学堂（1913年7月，常州府中学堂改归省办，易名江苏省立第五中学）拜访童伯章校长，以借此看看能否谋求一条生存之道。为鼓起天华前去拜访童校长的勇气，半农还特意在信中着重讲述了天华前去求职的这样几个有利条件：一是童校长为人正直，学养深厚，不仅饱读诗书，而且精通音乐，尤擅昆曲，是个爱才惜才的好校长；二是天华当年在校就读期间，各方面都表现优异，特别是在音乐方面所显现的出众才华，曾深得过童校长的赏识，遥想他或许至今仍有深刻的印象；三是经过这几年的历练，天华在音乐方面的技艺又大有长进，特别是在最近谱写了二胡独奏曲《病中吟》之后，那就更是声名鹊起，令人刮目相看了。总而言之，就眼下的情况来看，条件足够好，良机在眼前，所以一定要深知机不可失、时不再来的道理，立刻动身，前往常州！天华手捧着大哥的来信，接连读了两遍，只觉得心里热乎乎的，不由得重又燃起了前去拜访童校长的念头。挚友姚至诚得知这一情况后，也竭力促其早日成行，千万不可错失良机。就这样，天华终于壮着胆子，前往常州去拜谒了童校长。

童校长一见天华，热情地叫着"天华"的名字，并让他在自己的身边坐了下来。见童校长如此亲切，天华便竹筒倒豆子似的，细述了离开母校后四年间的经历。本就不如大哥半农那样特别善于口头表达的天华，讲到伤心之处，就不免给人以"幽咽泉流冰下难""冰泉冷涩弦凝绝"的感觉。老校长听毕，不仅非常同情天华不幸的遭遇，而且还十分器重他百折不挠的人品，便满含深情地说："既然你离校后又接触了不少乐器，那就让我先欣赏一下你现在的技艺吧！"说完，他就带着天华一起来到了游艺部。一见到那些乐器，天华的目光就顿显活泼灵动了起来。他先认真地将单簧管、双簧管各吹了一个乐段，接着又拿起小提琴拉了一曲。童校长都静心地倾听着，并不时地点头微笑。此后，两人又来到了隔壁的民乐室，天华拿起唢呐吹奏了一曲，童校长听了，更是眉眼间溢出了笑意。最后，天华拿出印有《病中吟》的小册子，恭恭敬敬地交到了童校长的手上，说道："童校长，这是我创作的二胡独奏曲《病中吟》，虽已修改了好几遍，但依然还不太满意，现在仍然在不断进行加工。"

"什么？这曲子是你自己创作的？"童校长既惊且喜，一边认真地翻看着，一边激动地说，"快，快拉给我听听！"

天华点了点头，拿起随身携带的宝贝二胡，重新在一张方凳上坐下，用心用情地拉起了《病中吟》。只听得"转轴拨弦三两声，未成曲调先有情""弦弦掩抑声声思，似诉平生不得志""低眉信手续续弹，说尽心中无限事"。一曲拉完，天华抬眼一望，只见童校长好像陷入了沉思之中，一言未发。天华心中不免有点疑虑，便情不自禁地提高嗓门喊了一声："童校长……"

"好，太好了！了不起，真是了不起！"童校长这才从刚才的乐声中回过了神来，"那么，你对今后的音乐之路究竟有怎样的打算呢？"

"我踏上社会不久，与人鲜有交往，如果长时间这么失业在家，生活都将难以为继，音乐之路如何走显然就更难以顾及了。童校长，您德高望重，见识多，门路广，今天我专程前来，就是想恳请您援手相助，帮我介绍个工作，以解我眼下的燃眉之急。如果能当个小学教员，那是最好；若是不行，让我留在母校当个校工也可以将就。"

"什么？你说什么？"童校长两眼直盯着天华，激动地大声说，"天华，你是一颗熠熠闪光的明珠，可千万别错把自己当成一棵可以任人践踏的小草！你能创作出这样一首二胡独奏曲，可以说是我国民族音乐史上的第一人！你大哥半农以他在文学上的成就，为母校争得了荣誉，相信你天华也能以你在音乐上的才华，为母校增光添彩！"稍顿了一顿，他又缓和了一下口气说，"当然，这首曲子在演技和音色方面，还可以再丰富一些，以便更好地发挥二胡的特色。"最后，他格外郑重其事地，对天华一字一顿地说道，"现在我决定，从下学期开始，本校聘请你为音乐教员！"

天华简直不敢相信自己的耳朵："童校长，我这连中学都没有毕业的学历，能够胜任中学教员的职责吗？您可不能因为同情我，而破了你们学校的规矩啊！"

"哈哈哈！"童校长爽朗地笑了，"天华，作为一校之长，我是绝不会感情用事，置学校的规矩于不顾的。我注重的，是我们学校的事业！我看中的，是你出众的真才实学！对于你所拥有的才华，你自己也一定要有这样充分的自信啊！"

"我一定会以百倍的努力来回报您，我绝不会辜负您对我的殷切期望！"此时的天华，只觉得周身的热流上下涌动，眼中的泪水夺眶而出，激动得一时竟不知说什么是好，只是一个劲儿这

么发誓般地反复表示着。

因为童校长的爱才惜才，唯才是用，江苏省立第五中学竟然向一个中学肄业生敞开了大门，使天华得以在这样一所名校获得了一个正式音乐教师的教席。面对这一从天而降的大好事，天华自然是喜不自胜，他立马返回江阴，向亲人和挚友报告了这一喜讯。好消息，特别是像这样富有传奇色彩的好消息，总是长着一双特别劲健的翅膀，会飞速地传扬开去。曾被一些人视为游手好闲、不务正业的中学肄业生刘天华，现在竟然被声名远扬的江苏省立第五中学聘为了正式音乐教员，这无疑一下子成为了一个特大新闻，很快就传遍了整个江阴城。

重返母校，得展其才

1915 年 8 月底，又逢金风送爽之际，江阴西横街刘氏家院中的两株桂树已竞相开放，缀满枝头的金花和银花争芳吐艳，一派生机盎然。天华在经历了失业带来的一段失落和彷徨、煎熬和磨砺之后，终于有幸承蒙母校的眷顾，得以绝处逢生，在江苏省立第五中学（原常州府中学堂）谋得了一份中学音乐教员的职业，确实是大喜过望，精神面貌不由因此而大为振奋。

不过，临行前一天，天华想到自己翌日一走，家中就只剩下小弟北茂和他的两个嫂子了，不由觉得他们、特别是小弟北茂，日后不免会有点冷清和孤寂，心中便顿生眷念和记挂之情，因此也就想在临别之际，再跟小弟说一些暖心的话语。于是，他便携带着自己最心爱的二胡，挽着比自己年幼 8 岁的小弟北茂的手，一起去自家的后园漫步，跟他边说边笑，边走边聊。北茂见二哥去常州之前，还特意抽时间陪自己讲讲体己语，说说心里话，自然就感到格外的温暖和动情。兄弟情深，相互扶持，这可以说是刘氏三兄弟能够获得成功的一个重要原因。不过，若是细加辨析，三兄弟之间的爱，又有着微妙的区别：一种爱是"亲爱"，一种爱是"敬爱"。北茂7岁丧母，11岁丧父，父母双亡后，大哥半农先是在上海当编辑和翻译，后又去北京大学教书，此后更是去欧洲留学，大部分时间都不在家中，所以他与北茂的关系就很难说得上亲密，北茂对他的爱，自然也很难称得上"亲爱"。不过，客观地讲，北茂对半农还是很爱的，那是因为半农总能胸怀大局，以独到的见解在许多重大问题上，在家中起着主导的作用，并经常用他辛辛苦苦挣来的稿费，解决整个大家庭经济上的困难，所以北茂对半农的爱也就成了一种特别的"敬爱"。而天华的情况就有所不同了，在父母双亡之后，在北茂的整个少年时代，常在他身边的亲人，主要就是二哥天华。愈近愈亲，日久情深，这就决定了北茂对二哥天华的爱乃是"亲爱"。再有一点，就通常情况来说，年龄的差距也往往会影响双方感情的亲疏，年龄差距越小，代沟差距一般也越小，关系也就会越亲。北茂比半农小12岁，比天华小8岁，这也就基本上决定了北茂对半农的爱乃是"敬爱"，而对天华的爱则是"亲爱"。后来，北茂在晚年撰写回忆文章时，就曾多次提到"长兄如父，二兄如母"的感受，这也就正好印证了兄弟三人间"敬爱"和"亲爱"这两种爱的细微差别。

古人一直有"长兄为父"之说，而对于北茂来说，半农不在家时，天华实际上也就担当了长兄的角色。这不，这次行将去常州五中任教前，天华不就以他特有的深情，让北茂更深切地体味

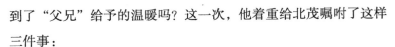

到了"父兄"给予的温暖吗？这一次，他着重给北茂嘱咐了这样三件事：

一是强调要更好地学好知识和本领。今后必须好好听两个嫂嫂的话，不仅在学校里要认真学习，回家后亦需刻苦读书，务必努力用书中的知识武装自己的头脑，争做一个有真才实学的对国家有用的人，绝不可贪图舒适，虚掷光阴！

二是强调绝不能满足于现状，一定要向更高的目标攀登。因为种种原因，大哥和自己都连中学也没能毕业，这一直是令自己和大哥都感到非常遗憾的事情。今后，你的条件会比我们好，机会也一定会比我们多，所以你必须发愤努力，力争成为我们刘氏门庭的第一个大学生，以便将来为国家出更多更大的力！

听着二哥的这两个叮咛嘱咐，北茂不仅连连点头，而且还语气十分坚定地表示："请放心，我一定会全力以赴的，决不辜负你和大哥的殷切期望！"

天华给北茂嘱咐的第三件事，乃是通过演奏《病中吟》来表达的：兄弟俩边走边聊了一会儿，天华又对小弟北茂说道："眼看明天就将分别，今天我就再为你拉一曲《病中吟》吧，我的情意可以说也就尽在此曲之中！"

北茂满面含笑地应对道："好呀，好呀，听二哥演奏二胡，对我来说，不仅是最美的享受，而且总能得到最大的激励！"

于是，天华便坐在后园的石鼓墩上，开始拉起了二胡来。只见他右手将弓轻轻一拉，左手在弦上微微一按，《病中吟》的动人旋律就在后园里荡漾了开来。往常，天华演奏这首曲子时，着重表露的是悲凉凄恻的感情，因为那时他正处在贫病交迫之中，内心里正充满着迷惘和愤懑之情。而今天呢，琴弦上传递出来的，却主要是激越高昂的情绪，因为如今的他，业已解决了就业这一重大难题，所以他的心中也就对未来充满了无限的希望和坚定的信心。

北茂，可以说既是天华处女作《病中吟》诞生的最好见证者，亦是此曲的第一个听众，天华谱写《病中吟》的初衷和苦衷，他都了然于胸，感受至深。而今天在这临别之际，天华之所以要拉这一曲《病中吟》，其用意显然也就是为的让北茂更好铭记这样的道理：江阴人连死都不怕，难道还怕什么困难吗？从而激励北茂今后不管遇到什么艰难险阻，都要勇往直前，敢于在逆境中开创一个美好的未来！

兄弟两常在一起相处，已经到了心有灵犀一点通的境地，所以天华的《病中吟》演奏一完，两人相视会心一笑，也就一切都尽在不言之中了。

次日清晨，天华便肩挑着大嫂朱惠和妻子尚真为他精心准备的行囊，带着他心爱的二胡、《病中吟》的初稿以及他常用的书籍和乐谱抄本，迎着灿烂的朝霞，迈着轻快的脚步，告别了大嫂朱惠、妻子尚真和小弟北茂，走出故乡的老宅，穿过狭窄闭塞的西横街，奔向常州，奔向他全新的征程。

"五四运动"前，在那民穷财尽、音乐奇荒的旧中国，艺术是无足轻重的，民族音乐就更是没有立足之地。可天华来到母校出任音乐教师，却得到了童校长无微不至的关怀和倾心尽力的支持，这可真是莫大的幸运和难得的良机。从这个意义上来说，童校长绝对是发现和培养天华的第一个伯乐。

饮水思源，知恩图报，天华深知这份工作的来之不易，所以他也就格外珍惜，决心竭尽自己的全力，出色地做好这一工作。

首先，在思想观点方面，他跟当时一些旧派的乐师截然不同：一些旧派的乐师认为，音乐不过是人们茶余饭后的消遣品，可有可无，无关紧要，因此教得好与不好，也就无碍大局；而在天华眼中，音乐则是民族文化中不可或缺的一个重要组成部分，直接关系到每一个人的思想情操和艺术修养，所以非要用尽心思，下大力气抓好不可。

作为一个以音乐教育为自己职业的人，除了在思想上将音乐放在一个绝顶重要的位置上外，天华还着重在以下三个方面付出了艰苦的努力：一是在提高自身水平方面下切切实实的真功夫。所谓提高自身水平，并不仅仅是指音乐技艺方面的日臻完善，同时也是指音乐理论方面的日益丰富。因为在天华看来，音乐技艺和音乐理论是搞好音乐工作的双翼，两者相辅相成，缺一不可。一般的乐师往往只着眼于音乐技艺方面的完善，却忽略了音乐理论方面的学习，而实际上呢，如果没有音乐理论的正确指导和引领，音乐技艺的完善就必然会受到很大的掣肘，也就很难达到预期的目标。正因为此，天华尽管薪资菲薄，但他还是能省即省，尽可能多地积攒一些钱，购买一些音乐理论书籍发愤苦读，不断向"理艺兼擅"的方向大步挺进。二是正确处理好传承和创新的关系。对于老祖宗传下来的东西和西方的一些音乐理论，首先要传承好，因为老祖宗和西方的一些东西能流传下来，肯定有其长处，否则它就不可能留存至今。但与此同时，也必须在传承中有所创新。因为凡是留存下来的东西，并不表明它什么都好，它肯定还有其不足之处。对于这种不足之处，就得加以创新发展，以使之更臻完善。唯有如此，音乐事业才能得到更好的发展。三是要多方着力，狠下苦功，做一个合格的音乐教师。要成为一个合格的音乐教师，并非易事，必须吹拉弹唱，全面发展。如果你五音不全，曲不成调，那你还怎么做音乐教师？若是你只会吹，不会拉，不会弹，那你就会捉襟见肘，不时受掣，很难成为一个称职的音乐教师。要成为一个合格的音乐教师，还得有理论、有实践、有丰富的知识，这样上课时才能旁征博引，妙趣横生，具有很强的趣味性和吸引力，使学生特别爱听你的课，对你心生敬意。

天华不仅深知母校在音乐活动方面有着优良的传统，而且当年他就曾在母校军乐队中获益匪浅，他参加过的学校军乐团，就曾在全省闻名。可眼下当他回到分别了四年的母校时，却已时过境迁，人事全非了。自武昌起义学校停办后，学校军乐队就因无人主持解散了，仅留下一堆陈旧的乐器闲置在那里。天华打开那闲置乐器的屋子，一股呛人的霉味便扑鼻而来，而首先映入眼帘的就是天华曾自告奋勇去敲的那只大鼓，不过现在鼓皮已被戳破了，成了老鼠的安乐窝，无奈地躺在墙角里。曾经是天华亲密伙伴的那只小号，也被扔在了地上，布满了铜绿和灰尘……面对这样的境况，天华并未灰心丧气，而是首先向校方提出了恢复和扩建军乐团和丝竹合奏团的建议。天华的建议得到了童校长的大力支持，拨下了一笔数额较大的款项，派人专程去上海购置了乐器，省立五中的军乐队终于又获得了恢复起来的机会。为了使军乐队能够重整旗鼓，天华所花的力气和所起的作用，又绝非是他人所能比匹。首先，在指导思想上，天华认为军乐队绝不是一个装门面的摆设，而是要真能起到鼓舞学生士气、调动学生积极性的应有作用。其次，还必须继承和发扬母校的传统，使之在全市乃至全省范围内成为一个叫得响的品牌。因此，在组织管理方面，天华也就煞费苦心，将水平参差不齐的五十余人的军乐队，分成甲、乙两组来进行教学和排练。程度高的、接受能力强的队员编在甲组，其余的编在乙组。这样的组合，不仅有利于教学和管理，而且还解决了乐器不足的困难。在练习时，天华还采用了让队员互教互学的方法，即会的教不会的，或者是已经学过的教刚刚起步的。这样群策群力，以老带新，队员们学习的积极性就更高了，进步也更快了。在乐队的教材方面，天华所使用的教材也比其他学校的内容更丰富，更先进。当时，我们国内还没有中国人自己编写的乐理书出版，天华就采用英语原版乐理书，来它个洋为中用。军乐队使用的吹奏乐曲，也既有威武雄壮的《马赛曲》和舒伯特的《军队进行曲》，又有民族风格浓郁的《俄罗斯进行曲》，还有《第六号进行曲》《第七号进行曲》以及各种序曲，乃至优美动听的小夜曲等，这样曲式多样，就益显丰富多彩。在教学方法上，天华的讲解也生动活泼，极富趣味性，且又特别符合队员的年龄特点，所以队员们都非常乐意接受。

有了以上这一些正确的决策和方法，再加上全体师生的共同努力，仅用了一年多的工夫，江苏省立第五中学的军乐队就有了很大的提高，在对外演出中就获得了一致的好评，被誉为全省中学军乐队之冠。1920年在南京参加全省省立学校运动会时，连很有名气的南京高等师范学校，都来邀请省立第五中学军乐队前去演出。当时在南师宽阔的广场上，听众人山人海，却鸦雀无声。在天华精神抖擞的指挥下，省立第五中学军乐队各个声部的演奏都十分和谐动听，洪亮的旋律响彻了夜空，仿佛是夏夜里在鸣奏着美妙雄壮的交响乐。每奏完一曲，听众都掌声雷动，经久不息。

毫无疑问，天华是喜欢西洋音乐的，但他更热爱祖国的民族音乐，所以在学校军乐队稳步发展的同时，天华还通过积极的筹备，为学校创建了丝竹合奏团。事实上，为了更好发展我国的民族音乐事业，他在丝竹合奏团方面确实是倾注了大量的心血，以致有些教员竟这样说："教正式课程的都没有这样卖力气！"经过天华的一番艰辛努力，丝竹团在对外的演出中，亦获得了跟军乐队同样的好评。随着天华在音乐教学上不断取得新的成绩，他自然也就声誉日隆，广大师生都对天华心生敬佩之情，觉得天华确实是个挺有才华、很有办法的人。而天华却并没有因此露出骄矜之态，他只是说："做一行，像一行；做一行，爱一行；唯有如此，方能行行出状元。"可以说，此话恰如其分地表达了天华热爱音乐工作的真实心态。

天华在江苏省立第五中学的出色工作，还使他的名声很快就传到了校外，在江苏全省的中学中，都享有了很高的声望，因此各校来请他兼课的聘书纷至沓来，使他确有应接不暇之感，但他还是尽可能地抽出时间来满足外校的要求。他曾先后在武进师范学校、镇江第六中学、扬州第八中学、无锡荡口工商中学等校兼课。说来也巧，天华去无锡荡口工商中学兼课时，又遇到了先前曾去顾山求教的二胡高手周少梅（此时周少梅亦已在荡口工商中学任教了）。见面之后，天华又将他请到江阴家中，系统地向他学习了二胡和琵琶的传统演奏技法，从而掌握了更多的民间与古典乐曲。周少梅的演奏技巧，在当时确有其先进和出众之处，尤其是在二胡方面，他演奏的《虞舜熏风曲》，既清丽明快，又古朴高雅，当真是非常出彩。该曲原系我国各地广为流传的民间乐曲《老六板》的加花变奏，系根据丝竹乐《中花六板》移植发展

而来，只是传到了周少梅手里，经过他一番精心加工，乐曲的内涵和演奏技法都更为丰富了。在指法、弓法和换把等技巧方面，也都更为复杂，更加细致了。天华对所有这些，都认真进行了学习，并在日后的作品中做了创造性的发挥。如在《月夜》《良宵》和《闲居吟》等著名二胡独奏曲中，我们就都依稀可以看出其中部分指法、弓法和换把等技巧，是脱胎于《虞舜熏风曲》的，但这些手法都已大为提高，给人以耳目一新的感觉了。

天华去兼课的这些学校，都远在外地，在音乐教学方面的条件也都比江苏省立第五中学差，而且大多经费不足，以致送给天华的兼课费都很微薄，加之每次还得长途往返，确实是非常辛苦的，因此就有不少人劝他不要自讨苦吃，但天华却不以为然，依然满怀热情地全身心投入其中。他经常这样跟大家说："在今天的中国，懂音乐的人太少了，所以我要多做一点这方面的事情，让更多的人知道国乐，热爱国乐！我做这个工作，其实就是在为我们的国乐添一把柴，加一把火，以便让我们国乐的火炬，不仅能照亮九州大地，而且也能照亮整个寰球！"就是这样，天华成天在心甘情愿、不辞劳苦地为祖国的民族音乐播撒着火种，至于个人的得失荣辱，压根儿就不在他考虑的范围之内。

探寻新路，普及国乐

天华在江苏省立第五中学任教期间，虽然将军乐队和丝竹合奏团搞得红红火火，成绩斐然，在校外演出中亦广获好评，但就当时的整个社会来看，音乐，尤其民族音乐，却并没有受到应有的重视，广大民众的音乐生活可以说还是少得可怜。而更令人忧心的是，民间音乐的许多珍贵遗产，还是只保留在少数几个年事已高的国乐专业人员和一些没有组织、散居于各地的民间艺人手里，在奄奄一息中苟延残喘。目睹国乐濒于危境之现状，天华不胜忧虑地这样说道："当前的国乐正在沉沦下去，我们音乐人务必要尽起拯救的责任！"天华干事，从来都是一个扎扎实实的行动派，他到较远的外地去兼课，就是为的给各地送去阵阵和煦的春风，使音乐在各地得到更好的普及和推广，以让更多的人了解国乐，喜爱国乐。与此同时，利用暑假举办"暑期国乐研究会"，将一些酷爱音乐的人组织起来，一起来学习和研究音乐，以进一步激发大家学习国乐的热情，提高大家研究国乐的水平，这也是天华为普及和推广我国民族音乐而采取的一个重要举措。

1918 年暑假前，常州《武进报》上就刊登了一篇关于在江苏省立第五中学举办暑期国乐研究会的报道。报道说，研究会以研究国乐为宗旨，科目分琵琶、三弦、二胡、月琴、唢呐、笛等乐器，会费每人三元，由各人自择学习。国乐研究会聘请南京高师国乐教员沈肇州先生为指导员。会期一个月，定于 7 月 14 日至 8 月 14 日。

开办这一暑期国乐研究会，从酝酿到筹办，大小事情几乎都是天华一人辛苦操劳。他拿着拟好的章程首先去找了童校长，如实地向他禀告了筹办暑期国乐研究会的初衷，说明此举绝非是自己异想天开的灵机一动，而是为普及和拯救国乐而采取的一个必要措施。童校长对这个话语虽然不多，却胸怀远大抱负、极具进取心的青年，早就有相当的了解，现在听了他一番言之有理的陈述，并阅看了他呈递的章程后，更是当即就拍板同意，并给予了大力的支持："我这里没有任何问题，一切都将为你大开绿灯。

研究会的活动场地，以及需要配合的职员、工友，都可以供你全权使用。你准备要办的这件事，不仅攸关我们学校的声誉，而且攸关我国民族音乐的生存和发展，所以如果在举办过程中遇到什么困难，我们学校将全力帮助解决。"得到了童校长如此的关注和护爱，对于办好暑期国乐研究会，天华的心里自然就更为托底了。

一切就绪之后，国乐暑期研究会如期召开，刘天华上午教授二胡、唢呐，沈肇州下午教授琵琶。刘天华和沈肇州都是各自领域里的佼佼者，不仅技艺高超，指点到位，而且都全身心地投入，甘愿倾囊相授。所以，上课时所有的听讲者全都瞪大了眼睛，竖起了耳朵，一个动作、一个字眼都不愿轻易放过。真可谓是教者尽心，听者用意，换来的自然是出奇之好的讲授效果。

沈肇州和刘天华都是民乐界的高手，但他俩都不摆架子，虚心好学，而且特别重视相互之间的切磋研究。沈肇州在听天华弹了两首琵琶曲后，就将自己弹奏琵琶的一些体会向天华和盘托了出来："琵琶曲不管是'文曲'还是'武曲'，都要求有好的技巧来表现或阴或阳、或柔或刚的内容。初学琵琶的人，往往偏重技法，而忽视音乐的表现力。"

天华难得遇到如此率真热情而又具有真知灼见的高手，也就十分虔诚地向沈肇州提出了这样一个他一直没有完全弄明白的问题："同一首曲子，为啥演奏的效果并不完全一样，最根本的原因究竟在哪里呢？"

"虽说是各家各法，但不管是哪一家哪一法，主要还是得看演奏能否打动听众的心，看听众能不能跟随你入情，这才是区分演技高低的最根本标准。舍此而耍弄一些这样那样的小花招，都是舍本逐末的做法，并不可取。"

天华听了沈肇州这一番言简意赅、切中要害的经验之谈后，对沈肇州也就更增了敬重之意。沈肇州也深深被天华的诚意和真情所感动，就特将《瀛洲古调》一书赠送给了天华。《瀛洲古调》这本书，乃是沈肇州传谱的集历代琵琶曲之大成的曲集，共收慢板22首，快板17首，文板5首，以及1曲《十面埋伏》，可以说琵琶曲中的精华基本上已囊括其中。业已年逾花甲的沈肇州，也为自己晚年能得到天华这样一位知音，而感到特别欣慰，于是便将自己的演奏技艺和积累的经验，毫无保留地悉心传授给了天华。而天华呢，也格外珍惜这样的天赐良机，在暑期研究会结束之后，每逢星期日，他都会特地赶火车前往南京，去到沈肇州的跟前面聆謦欬，更全面深入地学习沈肇州的诸多宝贵经验。

对那本《瀛洲古调》，天华可以说是成天书不离手，时刻都会去读去练习，以不断提高自己的演奏技艺。不过，更为可贵的还在于，在苦读苦练了一段时间后，他便既信本本，又不全信本本，喜欢从去粗取精、去伪存真的角度着眼，在精益求精、好上加好方面狠下功夫，将全书做了一次全面的加工整理，并在书上标明了详细的指法和表情符号，编成了一部《瀛州古调新谱》。此后，他便将编成的这部新谱，用来作为指导教学实践的依据，这就既充实了琵琶教材的内容，也推动了二胡演奏技法的改进。以往，天华在江苏省立第五中学音乐教学的重点，主要是放在指导学生学习一般的中外乐曲和合奏曲方面，以及学校军乐队和丝竹合奏团的演奏方面，而自从结识周少梅和沈肇州以后，特别是在对《瀛州古调新谱》的日益精熟和全面加工整理后，他的音乐教学工作就跃上了一个新的台阶：除保持原有的特色之外，他还注意了二胡和琵琶教学的齐头并进，并在指导学生学习艺术表现力更为丰富的独奏乐曲方面倾注了更多的心力，这就使他的音乐教学，具备了一般音乐教师所无法比拟的优长之处和独特风格。

在1918年常州暑期国乐研究会一炮打响之后，为了更好地普及、推广和改进国乐，天华又决定在自己的家乡江阴，亦举办一次暑期国乐研究会。为了实现这个计划，他曾跟家人和友人一起做了几次认真的筹划，并在较长的一段时间里节衣缩食，省下每一个铜板，积蓄了一笔经费。

那年暑期还没有开始，天华夫人尚真就在家里忙开了，她将自家的屋子打扫得干干净净，并在堂屋里齐齐崭崭地码好了一堆堆被单，那是特意从客店里租来，专供参加暑期国乐研究会的人使用的。暑期一开始，天华就冒着炎夏酷暑，急匆匆地从常州赶回了家中，具体落实研究会的会场和其他诸多准备事宜（举办国乐研究会的通知早就在暑假前就发出了）。

研究会的会场，设在江阴城内的礼延学堂。礼延学堂的校长姓薛名晓升，辛亥革命时期曾任《江阴杂志》的编辑。辛亥革命爆发，常州府中学堂停办后，半农和天华辍学返回了老家，就与薛相识，半农还曾与薛共事过一段时间。这次故人相遇，自然也就更是热情相待，加之现在两人皆为江阴的知名人物，所以薛校长对天华自然也就"心若相惜，无言也默契；情若相眷，不语也怜惜"，对暑期国乐研究会的举办给予了全力的支持，不仅研究会参与者的食宿都在校内解决，而且在其他各个方面也都提供了尽可能的帮助，从而为研究会的顺利召开创造了极为有利的条件。

一切都准备就绪后，举办日一到，就迎来了本地和外地的许多民间艺人、中小学音乐教师，以及一些爱好音乐的青年，其中还包括天华在江苏省立第五中学教过的3个学生：吴干斌、诸师竹和吴伯超。

礼延学堂里有一个美丽的葫芦形荷花池，池面上布满了苍翠欲滴的荷叶，像是插满了密密麻麻的翡翠伞似的。那片片荷叶，有的轻浮于池面，有的像亭亭玉立的少女在碧波上翩翩起舞，如一片片摇曳的翠玉，颇为令人陶醉。荷叶上滚动着盈盈的露珠，微风轻轻拂过，送来阵阵幽香，身临其境，谁都会顿生沁人心脾的感觉。随着盛夏的脚步愈来愈近，在满池荷叶中就陆续冒出了朵朵荷花，每一朵都是那么风情万种：有的全开了，像纯真的少女脸上绽放的甜美笑容；有的开了两三瓣，如一张小巧玲珑的公主床；有的则含苞欲放，像害羞的美貌姑娘怕见生人似的。目睹这样的美景，令人不由得想起唐代诗人杨万里笔下"接天莲叶无穷碧，映日荷花别样红"的优美诗句，更觉分外诗情浓郁。天华之所以选择礼延学堂作为暑期国乐研究会的会址，某种意义上正是看中了这里空气的清新芳香，环境的幽雅迷人。试想，在那一弯银弓似的新月挂上树梢时，天华端坐在荷花池畔，聚精会神地为大家演奏他创作的二胡名曲《月夜》，那抒情诗般的优美旋律，衬托着这如诗如画的月色荷池，该是何等的相得益彰，令人心驰神往啊！

这次暑期国乐研究会的学习和研究内容，有二胡、琵琶、笛子、昆曲、江南丝竹、吹打乐和十番锣鼓等，可谓丰富多彩，颇具吸引力。指导老师有三位，一位是天华，他是这次研究会的总管，着重讲二胡的演奏、二胡的创作以及相关的音乐理论。这是因为研究会的参会者，大多是国乐的业余爱好者，平时主要是重在演奏，至于国乐的创作和相关的音乐理论，一般都较少顾及，这次既然是办的国乐研究会，当然就不能仅仅局限于此，所以天华就将二胡创作以及相关的音乐理论，作为重点内容来加以研究，以拓宽大家的视野，提高大家的音乐理论水平。天华业已开始了二胡独奏曲的创作，其中的曲折和甘苦，都有极深切的感受，所以结合他自身的创作经历来谈，就尤为切实具体，能给大家以特别有益的启发。天华早在常州府中学堂读书时，就开始接触音乐理论，去上海开明剧社工作后，接触就更多，了解就更深，就愈发懂得了要搞好音乐，一定得有理论作指导，方能少走弯路，少吃苦头，真正搞出一点名堂来。所以，他亲自主讲音乐理论知识，就是旨在能起到为大家开眼界、扩心智的应有作用。另一位指导老师就是周少梅，他主讲二胡和琵琶。还有一位是崇明岛上著名的民间艺人王子君，也是请来主讲二胡的。也许有人会觉得奇怪，这两位指导老师为什么都是主讲二胡呢？这是因为周少梅和王子君两人虽都擅长二胡，但他们的演奏风格却迥然有别，周少梅的风格华丽多彩，王子君的风格则朴实刚健，可以说是各具特色，各有千秋，学习者可以根据自身的特点和爱好，有所侧重地吸收他俩不同的优长之处，当然也可以博采众长，由此向一专多能的方向拓展，然后根据曲目的需要，展现出多种不同的演奏风格。另外，请周少梅主讲二胡，更在于突现他勇于创新的精神，因为传统的二胡演奏，人们一般都习惯于在二把头上做文章，可周少梅却深感老祖宗留下来的二把头局限太大，音域窄狭，思想感情难以得到充分抒发，于是他就大胆突破框框，独创了一个三把头，这就使二胡演奏技艺达到了一个新的境界。天华之所以将周少梅敢于独创这一点作为这次研究会的重头戏郑重推出，就是为的让所有的参会者都明白这样一个道理：在发展民族音乐的道路上，绝不能因循守旧，墨守成规，而一定要解放思想，不断出新，唯有这样，才能使我国的民族音乐开创出一个又一个全新的天地。

除了授课之外，天华自己也利用这个机会学习了不少东西，主要是昆曲和十番锣鼓等。在传统戏曲中，天华对昆曲和京剧是有很浓厚的兴趣的，从他去世前的绝笔之作二胡名曲《烛影摇红》中，我们就可以隐约听出他是受了昆曲表现艺术中富有舞蹈性的节奏和优美婉转的曲调的影响。周少梅呢，在研究会期间也饶有兴趣地学习了天华创作的《病中吟》《月夜》和《空山鸟语》三首作品，虽然学习时也遇到了一些障碍，但他还是学得非常认真，勇于排除一切困难。另外，他原先的授课方法基本上是口传心授，没有规范，但这次研究会后，他在教学中就开始使用天华整理的乐谱了。而且，当人家认为乐谱中有问题时，他总是说这是天华记的谱，不会有错的。他俩这种关系融洽、互敬互爱、互相学习的做法，也堪称为所有与会者树立了良好的表率。

研究会行将结束时，为了总结汇报研究会互教互学的成果，也为了趁此机会扭转家乡一些人对民族音乐的偏见，天华特意组织了一次音乐会，主要是邀请家乡父老、街坊邻里、本县的一些学生和附近的一些居民参加。这样的音乐会在家乡还是有史以来的第一次，所以到会的男女老少济济一堂，全都翘首以待，急于想看看近两个月来这些人到底搞出了些什么名堂。

忽然间，一阵锣鼓喧天的开场曲响起，可紧接着在观众中爆发出的却是一阵哄堂大笑，原来大家第一眼看到的并不是什么新鲜玩意儿，而只是一群大大小小的和尚，在台上演奏着大家已听得烂熟的吹打乐曲。于是台下顿时就喧闹了起来："这算什么音乐会呀？还不是寿星唱曲——老一套嘛！"一曲完毕后，主持音乐会的天华在江苏省立第五中学的高足储师竹，就提高嗓门跟大家说："乡亲们，大家好！刚才大家听到的，虽然是寺庙里的师傅们演奏的佛事音乐，但刘老师认为，这些师傅都来自民间的穷苦人家，这些音乐也同样来自民间的百姓之中，它们都反映了广大老百姓的心声，是我们国乐的重要组成部分。学习它，传承它，也正是普及和发扬国乐的一个重要内容。对于这样的音乐，在座的各位一时不易引起浓厚兴趣，这也是可以理解的，因为凡是经常接触的音乐，大家往往就不会去深入研究。而事实上，只要认真去聆听，细心去琢磨，就会发现里面其实还是有很多非常好的东西。而且，有些师傅演奏的乐曲，还有着很高的水平呢！如若不信，就请大家听一听从小就跟刘老师在一起拉二胡的彻尘师傅演奏的《梅花三弄》！"

听主持人这么一说，会场里顿时就安静了下来。彻尘师傅拿着一把二胡往台上一站，立马就显现出了他手提二胡、目送归鸿的不凡气派。只见他右手将弓轻轻一拉，左手微微在弦上一按，《梅花三弄》的优美旋律，就自然地从琴弦上流泻了出来，低音深沉而平静，高音清澈而透亮，整首乐曲清新悠扬，饱满圆润，充满了感情色彩，极富艺术感染力。每一个与会者都安安静静、点头点脑地沉醉于其中。一曲终了，优美的旋律仍在耳畔回荡，给人以如痴如醉的美的享受。过了一会儿，会场上就响起了一阵热烈的掌声。

待到天华和他的学生相继登场后，那就更是眼睛一眨，老鸡婆变鸭，整个会场里立马出现了与开场时截然不同的景象。尤其是天华一亮相，他那种洒脱、优雅的艺术家风度，一下子就把大家给镇住了。当他的处女作《病中吟》奏响时，全场鸦雀无声，只听得从他的弓底时而奏出沉吟漫诉的旋律，时而发出悲愤激昂的高歌，淋漓尽致地表达了他对那个吃人的旧社会的强烈愤懑，和在黑暗现实重压下那郁郁不得志的心情。这就一下子吸引住了所有听众，并引起了大家强烈的共鸣。一曲奏完，当人们还陷入在沉思中时，天华又拉起了《月夜》来，那美妙动听的旋律又把人们引到了另一种月白风清、如诗如画的境界中，令人如痴如醉，流连忘返。接着，一曲《空山鸟语》，又把那深山幽林中百鸟此唱彼和的情景，表现得栩栩如生，扣人心弦。而这两首乐曲对美好大自然的热情赞颂，又正好象征着人们对光明未来的美好憧憬。二胡，在人们的心目中，一直以来都是不登大雅之堂的简陋乐器，可一到天华的手中，那演奏技艺竟呈现得那么精巧，那思想感情竟表现得那么丰富，人们都不由得不惊呼连连，赞叹不已。天华最后演奏的是琵琶独奏曲《十面埋伏》，此曲生动再现了刘邦与项羽垓下之战千军万马拼死鏖战的激烈场面，确实是气势磅礴，令人惊心动魄。此时，整个会场上不仅是掌声雷动，而且惊叫声响彻云霄了。

在这次音乐会上，二胡高手周少梅的演奏也相当出彩，备受众人的好评。特别是他最拿手的二胡独奏《虞舜熏风曲》，尤显音色柔美，功力深厚，令人只觉玩味不尽。其他如王子君的二胡演奏，全体师生的丝竹合奏，以及天华在江苏省立第五中学的三个得意门生的二胡、琵琶独奏，也都得到了大家的一致赞誉。

在近两个月的国乐研究活动中，天华不仅费尽了大量的心血，而且自掏腰包，花了不少的钱。但付出终得回报，天华的心里还是非常高兴的。在此后的很长一段时间里，那场音乐会就成为了人们议论的中心，街坊邻里对天华的看法，也由此发生了一百八十度的根本性转变。先前，在人们的心目中，天华一天到晚笙箫弦笛，吹吹拉拉，弹弹唱唱，可以说是个地地道道游手好闲、不务正业的人。因此有些人就常在背后这样议论："刘宝珊一辈子忠厚老实，怎么生了刘天华这么个没有出息的儿子呢！"可是自打那次音乐会后，人们议论的话风就一下子发生了颠覆性的转变："真没想到，刘宝珊这第二个儿子，竟跟他的大儿子一样，也是一个十分了不起的人才！相信不久的将来，他也一定会像他的哥哥那样，成为名满华夏的我们江阴人的骄傲！"

而更为重要的是，通过暑期国乐研究会，天华还培养了一些音乐活动的骨干分子，他们势将在今后国乐的普及工作中，起到积极的推动作用。而广大的年轻人呢，也开始对国乐增强了了解，产生了兴趣，这就更是预示着，我国国乐事业的发展，必将会有十分美好的未来。

出谷迁乔，艰难前行

1922 年，天华在母校江苏省立第五中学任教音乐即将七载，成绩斐然，声誉日隆，在江苏省整个中学教育系统中，几乎无人不知江苏省立第五中学有一位出色的音乐教师刘天华。可业已 27 岁的他，却愈发感到自己在"改进国乐"方面还没有取得重大进展，且环顾国内，音乐奇荒，改进国乐之重任一时似乎也难望他人，因此一种对祖国音乐事业当仁不让的强烈责任感，以及时不我待的紧迫感，就都在不断地催促他，鞭策他，使他时刻都在做着这样的深刻思考：欲达"改进国乐"的宏愿，就必须更深入、更广泛地学习，去拓宽自己的眼界，去开辟全新的领域，去进一步提高自己的理论水平和演奏技能。可是，由于自己所处的环境和工作条件的限制，他事业的发展眼看已陷入了一个瓶颈期，很难再有更大的突破。正因为此，他就一直向往能够去到人文荟萃的全国文化中心——北京，"思欲周旋揖让于其间"，使自己能有更上一层楼的良机。左盼右盼，机会还终于给他盼来了：1922年春夏之交的一天，学校老门房给他送来了一封北京大学的来信。打开一看，当真令他大喜过望，原来里面是一张聘书，北京大学校长蔡元培聘请他为北京大学音乐研究会的琵琶导师。他拿着这张聘书立刻就去禀告童校长。童校长看了聘书也很为他高兴，说道："今年是你在本校执教的第七个年头了，七年来你教学认真，成绩交口赞誉。从学校工作的角度考虑，我自然希望你能留下，但为了使你的才能有更大的发挥，使你的抱负有更好的施展，我还是支持你前去北京。当然，如果你去北京后工作不理想，学校的大门依然向你敞开着！"天华对童校长七年来的关爱表示了由衷的感谢，但为了振兴国乐，现在又正好得此良机，所以他觉得还是以前去北京发展为好。就这样，双方的意见完全达成了一致。

接下来，江苏省立第五中学的师生们为天华举行了隆重的欢送会，年逾五旬的语文老师史哲夫还欣然命笔，写下了一篇题为《公送刘天华先生掌教北京大学》的颇具文采的欢送词，内有"满城桃李郁青葱，七载春风雨露中"的诗句，称颂了天华在省立五中的辉煌教学业绩，有"阳关折柳动乡情，有酒盈樽别绪萦"的诗句，表达了省立五中师生对天华别离的一片深情，有"此去钧天（"钧天"是"钧天广乐"之简称，是古代传说中天上的音乐）推绝响，声震京国步扶摇"的诗句，展望了天华此去北京后的美好发展前景。可谓是字字情真意切，句句一片至诚。

临行前，天华跟师长、亲友和父老乡亲们都一一话别。他准备的行囊十分简单，衣着依然朴素无华，但却把珍藏并使用了多年的跟周少梅学习二胡、琵琶时记录整理的全部曲谱，以及沈肇州先生亲传的一本《瀛州古调》等，当作至宝随身携带着。江苏省立第五中学的学生们为了欢送天华老师，出动了全校的军乐队，奏着雄壮的进行曲，一直送他前往火车站，沿途和车站的许多行人，无一不以惊异的目光驻足观看着这一非同寻常的景象。天华带着师长、学生和家乡父老们的谆谆嘱咐与殷殷期望，挥泪告别了欢送的人群，满怀着美好的希望和远大的抱负，乘坐火车向着他向往已久的文化古都北京驶去。

古朴、美丽、宁静的北京，展现在了天华的面前，他觉得这是一个适宜久居，可以施展自己的才情和抱负，潜心钻研艺术的地方。来到中西兼顾、人才济济，且拥有"音乐研究会"的北京大学，他顿觉自己从此必将更为大有奔头！但万万没有想到，他来北京后的一切，却并不像他想象得那么顺利。"北京大学音乐研究会"因为天华不是留学生，甚至连师范音乐系的学生也不是，而只是个普通的中学肄业生，便给他安排了一个"琵琶导师兼事务员"的职务。而所谓事务员，说白了，其实就是个勤杂工，连冬天生炉子这样的杂事都要他去管。而他每月的薪金，竟不及在江苏省立第五中学的一半。对此，天华的心中不免有点郁闷，但为了实现远大理想，他还是任劳任怨，卧薪尝胆，认真负责地做好了学校所有分配给他的琐碎工作。

所幸的是，在此期间钢琴导师杨仲子给予了他热情的关爱。

杨仲子曾留学海外多年，知识渊博，多才多艺，有江南才子之美称。一开始，是因为他跟天华都是江苏人，于是便主动找天华交谈。在了解了天华的家世、经历，并知悉了天华对音乐的感悟后，两人便越谈越是投缘。特别是在听了天华演奏的二胡和琵琶乐曲后，他就更是对天华赞赏不已地说："你要相信，音乐研究所是绝对不会埋没人才的！"天华听了，不仅周身感到一阵热乎，而且精神也为之一振，不由得在心里暗暗这么激励自己："对啊，只要自己当真是能独当一面的那块料，就总有可以扛起大旗的那一天！"

数月后，当天华走进教室上琵琶课时，萧友梅就悄悄地站在教室外面的树底下，静心地听天华的授课。在听天华简单明了地讲述琵琶的起源与发展史，并给学生示范演奏的琵琶曲后，他心中的疑虑和担心就全都烟消云散了，而且还进而认定：天华在江苏省立第五中学音乐教学上获得的声誉绝非虚传，他确实是个罕见的音乐奇才，完全能胜任琵琶导师之职。

不久后的一天，萧友梅找天华谈话时，一上来就夸奖他说："你的琵琶技艺相当高超，难怪深受学生爱戴呢！"

天华却谦虚地回答："我教琵琶的时间并不长，还只能让学生初步掌握琵琶的基本按指法和换把要点。今后，我还得在这方面好好下番功夫，争取在琵琶教学上真能搞出点成绩来。"

萧友梅听了，赞许地点了点头，随后便征询天华的意见："不知先生对传习所有何改进意见？"

天华不假思索，当即就提出了这样一个问题："传习所怎么没有二胡课呢？"

萧友梅马上就解释说："我们音乐传习所，是有长远规划的，计划今后要成为音乐系或音乐学院。而在我国的民族音乐里，二胡先天最是不足，一是几乎没有独奏曲，二是也没有什么学说师承，三是更没有任何学术流派。既然二胡近乎是白纸一张，所以我们音乐传习所就没有将二胡列入课程。"

天华听了，就毫不隐瞒地陈述了自己对二胡的一些观点："萧主任，其实二胡在我们的民族乐器中，是占据着十分重要的地位的，江南丝竹就是用二胡压拍来带动其他乐器的，我们那里的老艺人，就都这样说：'二胡一条线，笛子打打点，洞箫进又出，琵琶筛筛匾，三弦当板压，扬琴一捧烟。'这就足以说明，二胡在民族乐器中是主旋律，一直处于举足轻重的地位。"

"竟然还有这样的说法？"萧友梅不由皱起了眉头。稍停片刻后，他又说道，"我平时只听说这样的一句民谚：'叫花子二胡一黄昏。'对此，你认为又该怎么理解呢？"

天华听萧友梅这么一说，知道这就意味着在音乐传习所，二胡恐怕一时很难有一席之地了。可他仍不愿放弃，依然坚持将自己的想法告诉了萧友梅："萧主任，有关二胡，我个人始终是这样想的，正因为二胡结构简单，容易学习，所以它有着广泛的群众基础，受到广大民众的普遍喜爱。至于二胡的先天不足，那是客观事实，不过只要我们正视二胡的这种先天不足，还是可以通过后天的努力来设法补上的嘛！"临到结束时，天华又进一步这么强调，"我认为，要改进和振兴国乐，首先必须在普及上狠下功夫，让更多的民众喜欢音乐、热爱音乐。应该说，这才是改进和振兴国乐需要解决的最紧迫最重大的问题，如果忽视了这一点，那么改进和振兴民族音乐，就很可能会成为纸上谈兵。"听天华这么一说，萧友梅似乎心中一动，但还没有来得及就此展开深议，正好有人前来找他，他便对天华说："这样吧，有关二胡的事情，我们日后可以再做细谈。"

正是因为这样的原因，所以尽管天华担任着音乐研究所的琵琶导师，但他脑子里时刻想着的，却还是他最心爱的二胡。为了给二胡争得一席之地，在教学琵琶的同时，他还悄悄地义务将二胡教给了学生，并传授了他创作的《病中吟》《月夜》和《空山鸟语》三首作品，以期待有朝一日，二胡也能跟琵琶、古琴一样，登上大雅之堂。

天华到北京大学音乐研究所任教不久，同年（1922 年）12 月，"北京大学音乐研究会"由一个业余性的社团改组为专业性的"北京大学附设音乐传习所"，并开始对外招生。这样，我国最早的高等音乐教育机构也就由此而诞生。该所所长由蔡元培校长兼任，萧友梅任教务主任，主持日常具体工作。"传习所"成立时虽然提出"以养成乐学人才为宗旨，一面传习西洋音乐，一面保存中国古乐，发扬光大"的原则，但实际上西乐仍然被列为主要课程，而国乐却遭到了冷遇，就连琵琶这样一件被公认为传统的"大雅"乐器，当时也不准备列为主要课程，当然就更谈不上"粗俗"的二胡了。天华为此而感到十分不平，经与校方的一再交涉，据理力争，才勉强获准将琵琶也列为正式课程，而二胡则仍然被置于冷宫之中。初来北京的第一年，天华就这样在并不顺遂的境况中度过了。

终如所愿，教授二胡

尽管自己的处境并不顺遂，然而二胡依然是天华心目中的最爱。他认真地搜集和研究了有关二胡的资料，确认在我国的国乐史上，二胡与琵琶、古琴、箫、笛等都有着旗鼓相当的地位，只是因为二胡是"胡乐"而受人鄙视，甚至被称为"有伤风雅"之器，"粗鄙淫荡不足登大雅之堂"。与此同时，他还通过广泛深入的社会调查，发现了国内皮黄、滩簧、梆子、高腔、川剧等地方戏曲，以及丝竹合奏和僧道法曲，也都离不开二胡这门乐器。再有，因为二胡价格低廉，学起来又容易上手，这就使二胡在跟其他民族乐器相较时，显现出了明显的优势，因而更为广大民众所喜爱。

不过，天华的这一看法，一时间却并没有得到多数人的认同，有些人甚至还这样认为：既然二胡历来不被重视，到处遭人轻忽，而且当下的音乐领导机构亦并不待见，天华又何必思想老是那么轴，脑子老是那么僵，死抱住二胡不放呢？倘若再这么长久下去，恐怕除了处境的不顺之外，还将会造成心情的不畅呢！

可即使是面对这样的一些非议，天华也丝毫不为所动。特别是当他忆及大哥半农写作《瓦釜集》的一幕幕情景后，他力挺二胡的信念就愈发坚定了。半农为什么将他的诗集命名为《瓦釜集》？半农给出的回答是："集名叫《瓦釜》，是因为我觉得中国的'黄钟'实在太多了。单看一部《元曲选》，便有那么许多的'万言长策'，真要叫人痛哭，狂笑，打嚏！因此我现在做这傻事：要试验一下，能不能尽我的力，把数千年来受尽侮辱与蔑视，打在地狱里而没有呻吟的机会的瓦釜的声音，表现出一部分来。"而且，半农还进而说：《瓦釜集》出版后，他还准备挨守旧者们的"一阵笑声，骂声，唾声的雨！"大哥半农这石破天惊的想法和做法，给天华的震惊确实是太大了，启发也委实是太多了：既然大哥半农将民歌比作"数千年来受尽侮辱与蔑视，打在地狱里而没有呻吟的机会的瓦釜"，那么二胡岂不同样也是"数千年来受尽侮辱与蔑视，打在地狱里而没有呻吟的机会的瓦釜"么？既然大哥下决心要"尽我的力"将民歌这一"瓦釜"的声音"表现出一部分来"，那么自己不也同样应该将二胡这一"瓦釜"的声音，也"表现出一部分来"么？既然大哥明知自己的做法会遭遇守旧者们的"一阵笑声，骂声，唾声的雨"，而大哥却依然豪气干云，无畏无惧地勇往直前，那自己在普及和改进民族音乐的路上遇到了一些小小的挫折，又算得了什么，又有什么可以畏惧的呢？更何况自己特意从常州前来北京，不就是为的进一步推动国乐的普及和改进么？思及此，天华就愈发觉得自己应该以大哥为榜样，在普及和改进国乐的道路上义无反顾，一往无前！这么一想，天华就决定抖擞起精神，亲自去面见兼任音乐传习所所长的蔡元培校长，大胆地向他直陈自己对普及和改进国乐的一些想法。

校长室的门敞开着，蔡校长一见天华，就非常亲切地说："刘先生，难得你来此，请坐，请坐，有事细细说！"

天华是一个个性特别率真的人，遇人说事，他既不会客套，更不会拐弯抹角，而总喜欢竹筒倒豆子似的，有什么就将什么都一下子说将出来。所以坐下之后，他就开门见山，极为诚恳地对蔡校长有言直宣道："蔡校长，改进国乐之事，在我心中酝酿已久，我这次特意从常州前来北平，简捷地说，也就是为此事而来的！而音乐要普及民众，二胡可以说是最便捷的通道。所以，除教授琵琶之外，我还想教授二胡。二胡历史悠久，我国最早的《乐书》上就已有记载考证。只是由于世俗的偏见，也由于二胡没有独奏曲这一先天不足，所以就很少有人将它作为正式乐器来认真讨论。但如果就此将二胡排除在国乐乐器之外，我认为这对二胡是很不公正的。因为二胡不仅有丰富的艺术内涵，而且还有很大的潜力可以挖掘。再说，二胡价格相对便宜，学起来又容易上手，所以它无疑是音乐普及民众时最理想的一种乐器。"

一直在静听着天华讲述的蔡校长，此时竟深有同感，便即兴插了这么一句："国内有人说'叫花子胡琴一黄昏'，国外洋人也有一边拉小提琴，一边乞讨的趣事，这两者可以说有异曲同工之妙嘛！"

没想到蔡校长这么一插嘴，谈话的气氛顿时就轻松了许多，天华说话时的神态和语气，也一下子变得放松了、自然了，他开始面带微笑地说："二胡虽有先天不足处，但我有信心通过后天的努力使它不断充实，不断完善。其实，我已经开始做这方面的工作了。您瞧，这就是我创作的三首二胡独奏曲，日后我还将继续在这方面作出更多的努力，以期更好地在这方面打开全新的局面！"说着，他就双手将三首二胡独奏曲的曲谱，呈递给了蔡校长。

蔡校长很欣喜地接过曲谱，一边认真地看着，一边亲切地询问："这作曲，你是跟谁学的呢？"

"主要是自学的。"天华如实地回答道，接着又说，"我认为，成书必有文字，成乐必有乐谱。我国的国乐源远流长，但流传下来的乐曲却很少，究其原因，主要就是因为我国的记谱之法不完备，不如西洋作曲家一纸五线谱，各国乐坛即可随之发其妙响。"

"你说得很对，很有见解。而且看得出来，你在谱曲方面已经下了一番很认真的功夫！"蔡校长不仅对天华大加赞赏，且随后又趁机问道，"你是怎么会想到创作这三首二胡独奏曲的呢？"

"一是因为二胡从来没有独奏曲，我一直想有所突破。二是这与我的生活经历有关。这些年来，国家时势的变化和我个人坎坷的经历，对我的触动很大，心有所感，就想通过音乐来抒发，经过反复酝酿和精心提炼，便催生了这三首二胡曲，还有其他的乐曲也正在构思和试奏中。"

天华的回答简短而真实，他对二胡没有独奏曲这一先天不足一直耿耿于怀，便千方百计想通过后天的努力来加以弥补。同时，正是因为整个社会都笼罩在黑暗中，个人又经历了失业、丧父、贫穷等种种不幸的遭遇，经过深入的思考和精心的提炼，他才创作出了追问人生何去何从的《病中吟》；正是因为在困境中遇到伯乐童伯章校长，在江苏省立五中执教了7年，事业有成，心情愉快，他才创作出了《月夜》和《空山鸟语》。

"好，说得好！你有理想，有追求，不管遇到什么样的情况，都能结合你从事的音乐事业，深入思考，精心构想，这才在音乐方面取得了这样骄人的成绩，确实是可喜可贺！"

随后，蔡校长又向天华提出了这样一个问题："现在，对于我国音乐的出路，有人主张全盘西化，有人主张国乐应回归'雅乐'的复古之路，你对此怎么看呢？"

既然蔡校长这么问了，坦诚的天华自然就毫无保留地直言己见："我认为，一个国家音乐文化的发展，断然不是照抄照搬他国的皮毛所能解决问题的，也绝对不是因循守旧，死守老法就能苟延残喘的，而是一定要既认真汲取本国的固有精粹，又虚心吸纳外国的有益经验，从中西的交流和融合中，闯出一条新路来，这才能真正获取巨大的进步。"接着，他又以自己在音乐方面所作的努力作为实例，加以了具体展开："譬如在记谱作曲方面，我就有意识地学习了西洋音乐的先进之处。我国的琵琶有曲谱传下来，我就根据工尺谱将其转换成五线谱，这就让人易懂易学，为学生学习琵琶提供了很大的方便。"说完，他就呈上了他改编的琵琶曲谱。

蔡元培仔细看了天华创作的二胡曲谱、工尺谱转换成五线谱的琵琶曲，不由得颇有感慨地对天华讲："你大哥半农，提倡平民文学，来北京大学后成了一个领军的人才。你天华提倡平民音乐，倘若持恒不懈地这么努力下去，我相信日后你亦必将使国乐大放异彩。未来定可期，我将翘首待！既然你有志在教授琵琶的同时，兼授二胡，我一定会全力地支持你！"

跟蔡校长的这次谈话，使天华大受鼓舞，获益良多。先前，他只是听大哥半农说，蔡校长是如何如何思想开明，独具灼见，是如何如何热情真诚，扶掖后进，一心为年轻人提供施展才华的舞台，这一次他是真真切切地亲身感受到了这一点，所以他的内心里感到了从未有过的温暖，自然也就更坚定了改进和振兴国乐的信心和决心。

天华跟蔡元培校长谈话后不久，萧友梅就通知天华，除教授琵琶外，可以试授二胡。所谓试授，就是经过一个考察阶段，再决定是否正式开课。这样一来，除了教授琵琶以外，天华就将更多的时间、精力和心血，都花在了有关二胡的教学上。而首先急切要抓好的，就是二胡教材的编写工作。为了编写出一套切实有用的二胡练习曲，他朝也思，暮也想，连外出走路时都在反复琢磨着，甚至连做梦时也在想着这件事，当真是达到了呕心沥血、废寝忘食的程度。结果，他终于在白地上开花，从无到有地编写出了由浅入深、由易到难、既科学合理又合乎技术规范的47首二胡练习曲，不仅解决了二胡教学的燃眉之急，而且还为我国民族音乐教学开创了一条确立规范的创新之路。

他一直这样不知疲倦地日夜工作着，连节假日也不休息，更不要说回江阴看望妻子和孩子了。由于一天到晚在编写曲子，他的眼睛越来越近视，由于用脑过度，他的头发也掉得很厉害，额头由于额发脱落而显得更宽了。他的小弟北茂来北京大学探望他时，见他操劳成这个模样，十分心疼地对他说："二哥，你可要注意身体呀，千万不要为了二胡把身体搞垮了！"可天华却笑着对北茂说："国乐要振兴，不努力做点事不行啊！二胡领域就像一块荒芜多年的田地，要想把这块荒地开垦出来，就必须用尽全力，加倍地挥洒我们辛勤的汗水呀！"

由于天华坚持不懈的努力，二胡终于正式走进了北京大学的课堂。授课时，天华从二胡的历史渊源，说到当前二胡的现状，说到改进和振兴中国国乐的重要意义，鼓励大家都积极投身到这个宏伟的事业中去。与此同时，他也客观地指出，尽管二胡在国乐乐器中算不上完美，但却自有其独特的魅力，正因为此，才需要我们齐心合力地在改进和发展二胡上狠下功夫。事实上，任何一种乐器，都不存在高低贵贱之分，只要能给人精神上带来愉悦和安慰，只要能表现人们对美的追求，就都有其可贵之处。这就好比吃饭，吃得起大菜固然好，吃不起大菜，窝窝头也同样能饱肚；又好比走路，穿得起皮鞋固然好，要是没有皮鞋，穿着草鞋、布鞋也一样可以行走。而在现今的中国，也许草鞋、窝窝头的用处比皮鞋、大菜还要大一些。而且，就乐器而言，二胡自有其独特的优势，一是价格低廉，二是易懂易学，这就使它比那些价格昂贵、学习难度大的乐器，更容易被人接受，也更便于向民

众推广。所以，从这样特定的视角来看，国乐要改进，要振兴，二胡确实是最适合的乐器，最理想的突破口。

除从理论上说明学习二胡的重要意义外，他还通过《病中吟》《月夜》和《空山鸟语》的生动演奏，向学生具体说明了二胡不仅能反映多类的不同题材，而且能表现各异的丰富感情，显示出它特有的迷人魅力。就这样，大家就一下子被天华精湛的二胡演奏给迷住了，迫不及待地想进一步了解二胡，学习二胡。当然，与此同时，他还特别向同学们强调了这一点："二胡容易学是它的长处，但容易学绝不等于容易精，要想真正学好学精，那就一定得勤学苦练，下切切实实的真功夫！"

果然，天华这一系列扎实有效的工作，使他的二胡教学很快就取得了较为显著的成绩。在北京大学的校园里，就时时可以听闻二胡的优美乐声，人人都知晓了刘天华的名字。特别是在是年冬天，音乐传习所师生在北京大学三院大礼堂召开的音乐演奏汇报演出中，天华的学生徐炳麟登台成功演奏了二胡独奏曲《病中吟》后，更是引起了巨大的轰动。从此，北京大学校园中就常有学生吟唱《病中吟》开头几句引人入胜的旋律。不久，《病中吟》这首二胡独奏曲，就风靡整个北京大学校园以及其他许多的兄弟院校。就这样，天华终于使二胡教学在北京大学的课堂上牢牢地站稳了脚跟。二胡登上大学的课堂，这在我国民族音乐史上，应该是一件值得大书特书的具有划时代意义的大事。

海阔凭鱼跃，天高任鸟飞。改进和振兴国乐的最切实有力的利器握在了自己的手中，天华终于迎来了大显身手的极佳良机，他改进国乐的信心也就更为坚定不移，振兴国乐的脚步也就愈发劲健有力了。

中西融通，创新国乐

为了从根本上改变人们对二胡的轻忽态度，天华觉得最好的办法应该是，从中西方乐器的比照中，找出各自的特长与优点，并着眼于洋为中用，努力借鉴西方乐器的长处，特别是小提琴的演奏方法，不断提升二胡的品位。于是，1923 年，天华以 28 岁的"高龄"，克服了生理条件上的局限，也克服了经济上的较重负担（因为外国小提琴家的课时费是很高的），在原来上海光明剧社工作期间学习小提琴的基础上，拜俄国著名小提琴家托诺夫为师，开始正规学习乐器中最难的小提琴。尽管困难不言而喻，但天华坚定不移心志坚，义无反顾勇向前。他的长子刘育毅曾这样回忆："父亲虽然课时负担重，但他每日仍然保持五、六小时的练琴（指练小提琴——笔者）时间。有时候就那么将冷菜稍稍加热的几分钟，他也不肯坐下歇息。一手提着琴匣，一手就开始解长衫的扣子。走到书房，扣子刚好解完，衣服一脱马上就开始练琴。"天华在向托诺夫学习小提琴的同时，还悉心向燕京大学音乐系主任美籍教授范天祥学习西洋和声学以及作曲法。对小提琴的学习，给了他改进二胡极大的启发，而对西洋作曲理论的学习，则提高了他作曲的技法。这两方面的学习，在罹病之前，天华从未中断过。这就可见，天华认真学习小提琴和西洋作曲理论，是货真价实地为了洋为中用，为了使自己的教学和创作能齐头并进，大放异彩。所以，很多音乐史家都认为，天华的二胡教学体系，正是从 1923 年才开始形成的。

天华自 1923 年师从托诺夫正规学习小提琴至 1932 年去世前

的 9 年中，虽遇托诺夫暂离北京，临时易师等困难，但他一直坚持高强度学习。通过系统、扎实的基本功训练，不断提高演奏技巧，熟练掌握了大量欧洲经典小提琴名曲，达到了较为专业的演奏水平。托诺夫最初对天华学琴是不屑一顾的，可后来却不由得不刮目相看，坦诚地说道：以天华的才华和勤奋，若早些学琴，必定成为非常优秀的小提琴演奏家。

天华去世前，曾计划举办个人小提琴独奏音乐会，邀请青年钢琴家老志诚为其伴奏，准备的曲目中，有门德尔松的《e 小调小提琴协奏曲》、贝多芬的《浪漫曲》等。后因他猝然罹病去世，而未能实现，当真是令人扼腕痛惜之事！

天华在北京大学任教的十年间，又先后应聘在女子高师音乐系和艺专两校任教。天华在三校除教二胡、琵琶外，后又开始教授小提琴，成为当时我国罕见的中西乐兼长的音乐教授。人民音乐家冼星海青年时代，曾于 1926 年至 1928 年，在北京先后就读于北京大学音乐传习所、国立艺专音乐系，在此期间，他就曾师从天华先生学习过小提琴。天华弟子肖从芳多年后，就曾回忆过这件事情。

民国名人张研田（曾任经济部政务次长、台湾农学院院长）也曾在《回忆天华先生》一文中，对天华的小提琴水平之高多有赞美："大家都知道，天华先生是南胡（即二胡——笔者）、琵琶圣手，国学专家。殊不知他对西洋音乐亦有极深的造诣。在三个大学教授小提琴的先生有好几位，但选习天华先生小提琴课的学生最多，这就是天华先生在小提琴方面成就之大的有力证明。"

天华为实现使"中国音乐与世界音乐并驾齐驱"的宏伟目

标，不仅自己历尽艰辛，苦学苦钻，学贯中西，艺通古今，还以博大的胸怀，团结更多有识之士，携手共创改进国乐之大业。在此过程中，他总是随时把自己的收获和心得，与同行们分享，并毫无保留地传授给青年学子。他在向美籍教授范天祥学习西洋作曲理论的同时，更是不辞辛劳地翻译了《和声学其理论与实际》（E.Proud 著）以及《曲调配和声法初步》（J.E.vernbam 著）两部原文西洋作曲理论书籍，并在他本人创办的《音乐杂志》上连载。可又有谁能想到，这些我国近现代音乐史上最早问世的西洋作曲理论译著，竟然并非是由早年留欧归国的洋博士操刀，而是出自一个从未出过国门的本土国乐家之手呢？天华为改进国乐而坚定不移走洋为中用之路的良苦用心，天华勤学苦练、日益精进的卓异才情，确实令我们不胜惊诧，赞叹不已！

　　天华到北平后的十年，也是他短暂生命的最后十年，在此期间，他一直"穷教苦学"（天华弟子语），精益求精，奋力攀登，不断创新。正因为此，他的艺术视野与音乐才华，才都达到了前无古人的境界，牢固地确立了他作为我国现代民族音乐奠基者的历史地位。

大放异彩，震惊中外

　　1931 年 1 月 9 日，中华青年会在北京饭店弗莱士大厅举办了一次"国际音乐大会"，受邀参演的大多是当时名扬世界的音乐家，有著名的外国钢琴家、小提琴家和声乐家，刘天华等中国音乐家，也应邀参演。当时，北平的多家报刊都提前造势，就此事做了多次报道，以吸引众人的热切关注。舆论的作用当真不可小觑，音乐会举办那天，北京大学校长蒋梦麟、诗人徐志摩、文学家刘半农等知名人士和社会各界名流，都纷纷到场，外国听众中，则有各国驻华使节和夫人、来华讲学的学者和商界人士及其眷属，还有一位专门研究东方文化史的德国著名汉学家雷兴教授。因为当时我国的民乐在大多数中外人士的心目中，仅只是下里巴人的民间艺术而已，完全不足以登大雅之堂，特别是二胡，更是被背上了"叫花子胡琴"的恶名，愈发不被人放在眼里，因此参加这场音乐会的多数听众，主要是为听外国演奏家的演出而来的，而对音乐会安排国乐曲目，则大多颇不以为然：有人认为，这是画蛇添足，多此一举；有人认为，这仅是装装样子，聊作点缀而已；还有人甚至认为，这是故意让国乐当众出丑……凡此种种，不一而足。即使是一些支持国乐的人士，也都为天华提心吊胆，捏了一把汗，唯恐他因此而相形见绌，有失身价。就因为这样，音乐会的大厅里，开始时一直被一种怀疑、不屑，甚至轻蔑的气氛笼罩着。

孰料在外国音乐家演奏了一些乐曲后，情况立马就发生了令人意想不到的逆转：当身穿旗袍、仪态端庄的曹安和女士介绍完刘天华演奏的第一个曲目《病中吟》后，风度翩翩的天华即手持二胡登台亮相，只见他端坐舞台中央，右手潇洒地将弓左右挥动，左手则在琴弦上上下变幻，紧接着二胡便在他手中变魔术似的，发出了时而哀伤愁苦、时而激昂奋进的琴音，一下子就把听众带入了悠远深邃、令人神往的意境之中。大厅里静极了，人们的思绪随着天华的琴声跌宕起伏，产生了强烈的共鸣和震撼，不少女士眼睛里含着泪水，还紧紧地咬住了嘴唇，唯恐情绪有所失控。乐曲奏毕，在片刻的宁静后，猛然间爆发出了热烈的掌声和欢呼声，一阵高过一阵，经久不息。可以说，这是第一次，刘天华用经他创新的国乐，让世界听懂了中国人的情感和心声。也可以说，这是第一次，刘天华让世界安静了下来，认真地聆听他在二胡上奏出的动人心魄的二十世纪中国民族音乐之声。

紧接着，天华同样用二胡演奏了《空山鸟语》，听众又被带入一个苍山翠谷、鸟语花香的全新境界，让大家顿觉耳目一新，精神一振。此后，天华还用琵琶演奏了经他整理的《十面埋伏》《霸王卸甲》等琵琶名曲，让听众又领略到中国音乐中弹拨乐精妙的表现力与震撼力。当天华演奏完最后一曲时，欢呼声、鼓掌声此起彼伏，经久不息，震耳欲聋。天华一次次返场答谢，热烈的掌声不绝于耳地在大厅里久久回荡。在场的外国人也全都非常激动，他们无论如何都没想到，中国会有这样美妙神奇的音乐。特别是德国的雷兴教授，更是赞叹不已，特意留下来等候天华，和天华紧紧地握手，向天华表示最诚挚的祝贺和感谢。这本来是一次国际音乐盛会，而天华，却意外地成了这次音乐会最耀眼的主角。

演出结束后，许多外国人都蜂拥走上后台，争先恐后地与天华握手，并将他团团围住，一个劲儿地对他夸个不停："小提琴有四根弦，所以它音色柔美，表现力强，能拉出表达各种思想感情的乐曲；二胡只有两根弦，音色竟然也这么美，表现力竟然也这么强，而且曲调的变化之多亦不亚于小提琴，实在是太神奇了！"有一些人还不停地看着、摸着二胡和琵琶，问道："这两种乐器构造、音色和演奏技巧都不同，刘先生，你怎么两件乐器都这么娴熟？在我们国家，很少有一个演奏家能这么熟练地演奏两

种乐器的！"德国的雷兴教授更是颇为感慨地说："没有刘天华，我还不知道中国有音乐！"一位金发女郎也异常激动地说："过去我只知道中国有唐诗宋词，今天才知道中国还有如此妙不可言的音乐！我要专门为刘天华写一篇报道，好好地将他向全世界加以宣传！"当得知天华还在教学生拉小提琴，并曾在萧友梅博士创办并亲自指挥的中国第一支管弦乐队中吹过小号后，几乎所有在场的外国人都睁大了眼睛，高声地喊道："奇才，罕见的奇才！"

音乐会已散了好长一段时间，可依然有不少中外人士到台上跟天华热烈握手，表示祝贺。难怪曹安和后来在回忆中，竟误将那次音乐会称为刘天华的"独奏音乐会"。音乐会后，雷兴教授还特意拜访了刘天华，并郑重向高亭唱片公司推荐，为刘天华灌制了两张唱片，其一是二胡曲《病中吟》和《空山鸟语》，另一张是琵琶曲《飞花点翠》和《歌舞引》。这两张唱片，开创了中国民族音乐首录唱片之先河，其意义可以说是非同寻常的。

那场音乐会给人们留下的美好记忆，在整个中国音乐界回荡了近一个世纪。一把二胡，拉动的不仅仅是奔涌的情感，也拉近了中西方文化的距离，拉动了中国民族音乐由此而发生的巨大变革。从此，不仅二胡能够与小提琴比肩而立，中国民族音乐也就此以全新的姿态登上了世界乐坛的大雅之堂。这也正好印证了鲁迅先生的这样一句名言："只有民族的，才是世界的。"

多头并进，业绩煌煌

在"五四"新文化运动的影响下，是天华首先确立了顺应时代潮流的正确音乐观。"为人生而艺术"，这就是刘天华音乐思想的核心。他一再强调，音乐应该反映社会现实，表达民众的日常生活感情，要改进民乐，一定"要顾及一般民众"，坚持走平民化之路，建立一种"能唤醒民族灵魂的音乐"，要坚决防止音乐成为"贵族们的玩具"。同时，他还进而指出，要普及民乐，改进民乐，发展民乐，"必须一方面采取本国固有的精粹，另一方面容纳外来的潮流，从东、西方的调和与合作中，打出一条新路来"。总而言之，天华笃信：唯有深深地扎根于中国传统音乐的沃土之中，充分吸取其精华，并在此基础上吸收外来经验，不断创新发展，才能使我们的民乐更具有民族风格、中国气派，从而得以进一步发扬光大，直至跻身于世界音乐之林而毫无愧色。

天华中西兼擅，理艺并长，且又能会通其间，这就确保了他能在兼收并蓄、洋为中用方面下异常刻苦的功夫，并收获累累的硕果。他选择二胡作为改革国乐的突破口，既借鉴小提琴的大段落颤弓等技法和西洋器乐的创作手法，又融合琵琶的轮指按音、古琴的泛音演奏等技巧，并由此确立和运用了多把位演奏法，这就使二胡从乐曲到演奏都增强了艺术表现的深刻性，使这一原本并不受人重视的民间乐器，升格为富于独特艺术魅力的独奏乐器，成为中国民乐的主角和代表，并在高等乐府专业教学的讲坛上牢牢地站稳了脚跟。

在民族乐器改革和演奏技艺的创新上，天华也是一个勇于开拓的革新家，他改进二胡的制造规格和记谱法，明确固定音高的定弦，并吸收了提琴的某些演奏方法，大幅提高了二胡的演奏水平。这样，他创作和演奏的作品就深受人民大众的喜爱，成为中国民族音乐宝库中的珍品。记谱法的改进，也是刘天华相当重视的一个环节，他大力推广五线谱用之于中国音乐，如在1930年，

为助力京剧名家梅兰芳赴美国演出，他花了3个月时间以听写记谱方式，完成了五线谱的《梅兰芳歌曲谱》，可谓成效显著，居功至伟。

在收集、整理我国民间音乐方面，刘天华也付出了异常艰巨的劳动，甚至为此而过早地结束了他年轻而宝贵的生命。他在"国乐改进社"的文件中，制定了严格而完整的方案，如在各地招收致力于民间音乐的社员，调查各地域民间音乐的种类、形式、结构特点；了解各地对国乐和国乐改进的意见及各地学校对中、西乐教学的态度；向社会征集各种民间传统的乐谱、乐器、书籍、文章；计划成立国乐征集图书馆、器乐博物馆等。他自己也经常到民间艺人聚集地（如北京天桥杂耍场等），收集记录各类民间音乐。他还经常把民间吹打的、街头卖艺的、耍猴的民间艺人请到家中，同他们一起演奏并记录他们的音乐。天华一生收集了大量的民间音乐手稿，其中有《佛曲集》《安次县吵子会乐谱》《瀛州古调》《梅兰芳歌曲集》，以及大量的民间锣鼓乐谱、吹打乐谱和民间小曲乐谱。

将音乐普及大众，让国乐与世界音乐并驾齐驱，这是天华一生的理想和追求。他翻译西洋和声学《曲调配和声法》在国乐改进社杂志上发表，并在他创作的琵琶曲《改进操》说明中写道："琵琶上用复音，前已有之，并非我胡乱杜撰，以比附于西乐。至于所用的音，有许多地方，照Classic派的西乐说起来是讲不下去的，不过人家已在那里讲浪漫派、新派、未来派等，我们犯不着再钻老洞去了。"由此可以看到，天华虽然为民族乐器而创作，为提高民族乐器的性能而努力，但他亦赞成吸收参用外国乐器，同时主张效法西乐使用复音，并主张不能以西洋古典和声为框框，要使复音为我所用。必须突破古典和声原则，现在看来显然是不成问题的事，但对当年国内搞西乐的人来说，这种观点却是十分领先的。

天华初到北平时就说："声音纯真与精微，举世当推吾国第一，他日西方乐师必来吾国研究，吾人从事国乐者毋自馁也！"天华对国乐的看法从未动摇过，"要使国乐能与世界音乐并驾齐驱"，这始终是他追求的理想。他说道："吾人一方面为炎黄子孙，不能继续发扬家学，固无以对数千年之先哲；另一方面为人类之一份子，仅能食西人造成之果，而不能贡献我先哲造成之果于人类，亦何面目与他国之人握手为传哉？"（见《国乐改进社缘起》一文）

为此，即便是在军阀政府摧残音乐教育的逆流中，在国乐改革处于极为低迷的形势下，天华依然不遗余力地发起并参与组织国乐研究会、乐友社、爱美乐社等活动，特别是成立了以改革、振兴国乐为核心的国乐改进社，并创办了《音乐杂志》。在国乐改进社成立大会上，刘天华被公推为主席，并选举产生了 15 名执委。为扩大影响，还聘请蔡元培、萧友梅、杨仲子、刘半农、赵元仁等社会各界知名人士为名誉社员。国乐改进社成立后，又当即成立了《音乐杂志》编委会，刘天华除主持社务外，还负责总编工作。1928 年 1 月初，《音乐杂志》出版发行，它就像寒夜里的一颗孤星，光芒虽然微弱，却给死气沉沉、清冷凄惨的乐坛带来了一丝光明和希望。在此后不久的 1928 年 1 月 12 日下午，还在北京协和学校大礼堂举行了一次轰动北京城的国乐演奏会。在这次演奏会上，天华以及他的弟子和社员，演奏了既是传统精华又具时代色彩的作品，可谓是中国近代音乐史上具有重要意义的一次探索和创举。演奏会使人们看到了在荒芜的乐坛上，出现了刘天华这样的开拓者，正为国乐的生存发展，在披荆斩棘、艰苦卓绝地奋力拓荒着。所有这些，都对民族音乐的传播与发展，产生了巨大的影响。同时，天华毕生都在民族音乐教育领域里辛勤耕耘着，为国家培养了蒋风之、陈振铎等一批著名的演奏家、理论家和教育家。

诚然，提起天华，人们最为关注和最感兴趣的，还在于他在音乐创作方面，尤其是在民族乐曲方面所取得的巨大成就。天华一生共创作二胡独奏曲 10 首、琵琶独奏曲 3 首、民族乐器合奏曲 2 首。1918 年，他在贫病交迫中完成了二胡曲《病中吟》初稿，抒发了他对社会的不满和生活不见出路时的愤懑心情。其后，他创作的《苦闷之讴》（1926）、《悲歌》（1927）、《闲居吟》（1928），以及《独弦操》（又名《忧心曲》，1932）等二胡曲，以委婉动人的旋律，或忧伤压抑，或悲愤激越，表现了知识分子在黑暗社会中苦闷、彷徨和挣扎、奋斗的心情。二胡曲《良宵》（又名《除夜小唱》，1928）、《光明行》（1931）和琵琶曲《改进操》（1927），曲调清新明朗、乐观向上，表达了作者憧憬美好未来的喜悦心情。《光明行》（1931）运用了西洋音乐中大三和的弦琶音和转调手法进行创作，旋律铿锵有力，豪迈雄健，富有节奏性。《改进操》吸收了古琴上绰、注手法与三度和音的旋律特点，并利用双弦拉奏复音，显示了国乐改进的新成果。此外，二胡曲《空山鸟语》（1918—1928）吸取民间单弦拉戏模拟自然音响的手法，音乐活泼生动，别具一格。《烛影摇红》（1932）则是运用三拍子和变奏曲式的结构原则写成的一首优美抒情的二胡曲。天华掌握了民族器乐的创作规律，又大胆地吸取西洋音乐的技法，使作品既具有中国传统的音调，又有新颖独特的表现特点，至今仍保持着很强的艺术生命力。

天华的十首二胡曲《病中吟》《月夜》《苦闷之讴》《悲歌》《空山鸟语》《闲居吟》《良宵》《光明行》《独弦操》和《烛影摇红》，尤为人们所津津乐道。天华逝世时，在纪念会上就有人用这十大二胡名曲标题的首位字，联成过这样一幅既便于记忆，又颇有意境的挽联："良月苦独病，烛光悲空闲。"人们对这十首二胡曲的挚爱之情，由此即可以想见。这些名曲，除了《病中吟》是在 1918 年创作并流传的以外，其余大多是在 1926 年任教于北京大学音乐传习所、北京女子高等师范学校和北京艺术专科学校 3 所大学教授二胡、琵琶期间，以及 1927 年 8 月，在蔡元培、萧友梅、赵元任等人支持下创办"国乐改进社"之后，或创作、或修改定稿后得以传世的，至今仍是每个二胡学习者的必修经典。这些名曲，都是天华以其中西融通的深厚艺术修养和丰富想象力的艺术灵感，精心创作而成的，它们既是天华一生最重要的创作成果，也是我国民族器乐宝库中的艺术瑰宝，迄今仍广为流传，长盛不衰，其中《病中吟》《空山鸟语》和《良宵》三首作品，还被评为"20 世纪中华音乐经典"曲目，那就更可谓是我国民族器乐宝库中不朽的艺术珍品。

正因为天华在以上诸多方面呕心沥血，大刀阔斧地进行了改革创新，并取得了有口皆碑的煌煌业绩，所以天华就成了我国近现代民族音乐发展的开拓者、奠基者，成了二胡鼻祖，成了民族音乐的一代宗师。当代中国二胡演奏艺术的发展，可以说无一不受天华理论与风格的影响。

亲人乡里，情深义重

天华不仅在民族音乐的领域里才华横溢，业绩煌煌，而且他的人品也高格出众，于妻于弟于乡亲，全都情深义重宅心仁厚。

天华的妻子原名殷阿大，嫁入刘家成为天华的妻子后，方由半农替她改名为殷尚真。

天华的父亲宝珊跟尚真的父亲殷可久，本是同乡，后又同时考取了秀才，因此宝珊回祖籍地探望亲人时，也就常去拜访可久。一来二往的，两人自然就日益热络和亲近了起来。天华身材高大，长相帅气，且身上总是处处散发出为人老实厚道、办事认真负责的秉性来。尚真虽是个识字不多的农村姑娘，也并没有人们常称夸的花容月貌，然而她的善良温柔，她的贤淑知礼，却是名满乡里，广获众人的好评。正因为这样，宝珊和可久，便都对对方的子女产生了好感，并不约而同地萌生了成为儿女亲家的想法。于是，他俩就情投意合地一起拍了板，给天华和阿大定下了亲。

1915 年，宝珊病危，按旧时的习俗，说是此时家中必须办件喜事，方可驱走邪气，使患者得以康复。于是，刘家便提出将殷阿大接过去冲喜。阿大自幼丧母，10 岁便担负起看护弟弟、妹妹的责任，现在突然遇到了这样纯出意外的情况，不免感到惊慌失措，不知如何是好。未来的丈夫是什么样子？她一概不知。此事究竟该不该答应？她也根本无法决断。恐惧与担心，日夜侵扰着她，使她坐卧不宁，急得吐血。但父亲既已将自己与男家定亲，现在男家又作出了这样的安排，自己除了依从父命之外，还能有什么其他的路可走呢？

此时的天华呢，也正处在穷困失业，抑郁不得志的非常时期，除了听从父命之外，似乎也同样没有其他的道路可以选择。就这样，两个既互不相识、又互不了解的青年人，都抱着十分无奈的心情走到了一块，揭开了他们生命的全新一页。

经初步的观察，天华感到这位新人当真是个淳朴善良的好姑娘，她既不嫌他家贫穷，也不忌讳肺结核是一种传染性很强的疾病，成天真心实意地跟着长嫂（半农夫人朱惠）服侍公公，一切接近患者、有被传染可能的护理，妯娌二人都抢着干。

1915年春，公公宝珊去世了。这位乡村姑娘紧张忙乱的生活暂告了一个段落，她终于有时间定下心来，细细观察这个从小就跟自己定下亲的男人了。她发现这是一个失业、穷困、身体虚弱的男人，而且手里总是拿着一把"叫花子二胡"，终日拉个不停，心里不由得暗自为自己感到命苦，常背着他人独自一个私下流泪。由于心里不好受，每当天华出门后，她便将那把二胡藏起来。但无论藏到哪里——砖头堆里，柴堆里，屋角里，蚊帐顶上……天华回来总能找到，而且也从不生气，只是依然我行我素地成天拉个不停。有一天，她实在忍不住了，就问道："你为什么总是成天拉这胡琴呢？这可是叫花子拉的东西呀！"天华却郑重其事地回答道："你放心就是，我绝不会成为叫花子！"天华的这一回答，直噎得尚真一时不知再说什么是好，也就不再言语。后来日子长了，尚真终于发现，天华为人稳重，品德高尚，他既不好吃好喝，更不去嫖去赌，一心就只是喜好二胡，实在是个难得一见的奇人，说不定将来他还真能凭借着二胡，干出一番令人吃惊的奇事来！一种深爱天华的感情，就这样从她心底油然而生：

"我现在要做的最重要的事情，就是要保养好他的身体，温暖他的心！"于是，她就掏出自己从娘家带来的私房钱，一连先后买了8只老母鸡，煨成鸡卤给他吃。有了营养的不断滋补，更有了尚真的真心护爱，天华的身体终于一天天地健壮了起来，精神也终于一天天振作了起来，开始了二胡独奏曲的创作，并因此一下子在音乐领域里崭露了头角。1915年秋天，天华终于咸鱼翻身，被聘为了江苏省立第五中学（即他的母校原常州府中学堂）的音乐教师。于是，1916年，天华与尚真正式举行了婚礼，正儿八经地结为了夫妻。

婚后的头些年，尚真在家中浣纱织布，洗衣做饭，拾掇菜园，成天辛勤劳作，既开源节流，又艰苦勤俭，把个清寒的家庭整治得井井有条，完全解除了天华的后顾之忧。

1922年，声名鹊起的天华受荐去到了北京大学任教，起始时尚真并没有跟随前往。尽管如此，尚真依然在各方面给予天华无微不至的关心照料，使天华得以全身心地搞好教学工作。此后，当天华写信告诉尚真自己决定学习小提琴，因拜师的费用较高，今后可能会少寄一点生活费回家时，尚真当即就二话没说地回复道："生活费有的话，你就寄点回来，如果没有，那也不要紧，我自会想办法克服困难的。家中有我在，你尽可放心就是！"原本心头还多少有些担忧的天华，收到了尚真的这一回信，情不自禁地这样说道："丈夫惟患事业之无成。家有贤内助，贫困何足虑！"

后来，天华除在北京大学任教外，还同时兼任女子师范大学和艺术学院两所大学的音乐教授。当时的北京女子师范大学文理学院，学生大多是年轻漂亮的名门闺秀，对刘天华仰慕倾心者可以说大有其人，因此便有人在私下议论，说是刘天华恐怕不久就要撇下糟糠之妻，另觅佳偶了。可天华却丝毫没有因此而心猿意马，他对尚真的爱是忠贞不二，坚如磐石的。为了表明自己的心迹，有一天，他特意在自己的寓所宴请了几位同事和学生。客人们入席以后，见天华身旁还空着一个席位，便问还有哪位贵宾没有驾到。这时，只见天华郑重起立，欣欣然举起酒杯说："今天是我妻子尚真的生日，现在她虽远在千里之外的江苏江阴，但是她的心却始终和我连在一块，敬请诸位首先跟我一起向她遥致生日的祝贺！"满座宾客闻言，惊讶之余，不由对天华的品格更增高山仰止之情。而这一消息一经传开，先前的那些无端议论，也就全都自然而然地销声匿迹了。

不久，天华又专程返里，将妻子尚真接到了北平，并专门延聘了一位小学教员教尚真识字读书。这样过了 3 年，尚真不仅粗通了文墨，而且还懂得了更多为人处世的道理，对丈夫的事业有了更为深刻的理解，从而给了更多更积极的支持。每天在家见天华时而拿着铅笔写着，一时而拉奏着二胡，嘴巴里还哼着曲调时，尚真干活时总是轻手轻脚，就连孩子们也都只是用眼色或手势来说话，以便使天华能够潜心谱曲，或是一心操琴，始终埋首于他自己所钟爱的音乐事业。

谁知在 1927 年春夏之交，北洋军阀政府竟以"音乐有伤风化，无关社会人心"为借口，勒令北京大学音乐传习所、女师音乐系和艺专停办。面对这样的巨大打击，天华回家后一反常态，就像个哑巴似的一声不吭。叫他吃饭，他仿佛没有听见，尚真将饭菜端进去，他仿佛没看见。眼看着饭菜都凉透了，尚真无奈地端出去热了一下，再端进来放到他书桌上，并深情地说道："不管遇有什么天大的事，饭总是要吃的，毕竟身体要紧啊！"说着，又将筷子递到他手边，"我们是从苦水里趟过来的，还有什么苦能吓得倒我们呢？只要你能挺得住，我们一家人就都能挺得住！再说，人们常说苦尽甘来，只要我们战胜了苦，就一定会有乐来的那一天嘛！"听了妻子的这一番话，天华终于心头一热：是啊，苦和乐不就是人生的两大音符嘛，无论是苦还是乐，自己决不能停止前行的脚步！想到这里，他便拿起筷子，开始大口地吃饭，吃完饭又开始全神贯注地创作二胡独奏曲《悲歌》。

不过，处在北平这样一个文化名城之中，尚真也并没有能完全摆脱中国农村妇女身上的那种自卑心理。天华觉察了这一情况后，为了消除尚真思想上的一些顾虑，只要家里来人，他就总是先向客人介绍夫人尚真。同时，他还常带尚真外出看展览，看演出，以开阔她的眼界，增强她的自信。一次，他带尚真去中山公园看一位留日女画家的画展。看着，看着，尚真忽然深感自己学识和才情的不足，不由对天华感叹道："你是有名的音乐家，你的夫人也应该是一位有学问懂艺术的人，譬如像这位女画家一样的人，才配得上你啊！"天华一听，急忙伸手按住了尚真的嘴，连连说道："不，不！弹琴，画画，凭你这样的灵性，只要下功夫去学，那是很容易学会的；而像你这样高尚的品格，善良的心地，贤淑的性情，旁人却是很难具备的啊！"言毕，两人久久相对凝视，全都发出了会心的微笑。

天华教学生拉琴，有集体授课，也有个别辅导，对象有男学生，也有女学生。正因为此，就有一位邻居大婶这样问尚真："你家先生在书房里教女生，一对一，面对面，一待就是一两小时，你怎么就不管管这样的事情呢？"尚真将此事转告天华后，天华便坦然地对尚真说："我除了教琴，别无他念。如果我是某些人想象中的那种人，那我就不是刘天华了，也不配为人师表了！"稍停了片刻，他又接着说，"你再看我大哥，他的学问比我大，名声比我响，可他不是始终一心一意对待大嫂么？他能这样做，我又怎能不一心一意地对待你呢？"就这样，尚真心中一块小小的疙瘩，也终于被天华那滚烫的话语彻底化解了。从此以后，天华与尚真这对夫妻之间，也就更是愈发的情深意笃了。

天华情深义重宅心仁厚的品格，同时也表现在他对幼弟北茂的爱护和照顾上。天华15岁丧母，19岁丧父，家境之困难是可想而知的。而正是这样艰难困苦的家境，使天华跟他的哥哥半农、弟弟北茂更为休戚相关，患难与共，并由此共同谱写了一曲曲至深兄弟情的动人篇章。父亲去世以后，为了生计，同时也为了跟哥哥半农一起分担抚养比自己年幼8岁的弟弟北茂的重任，天华16岁便开始走上了小学教育工作的岗位。当时的小学教师，工薪微薄，待遇极差，故而民间广泛流传着"家有三斗粮，不做孩儿王"的说法。在那样的境况之中，天华的生活当真是艰苦极了，他常常鞋帽不周，衣服勉强图个囫囵，午餐也常用咸菜、萝卜干下饭。总之，他是极尽所能地掐着算着，千方百计省下每一个铜板，来供弟弟北茂上学读书。每逢星期日和节假日，天华又总是不顾劳累，步行数十里返回家中，照料北茂的生活，检查北茂的功课，并为北茂解除思想上的疙瘩和学习中的疑难。有一次他听说弟弟身体不适，硬是顶风冒雨，连夜赶回家中，结果浑身上下都湿了个透，以致受了风寒，病了好几天。他们兄弟情义之深厚，邻里有口皆碑，人人称夸不已。北茂对此自然有着更为深切的感受，所以即便是到了晚年，他对天华给予自己的悉心关爱依然念念不忘。一次，他就曾这样回忆起孩提时天华教他读诗的动人情景："在假期中他（指天华——笔者）不仅自己勤学苦练，还经常教我识字，并讲解一些通俗的诗歌，记得我六七岁光景时，二兄天华曾教我一首小诗：'一去二三里，烟村四五家，亭台六七座，八九十枝花。'这首小诗虽然浅显而平淡，但二兄当时给我讲解时那种爱抚的神态和音容笑貌，令我永远难忘；七十余年过去了，这件往事依然萦怀在我的心头，童年时代和二兄天华在一起的日子，'现在化作了生平最美的梦'。追忆往事，感慨万端，有时不禁令我潸然泪下，但一想起天华先生生前奋斗与追求的种种动人情景，又使我增添了无穷的力量。"在《纪念长兄半农先生》一文中，北茂更是满怀深情地这样写道："我家兄弟三人。长兄半农先生长我 12 岁，二先兄天华先生长我 8 岁，我 7 岁丧母，11 岁丧父，全靠两兄抚养成人，手足感情之深，非一般兄弟可比。"

天华情深义重宅心仁厚的这一宝贵品格，还表现在他对祖籍地和祖籍地乡亲们的厚爱深情上。

天华虽然出生在江阴城里，但祖籍地殷家垾以及跟殷家垾相邻的塘坊圩、三甲里（这三个地方现在都划归张家港市金港街道柏林村管辖——笔者），却是他父亲、母亲和他妻子的出生地，也可以说都是天华的根脉之所在，所以天华与祖籍地和祖籍地的乡亲，都始终保持着紧密的联系，有着特殊的感情。特别是在童年时期、少年时期乃至青年时期，天华可以说是祖籍地的常客。而殷家垾、塘坊圩以及天华妻子尚真的出生地三甲里，又都与风景胜地香山仅只相距一箭之地，所以那时候香山上也就经常留下天华的身影。当然，天华之所以对香山情有独钟，很重要的一个原因还在于：香山上到处有竹园，有树林，是诸多鸟类的栖息之地，是各种鸟声的荟萃之所。只要一踏上香山，天华就仿佛进入了鸟类音乐会的会场：百灵鸟、黄鹂鸟、画眉鸟、杜鹃鸟、白头翁、鹧鸪鸟……都纷纷登台亮相，各显身手，竞展歌喉：吱吱吱吱，嘀哩嘀哩，咯咕咯咕，啾啾嘀嘀，叽呱叽呱，嘎嘎嘎嘎……声音有高有低，高音直上云霄，低音在草尖缠丝，高音清脆悠扬，低音婉转悦耳；声音有长有短，长音连绵不断，短音瞬息即逝，倏忽变化，奇妙无比。而且，还有那潺潺山溪为鸟声巧作伴奏，这就使那天造地设、精巧组合的山间音乐会，更为悦耳动听，更加富有吸引人的魅力了。天华情不自禁地为此而迷恋，而陶醉，并不由自主地因此而萌生了以此为题材谱写乐曲的念头。就因为这样，天华的二胡独奏曲《空山鸟语》得以应运而生。这就可见，天华爱祖籍地的香山，而祖籍地香山也爱天华，正是香山这令人痴迷的鸟语，给了天华以创作的灵感，催生了天华《空山鸟语》二胡曲的问世。这首曲子于1918年完成初稿，此后花了十年时间方得以定稿出版。《空山鸟语》的创作，充分显现了天华在音乐谱曲方面的创新性才华：在作曲上，他借鉴了西洋铜管音乐的律动，在技法上，他借鉴了三弦拉戏，并创造性地运用了轮指、滑音等各种手法，这就更逼真地凸显了深山幽谷中，百鸟争鸣的美妙意境，充分表现了天华热爱大自然的高尚情操。1924年冬，此曲在北京大学附设音乐传习所师生音乐演奏会上初次上演，即深受广大师生的欢迎，并从此誉满京华，名闻遐迩，成为脍炙人口的名曲。1993年，此曲还荣获中华促进会"华人20世纪音乐经典作品奖"。所以，我们也完全可以说，《空山鸟语》乃是天华奉献给祖籍地的一份沉甸甸的厚礼。

　　天华与祖籍地乡亲的感情也十分深厚。1915年春，天华的父亲宝珊先生仙逝，他自己也积劳成疾，因此不得不重返祖籍地，在香山东麓三甲里近旁的柏林庵中调养身体。一方水土养一方人，即便是在此养病期间，天华也不忘答谢祖籍地乡亲对自己的养育之恩，特意在柏林庵内办起了国乐演奏社，吸收三甲里、七房庄等地的十余名音乐爱好者参加（我的邻居丁松寿，即是其中的一员——笔者），热情地对他们进行具体的指点，悉心为祖籍地培养了一批音乐人才。

　　同时，他还抱着患病之躯，在香山东麓三甲里念乔小学的操场上，为乡亲们举办了两次较大规模的民族器乐演奏会。他的二胡演奏，有珠落玉盘似的抖弓，有苍劲深沉的长弓和浪弓，有妙入毫颠的滑音、回滑音，速度快而不紊乱，情意真而不肤浅，技巧高而不流俗，爆发力强而不火燥，那优美的乐声，总是将人们带入一个又一个意境深远的艺术境界之中，令人如痴如醉，使人乐而忘返。天华的精湛技艺，使乡亲们大开眼界，天华的反哺深情，更使乡亲们五内俱感。祖籍地人民精心培育了人民自己的音乐家，人民自己的音乐家又把他的绝技无私奉献给了祖籍地人民，演奏会上盛况空前，群情激昂，不时响起阵阵山呼海啸般的热烈掌声。前些年谢世的蒋贻谷老先生，当年曾亲自聆听过天华的演奏，忆想那时的情景，蒋老先生激动不已，感慨万千地说："天华先生不仅演技高超，使我们似听仙乐，他的人品更是十分高尚，使乡亲们无不异常钦佩。他没有一点大音乐家的架子，他把自己对祖籍地人民的忠诚和热爱，全都倾注在那美妙动人的乐曲之中了。天华先生虽然早已作古，可是香山东麓的父老乡亲，将永远不会忘记他对祖籍地人民的一片挚爱深情。"

是的，那流逝的岁月，至今也没有抹去天华对祖籍地乡亲的深重情义，以及祖籍地乡亲对刘天华的深切怀念。1994年，江苏张家港市南沙镇人民政府就特意在香山东麓三甲里建造了一座音乐喷泉，环形拱壁上就特意塑有刘氏三兄弟的三幅雕像，刘天华那清秀的面庞，那炯炯的双目，尤其给人以深刻难忘的印象，并引发人们对他绵绵不断的思念和敬仰之情。2013年，在香山公园创建 AAAA 级景区时，香山人民在香山景区主入口南侧的香山历史文化展示馆内，以及在明香湖畔这两个地方，又分别建造了刘氏三兄弟的三座雕像，这就更是使才情横溢而又重情重义的刘天华（当然还有刘半农和刘北茂），在香山人民的心目中，留下了永世难忘的深深印记。人们每当经过这里，都会流连忘返，依依不舍地在半农、天华和北茂的雕像前驻足瞻仰，深切缅怀。

采曲染疾，英年早逝

"酒旗戏鼓天桥市，多少游人不忆家。"这可以说是北平人形容天桥热闹场景的名句。天桥，这是北平最大的百姓游乐场，它集美食、娱乐、游玩等为一体，是民间艺人荟萃云集和大显身手的地方，所以天华就非常喜欢去天桥采集曲谱，而且每次前去时，他总爱习惯性地穿一件旧灰布长衫，以尽可能拉近与天桥艺人的距离。正在洗衣的尚真，见天华今天又穿了件旧灰布长衫要出门，心想丈夫准是又要去天桥了，便开口说道："天华，有人跟我说，你是有名的大学教授，到天桥去会有失自己的身份。"

天华听了，立马停下脚步，笑着说："天桥是民间艺术的宝库，我是一个专门搞音乐的人，去那里采集曲谱，这不正是最好地向民间艺人学习的机会吗？怎么能说有失身份呢？"稍停了片刻，他又接着说，"对于有些人的有些话，你以后千万不要听风就是雨，全都信以为真，而要好好动脑想一想，这些话究竟是否真有道理。"

听天华这么一说，尚真自知失言了，便说："你说得对，你去吧，我绝不会妨碍你去向艺人学习的。"

天华随后又说："我今天不仅上午要去，下午上完课还会去，晚上回家可能要晚一点，晚饭你和孩子先吃，不要等我。"说完，就转身走了。

谁知就在这天晚上，发生了大出意外的令人不胜痛心的情况。暮色已经升起了，一家人都等着天华回家一起吃晚饭，谁知左等右等，也不见天华的身影。直到天全黑了，天华才手提琴匣和书包回来了，而且一到家就跟尚真说："我感到身体不大舒服，全身发冷，要去睡一会儿，不吃晚饭了。"自从尚真来京后，不知是因为尚真照顾得好，还是因为天华体质确实棒，别说生病，就连感冒都没有发生过。每当看到天华忙，叫他注意休息时，他挂在嘴边的一句话就是："我身体好得连老虎都打得煞（死）"。现在突然听天华说身体不舒服，尚真禁不住一阵心慌，颤声说了句："怎么，你生病啦？"边说边接过他手中的琴匣和书包，陪着他走进房里，服侍他在床上躺好，帮他盖上被子，并出去拧了块毛巾，帮他擦了把脸，接着又倒了杯水，放在了床头柜上。她刚坐在床沿上想陪天华一会儿，天华却开口说道："你和孩子们都饿了，快去吃晚饭吧。"尚真心里只是记挂着天华，哪有心思吃晚饭，草草扒了几口，便又到房里去看天华了。天华对尚真说："我可能是感冒，只要睡一觉就好了，你不用发愁！"谁知才过了一会儿，天华就对尚真说："我还是感到冷，浑身上下都寒丝丝的。"不多一会儿，天华便闭着眼睛呻吟了起来，并无力地告诉尚真："我还是觉得冷，觉得心烦，喉咙也有点痛，我不想再开口了，你不要再跟我说话了。"

尚真见天华这个样子，心急如焚，本想说："天华，我们现在还是去医院看看吧！"可她没有敢提，为什么？因为他们的幼女和次子，都是得病后去了医院，因庸医乱作为而被活活折腾死的。为此，天华和半农都对医院相当痛恨，谁都不愿再提去医院的事。好不容易熬到天蒙蒙亮，尚真才急急忙忙去半农家搬救兵。

半农听说"天华病了"，心顿时一沉，因为江阴有句俗语："弯扁担不断，直扁担一碰就断。"意思是弯扁担有韧劲，不易折断，直扁担脆，说断就断。这就是说一个从不生病的人要么不生病，要生病就是大病！所以半农没有片刻犹豫，立马跟着尚真就走。

这时的天华，脸色暗黄，热度越来越高，喉咙也痛得连话都说不出来，皮肤上更是呈现出异样的红斑。刘半农一看，心急火燎，立即请名医上门诊治。医生说是"猩红热"，可注射了血清也不见效……当时的医药条件，应该还无药可以治。此时此刻，尚真的心碎了，魂飞了，她怎么也不相信晴朗的天空里，会突然出现这样的一片乌云！她俯身坐在床沿上，抚摸着天华的手，这手掌既厚实又柔软，而且极其富有弹性，仿佛一粒石子落上去也会发出一声动听的音符；这手的每根手指上都有老茧，摸上去是那样的粗糙，但当他弹起琵琶、拉起胡琴、小提琴时，手指又是那么灵巧！然而现在，这手却在一点点枯萎，尚真紧紧地握捏着他的手，一边流泪，一边虔诚地仰头看着上方："观世音菩萨，求求你保佑保佑我家天华，保佑他的身体赶快好起来！求求观世音菩萨，把天华的病转给我，让我代替他生这病……"然而，尚真的祈求没有管用，名医的会诊也同样没有管用，天华还是与世长辞了，时间定格在 1932 年 6 月 8 日清晨五时四十三分。可即使是在这时候，尚真依然紧紧地握着天华的手，说什么也不愿松开。顷刻之间，她只觉得天崩地裂了，房倒屋塌了，魂飞魄散了，仿佛她自己也紧随着天华，一起出离这人世了……

　　天华患病期间，每当神志稍微清醒一点时，他就惦记着给学生上课的事，甚至还对尚真提到一位外国友人雷兴邀请他在北京饭店开独奏音乐会的事，他怕自己的病一时好不了，会耽误音乐会如期举行，因此还在考虑这次音乐会该由他的哪个学生来代为承担。有一次，他还关心地问起他主编的《音乐杂志》第十期的出版问题。总之，在弥留之际，他念念不忘的，依然是他的工作与事业。当病重垂危时，他自己也意识到可能没有好转的希望了，因此一种对生命对事业无限眷恋的心情，占据了他短促一生的最后瞬间，他禁不住愤愤地这样呼喊着："难道我就这样完了吗？还有许多许多事情都等着我去做呢！老天爷对我也未免太不公道了吧！"此情此景，至今仍令人历历在目，记忆犹新。

　　天不永年，天华重病不治，仙逝之后，其兄半农带泪的眼睛就蒙了层冰霜。这种巨大的悲痛，集中反映在他写的《书亡弟天华遗影后》一文中。此文较长，现将其中最精彩感人的片段摘录于下：

　　　　……

　　天华少余四岁，幼与余同学于先君子宝珊先生及先师杨绳武先生所创之翰墨林小学，即今之江阴县立三校；稍长，又同学于常州府中学，即今之江苏省立五校。时余颇有"小时了了"之誉，而锋芒流露，恒为同学所倾。天华课业不异于人，而朴讷寡言语孳兀兀，纯乎得学子之正。以是先宝珊先生及诸师长，每愿天华能兼余之颖悟，余能兼天华之沉潜，方为两全也。

……溥仪（即指清朝末代皇帝——笔者）去位，余还归江阴，挈天华同往上海……余居上海以卖文为活，天华则致力于音乐。天华性情初不与音乐甚近，而其"恒"与"毅"，则非常人能及。择业既定，便悉全力赴之；往往练习一器，自黎明至深夜不肯歇，甚或连十数日不肯歇，其艺事之成功，实由于此，所谓"人定胜天"者非耶？

……

天华以国乐西乐，方域虽殊，理趣无异，而当时士子，每重新声，鄙夷旧物，贯通之责，难望他人；于是择西乐中最难之小提琴而兼习之，纳贽于俄国名师托诺夫称弟子。今人每怀小技，辄沾沾自喜，以为当世莫我若；其能于既为大学教授之后，而犹虚心师事他人，以求其艺事之完成者，天华而外，吾不知当世尚有几人也。

民十四，余东归，见天华，聆所奏乐，知其于琵琶二胡，已卓然成家，小提琴亦登堂入室，即举在法所购一名厂小提琴赠之。七年以来，天华日与此琴俱，出则携以相随，入则操奏不去手。天华艺日益进，琴声亦日

益美好，果天假之年，天华必兼为此道名师，此琴亦必为世间珍品。今人既云亡，琴亦绝响矣！

天华于琵琶二胡，造诣最深。琵琶之《十面埋伏》一曲，沉雄奇伟，变化万千，非天华之大魄力不能举。其于二胡，尤能自抒妙意，创为新声，每引弓一弄，能令听众低徊玩味，歌哭无端；感人之深，世罕伦比。二胡地本庸微，自有天华，乃登上品。欧西士人有聆天华之乐者，叹言"微此君，将不知中国之有乐！"此虽过誉乎？亦十得八九矣。

天华于所专习之外，凡与音乐有关者，如钢琴、铜角、古琴、队乐，以及昆腔、京戏、佛曲、俗曲之类，亦无不悉心钻研，得其理趣；于和声作曲之学，及古来律吕之说亦多所窥览。说者谓中西兼擅，理艺并长，而又能会通其间者，当世盖无第二人……

……

天华一生，行事至简，初不如大人先生之勋名赫赫，而其艺事之成功，与夫为学之勇，诲人之勤，固已可使一代士夫唏嘘感想于无穷矣。余生平不肯作谀墓之文，余爱余弟，尤不愿以违衷夸饰之言被余弟，是以上方所写，字字悉真。世有作民国初年乐人传者乎，当有采于斯文。

此文虽说只是如话家常一般地娓娓道来，然而天华朴讷寡言、心地纯正的性格特点，"恒""毅"刻苦、虚心求教的学艺精神，中西兼擅、理艺并长的精深造诣，卓然成家、蜚声中外的专业成就，却全都得到了充分的彰显，令我们读着读着，不由得顿

196

生"高山仰止，景行行止"的崇高感情。同时，两兄弟互亲互爱、互敬互重、互帮互扶的真挚感情，也仿佛在字里行间不停地流动着，滋润着我们的心田，温暖着我们的全身。一言以蔽之，读这样的妙文，不仅刘氏两兄弟的形象，在我们的面前显得愈发高大了，而且我们自己的心灵，也由此得到了很好的洗礼。

天华去世后，本想落叶归根，葬回故乡江阴，但此时国内局势已见吃紧，日本帝国主义正加快其侵略中国的步伐，因此在刘半农主持下，刘家一致商议决定：将天华灵柩暂厝在崇文门外法华寺中，以观时局，如北平不保，就将天华灵柩迁葬家乡江阴，以表示"死也不做亡国奴"的心愿。

天华灵柩停厝法华寺仅十天后，刘半农就怀着悲痛的心情主编了《刘天华先生纪念册》一书，天华之妻尚真提供遗稿，天华挚友杨仲子和天华学生沈仲章等人尽心尽力帮助整理、编辑。此书收集了刘天华生前创作的10首二胡独奏曲、47首二胡练习曲、3首琵琶独奏曲、15首琵琶练习曲、1首合奏曲。此书还收集了各界人士和亲朋好友、学生的悼念文字。

真是世事多变，一转眼才两年工夫，刘半农亦因去西北考察染上回归热医治无效，而与世长辞。也因为同样的政治原因，其灵柩停厝北京西城北海后门的嘉兴寺。刘半农去世后不到一年，整个中国处于全面抗战前夕，从各方面的情况考虑，已经完全没有将刘半农、刘天华的灵柩运回江阴安葬的可能了，于是刘家人就决定将两人一起安葬在北京西郊香山玉皇顶大木坨（有关这一情况，在此书前面写"五四"新文化运动先驱刘半农部分的"归馈之行，身为学殉"这一章节中已有所说及，故而此处也就不再赘述）。刘天华的墓碑由其挚友音乐家杨仲子撰文，鲁迅的好友

许寿裳书丹。该墓志铭言简意赅，简要概述了天华一生的事迹，现将全文辑录于下：

故音乐家刘天华教授墓志

君讳天华，江苏江阴人也。父宝珊公为邑名士，治学有声，母蒋君。幼即颖慧，长而倜傥逸群。年十七，会武昌起义，即与兄复入青年团抗贼。越岁居上海致力音乐，昼夜弗懈，然毅与恒，艺乃大进；任教于苏者，先后凡七年。民十一北游，历任北京大学、女子师范大学、女子大学、女子学院、艺术学院教授导师等职。君于音乐无所不通，中西并擅，理艺兼长，琵琶二胡尤称绝技，小提琴亦蔚为专家，能令听众低回玩索，歌哭无端，欧西人士惊叹相顾谓"唯君将不知中华之有乐"。君所制曲有琵琶二胡佛曲及《缀玉轩歌曲》等谱数十种，其《病中吟》《空山鸟语》《歌舞引》等曲曾经君自度铸之蜡片。流风余韵，后之人耳，可得而闻者仅此而已。公为学勇，诲人勤；学总群流，声驰异国。音乐大师并世无两，惜天不永年，于民国二十一年六月八日患疾卒，春秋三十有八，葬于北平西郊香山玉皇顶。夫人殷尚真，子育毅育京女育和，均幼。兄复治语音学，名于时后，君二载卒，亦葬山北数武。弟北茂治欧西文学，见称当世。

呜呼！逝者如斯，广陵散绝，国瘁人亡，天胡不恤，流水高山，天胡不恤，流水高山，佳城郁郁，礼坏乐崩，遗徽犹昔。楚此招魂，刻铭玄石。

中
国
音
乐
界
的
「
梵
高
」
刘
北
茂

　　刘北茂（1903—1981），原名寿慈，刘半农和刘天华的小弟，江苏省江阴城内西横街人，祖籍是江苏省张家港市香山东麓的殷家埭（现属江苏省张家港市金港街道柏林村，其父刘宝珊即出生在殷家埭）。刘北茂是我国现代著名的二胡演奏家、作曲家、教育家，刘天华事业的忠实继承者和发展者。

孩提时期，慈母熏陶

　　1903 年 7 月 10 日，北茂呱呱坠地。因大儿子叫寿彭，二儿子叫寿椿，所以刘宝珊就给三儿子起名寿慈，号北茂。寿慈，即盼望慈母健康长寿之意。北茂，即北堂茂盛，其意实际上也同样是企盼母亲健康长寿。起名时之所以要这样反复盼望母亲健康长寿，是由于当时母亲蒋氏因长期日夜操劳而身患胃病，身体十分虚弱的缘故。

刘氏三杰的祖母夏氏，是振兴刘氏家族的最大功臣，这一点是刘氏一家人始终都念念不忘的，将江阴西横街49号刘氏住宅的厅堂命名为思夏堂，就是最好的证明。在祖母夏氏的熏陶和引领下，刘氏三杰的母亲蒋氏，也从祖母夏氏那里领悟了教育孩子的理念，学到了教育孩子的方法，且在抚育半农和天华的过程中，积累了一些教育孩子的宝贵经验。所以，北茂从1岁到6岁的孩提时期，就经常在母亲蒋氏的双膝上，听她唱动听的童谣和民歌，听她讲生动有趣的民间故事。在听唱和听讲时，北茂那黑亮黑亮的眼珠总是在忽闪着，那稚气可掬的小嘴也经常在努动着，好像是在默契地配合着母亲的歌唱和讲述，这就使母亲的歌唱越发动情，使母亲的讲述更加投入。天长日久，北茂的智慧和才情，也就在不经意间渐渐得到了开发，他对音乐的兴趣也就在有意无意之中得到了培养。有人曾说，一日之计在于清晨，一生之计在于童年。此话确实是很有道理，因为每个人在童年时代的心灵，都毫无戒备地对外敞开着，随时准备吸纳外界发生的各种新鲜事物。这时，孩子不仅具有超强的接受能力，而且记忆力之强也非同一般，凡是听到和看到的东西，往往都能深深地印刻在脑海中。同时，人生中许多的第一次，也往往都产生于孩提时期，如第一次喜悦，第一次悲伤，第一次成功，第一次失败，第一次不幸等等，可以说都不例外。而所有这一些，就构成了一个人一生最初的生活背景，并形成了一个人最初的精神与能力。而这种精神和能力，不仅将深入人的骨髓，而且将在人身上滞留很长的时间，成为一个人生存和发展的持久推动力。

正因为母亲蒋氏重视对北茂的培养，所以她的教育就在严格中充满了爱心，在明智中饱含着暖意，使北茂得以在健康和乐观的环境中，不断成长为一个有用和能干的孩子。

小学启蒙，确定方向

北茂是在 1912 年进入江阴翰墨林小学读书的。这所小学，是他父亲刘宝珊跟江阴教育界的另一位知名人士杨绳武联合兴办的。北茂父亲刘宝珊是在长子半农 6 岁、次子天华 2 岁的情况下考取秀才的，由此可见他读书的决心之大和干劲之足。考取秀才后，他便在家中办起了私塾，虽说生源充足，收入稳定，事业有成，但他并不满足于这一现状，而是为适应形势发展的需要，又萌生了创办新学的思想，于是就有了翰墨林小学的诞生。这所小学的教育主张、教育理念，都与刘宝珊个人的教育经验、思维方式有着直接关系，并打上了他刻苦学习、勤奋钻研以及与时俱进的个人气质的烙印。在这所学校里，除国学课外，还设立了英语、数学、博物、体操、美术和音乐等新式课程。这一些，都是私塾里从来没有过的教学内容，对孩子们显然都有着很大的吸引力，所以翰墨林小学当时在江苏堪称一流新式小学。这所小学里的英语教学质量更是较为突出，北茂的长兄半农在这里读书时就在这方面大得其益，并对他日后的事业产生了极为深远的影响。所以，半农为了让北茂也能从英语中充分获益，不仅反复嘱咐北茂一定要认真学好英语课程，而且还特意物色了一位外国传教士给北茂作课外辅导。此举显然大大激发了北茂学习英语的兴趣，他也因此当真在英语学习方面下了异常刻苦的功夫，这就为他日后的英语学习打下了较为坚实的基础。

　　半农和天华对北茂学习英语的情况还真是给予了特别的关注，半年后他们就专门对北茂学习英语的情况做了一次"会诊"，并得出了这样一个结论：北茂模仿能力强、记忆力强、创造力强（这主要是指北茂具有巨大的学习潜力），所以他今后适合将英语作为自己的主攻方向。应该说，两位兄长得出的这个结论是完全正确的，后来北茂进常州府中学堂读书时，英语成绩就始终在全校名列前茅，并在升入高中后兼任了本校初中部的英语教师。中学毕业后，他更是考入了东吴大学英文系，后又转入燕京大学英国文学系攻读，并以第一名的成绩毕业。

　　在翰墨林小学读书期间，北茂不仅喜欢英语，也酷爱音乐。他酷爱音乐，不只是因为学校开设了音乐课程，更是因为受了二哥天华的感染和浸润。1915 年他上三年级时，天华虽失业和生病在家，然而仍在极度的困顿中以坚毅不屈的精神，创作了二胡独奏曲《病中吟》，这给北茂留下了终身难以磨灭的深刻印象，并对他后来的人生取向产生了至为重大的影响。

中学猛进，执教初中

　　1918 年，北茂也跟他的两位兄长一样，考入了江苏省立第五中学（其前身即为常州府中学堂，乃是江苏省内第一所新式中学）。说来也巧，他进校读书时，其二哥天华已在江苏省立第五中学执教音乐了。天华命途多舛，中学肄业后，曾经历了失业之苦，且又贫病交迫，但即使如此，他依然在学习二胡方面狠下了一番功夫，并取得了令人侧目的长足进步。1915 年，他竟然开创性地创作出了我国第一首二胡独奏曲《病中吟》，不仅引起了众人的广泛关注，而且还得到了省立第五中学校长童伯章的特别垂青，将他破格聘请至母校执教音乐。正因为这样，北茂一跨进江苏省立第五中学的大门，就得到了二哥天华的直接指导，学习起来自然也就格外地带劲。他的课余时间，大部分都用于参加天华指导的军乐队和丝竹乐队的活动，除跟天华学习西洋初级乐理外，还学习二胡、琵琶、竹笛和小号、长笛、黑管等乐器的演奏。在二胡学习方面，他更是常常得到二哥天华手把手地悉心指点，所以他的演奏技艺也就更为超群出众。因业余爱好而学会某种技能或本领，乍看似乎是无关大局的小事，不过有时候，因业余爱好而学会的文武之艺，却又往往会发挥令人意想不到的巨大作用，甚至对人生的走向产生至关重要的影响。这一点在北茂身上就得到了充分的体现：在二哥天华突遭恶病来袭而英年早逝后，北茂即遵照长兄半农的嘱咐，弃文从艺，转向从事音乐事业。而他之所以能这样做，就是因为他中学时代的业余爱好，为他奠定了坚实的理论与实践基础；如若不然，那么一切就都将无从谈起。

除对音乐的酷爱外，北茂在江苏省立第五中学对外语的学习，也一如既往地认真踏实，并有了更显著的进步。他记忆力好，模仿力强，且富有一定的创新潜力，所以英语成绩一直在全校名列前茅，备受广大师生的瞩目和称道。正因为如此，他在升入高中部学习后，校方就破例安排他去本校的初中部执教英语了。北茂英语的基本功相当扎实，上课时不仅能操一口流利的英语，而且课文也基本上可以熟练背诵，再加上他的语文根底亦非常出众，口头表达如行云流水一般，往往能给人以出口成章的美妙感觉，那些初中学生听了，一个个都如痴如醉，敬意不禁油然

而生。再加上他与学生的年龄相仿，所思所想的东西都更为接近，使用的语言也有更多的共同之处，这就大大地拉近了他与学生的距离，所以学生也就特别亲他、近他，爱听他的课。正因为这样，一时之间，年方十八的北茂作为一个在读高中生，已在本校初中部执教英语，且颇受赞誉这件事情，也就在整个常州城成了广为流传的佳话，并很快就传播到了江阴，更为江阴人民所津津乐道。

转读燕京，终成良材

1923 年中学毕业后，北茂便以优异的成绩考入东吴大学英文系深造。在东吴大学期间，北茂开始正式地、专业化地接受美式英语教育，并开始从中受到欧美文化的熏陶。不过，因为当时长兄半农已出国攻读博士，二兄天华也应北京大学之聘去音乐传习所任国乐导师，故而一心想生活在两位兄长身边的北茂，只在东吴大学读了半年，第二学期便以优秀的成绩插班考入了燕京大学英文系。

北茂于 1924 年春考入燕京大学英文系后，学习时就更充分地发挥自己记忆力超强的优势，愈发勤奋刻苦，更加深钻细研，在熟读背诵方面狠下切切实实的过硬功夫，不断向一个又一个新的高点攀登。说起北茂的超强记忆力，还有这样一段有趣的轶事：我国著名语言学大师，曾任中国社会科学院语言研究所首任所长、名誉所长的吕叔湘，当年在江苏省立第五中学读书时，曾跟北茂是同班同学，据他回忆，在读四年级时，他曾与北茂比赛过背书，北茂说对于欧文《见闻杂记》中的一个短篇《旅程》，他不但能顺着背，而且能倒着背，意思是说，从末了一句往前背，一直背到第一句，亦即人们常说的"倒背如流"。吕叔湘听北茂这么一说，只得连声说道："我认输，我认输。"北茂的记忆力如此之好，加上进入燕京大学后，他在学习英语方面愈下真功夫，更下狠功夫，这就使他的英文成绩愈发突飞猛进，很快就跃入了高材生的行列。客观地说，要成为燕京大学英文系的高材生，还当真不是一件容易的事情。一是燕京大学里的教师，不是西方优秀的学者、教育家，就是我国国内一流的学者、教授，他们的眼界和要求都相当得高，一般的学生是很难入他们的法眼的。二是燕京大学特别重视学生专业课的学习成绩，较早就严格实施了学分制和奖学金制度，这就对成绩好的学生具有了很强的吸引力，绝大部分学生在未考入燕京大学之前，学业成绩就非常优秀，进入学校后的竞争，自然也就更趋激烈。三是从北茂在燕京大学所学的英国文学专业来看，研究莎士比亚势必就成了他的研究课题。而莎士比亚是跨越民族与国家，跨越过去、现在与未来的"最伟大作家"，其研究难度也就更是可想而知，可北茂硬是迎难而上，不仅潜心地对莎士比亚做了深入研究，而且使研究莎士比亚成为了自己的强项（这有他后来在大学英文系主讲莎士比亚作品选读这一事实可以为证），这就愈加说明他成为燕京大学高材生的难度之高。然而，不管难度有多大，也阻挡不了勇敢者的前进脚步，北茂突破难关一跃上，展翅蓝天任翱翔，很快就成为了燕京大学英文专业出类拔萃的高材生。

1927 年，北茂从燕京大学英文系毕业后，便遵半农和天华两位兄长之嘱，回江阴跟郁南华结婚成亲。此后，先是任教于上海暨南大学，不久便受聘北京大学及北平大学女子文理学院，教授英语和英国文学，从事《莎士比亚作品选读》《诗学》《作文指导》等专业英语的教学与研究。29 岁时，他在执教英语方面即得到了广大师生的一致好评，并开始成为名重一时的莎士比亚研究专家。就这样，在二十世纪二十年代末三十年代初，就出现了刘氏三兄弟同时在北京大学任教的空前盛况。长兄半农是赫赫有名的诗人、作家、学者，二哥天华是蜚声乐坛的国乐大师，三弟北茂则是校内英文系中风头正劲、极受欢迎的青年讲师和翻译家，他们三人组成了我国现代文化史上一道独特的风景，备受人们的推崇和尊敬。一时之间，"刘氏三兄弟"就被大家广为传颂。

弃文从艺，秉承兄志

正当北茂一心想在自己所擅长的英语领域振翅高飞，大显身手的时候，焉料 1932 年 6 月 8 日上午，他的二哥——开宗立派的一代国乐大师刘天华，不幸因病而英年早逝，撒手人寰。天华一向身强体壮，且还未到不惑之年，所以他的去世使家人倍受沉重打击，北茂则更是尤为悲痛。北茂 7 岁丧母，12 岁丧父，家中唯一常在他身边的亲人就是二哥天华（大哥半农先在上海当编辑和翻译，后去北京大学教书，此后又转赴欧洲留学——笔者），同时他在江苏省立第五中学读书的五年中（1918—1923），有近四年时间都是天华陪伴在他的身旁（天华于 1922 年去北京大学）。在那四个年头中，北茂不但是天华的至亲小弟，而且是天华的优秀学生，兄弟情深再加师生谊厚，两人朝夕相处，形影不离，可谓是心心相印，情深意浓。正因为此，天华去世后的几日内，北茂终日思如乱麻，心若刀绞，泣不成声，形容枯槁。大哥半农见性格本就内向的北茂此时更加沉默寡言，甚至眼睛都有点呆滞，怕他因过度悲伤而弄坏了身子，便竭力加以劝导，掏心掏肺地跟他说："人死不能复生，你终日以泪洗面是无济于事的，眼下你二哥的子女尚幼，学生争气的也不多，看来你要考虑如何继承你二哥的事业了。"

大哥半农的一番肺腑之言，强烈地触动了北茂，不仅使他从悲痛中振作了起来，而且引起了他深沉的思索和联翩的浮想，一件件往事就像潮水一般涌上他的心头：他想起了从小到大，天华始终像母亲一般对自己悉心关爱，冷了给自己添衣，饿了给自己煮饭，空了教自己识字读书，夜晚还教自己练习二胡，自己几乎每一天都在天华温馨的话语和优美的琴声中度过；想起了在1911—1915年的短短几年中，天华接连遭受了失学、失业、贫困、生病和丧父的重重打击，有时虽也不免迷惘困惑，发出"人生何适"的愤懑感叹，但他没有消沉，更没有退却，一直在顽强不屈地左冲右突，上求下索；想起了天华终于在贫病交迫中破茧而出，写就了处女作《病中吟》，并得到了母校校长的赏识，被聘回母校任教，兄弟俩因此而紧紧相拥，喜极而泣；想起了天华被聘去北京大学任教时，自己和同学们一起用军乐队为天华送行，去火车站的沿途市民们争相围观，轰动了整个常州城；想起了得知天华在北京大学教授二胡大获成功的消息后，自己竟然兴奋得在睡梦中笑醒了过来，并对天华的非凡才华更增添了无限的敬仰之情；想起了自己就读燕京大学后，耳闻目睹天华在国乐改革中经受了"西化派"和"复古派"两大势力的双面夹击，以及张作霖下令查封北京大学音乐传习所后，天华又一次遭遇了失业之苦，兄弟俩四目相对视，久久无言语，双手紧相握，不言意自明；想起了到上海暨南大学任教后，获悉天华创办"国乐改进社"和《音乐杂志》双双告捷的喜讯，自己激动得情感失控，好几天夜不能寐；想起了执教于北京大学英文系后，为庆贺天华在北京饭店演出的成功，为分享天华给他们带来的欢乐，自己与长兄半农一起斟酒举杯，开怀畅饮……

越思越想，他越觉得自己从小就是在天华所营造的音乐天地里一步步成长起来的，在天华音乐艺术的长期熏染下，他成了天华《病中吟》《月夜》《空山鸟语》等作品的第一知情人，对天华乐曲的创作背景、创作思想和创作经历，他都了如指掌，感同身受，甚至可以说自己一直是用眼睛和心灵在陪伴天华进行着艰苦的创作。多少年来，天华的挫折也就是他的挫折，天华的忧伤也就是他的忧伤，天华的成功也就是他的成功，天华的快乐也就是他的快乐，不管是在思想情感上，抑或是在志趣爱好上，他与天华可以说已经是你中有我，我中有你，完全地融为一体了。可眼下呢，就是这个与自己痛痒相关、休戚与共的二哥天华，却偏偏大业未竟，即英年早逝，这叫自己怎能不肝肠寸断，欲哭无泪呢？然而，毕竟还是大哥说得对，自己老这么悲悲戚戚，久陷于哀伤之中，绝对算不上是对天华的真知和真爱；一定要振奋精神，挺起腰杆，化悲痛为力量，去继承天华的事业，去实现天华的宏愿，这才是对二哥最好的回报。大哥半农确实是个具有远见卓识的人，他的这一番话就仿佛在北茂背上击了一记猛掌，立马就起到了促北茂猛醒，给北茂导向的作用。他那字字句句，都勾起了北茂对件件往事的久长回忆，让北茂终于陡增了从哀伤中遽然奋起的勇气，萌生了弃文从艺、改治音乐的强烈愿望，以及传承天华事业的坚强决心。

方向业已明确，道路既已选定，北茂也就在教学之余见缝插针，发愤练琴，以便为改治音乐做好足够的准备。同时，他还特意请当年为天华制作二胡的制琴名师精心为自己制作了一把二胡，每天都声声不息地刻苦练习着。

1935 年 5 月，在天华生前挚友杨仲子等人的精心组织下，天华的学生、同事和朋友们在协和礼堂举行刘天华先生逝世三周年纪念音乐会——"刘天华遗作演奏会"，北茂也应邀参加，并获得了一次登台演奏二胡的机会。人们也许会感到奇怪，北茂是从事外语教学工作的，怎么会应邀参加"刘天华遗作演奏会"？演奏会前杨仲子跟北茂的一席谈话，即道出了个中的原委：杨仲子对北茂说："你二哥生前多次跟我说，你有音乐天分，音乐悟性很高。一次我去大院府胡同 16 号看望天华夫人和孩子时，听到你在拉奏《病中吟》。我当时就感到，会拉奏《病中吟》的人很多，但真能打动我心的，除了你二哥拉奏的，就是你拉奏的。所以，这次我正式邀请你登台演奏，让你也趁此机会，更好地表达你对二哥的思念之情。"而北茂这一回的首次登台亮相，也当真没有辜负杨仲子的厚望，他厚积薄发，技惊四座，无论是形还是神，无论是味还是韵，他的二胡演奏全都酷似天华，确实是他人所无法企及的，这就诚如北茂次子刘育熙所说，充分"展现出与天华一脉相承的大家风范，受到与会听众的交口称赞。"

协和礼堂首演的成功，给北茂带来了巨大的勇气，也更坚定了他传承二哥大业的信心，他由此而愈发坚信：只要像天华那样勤学苦练，持恒不懈，就必然会取得更大的收获，完成二哥未竟事业的宏愿就必然终将实现。

不久，他又在清华大学礼堂成功地演奏了天华的绝笔之作

《烛影摇红》。信念产生力量，力量催发行动，他的演奏活动从此一发而不可收，弃文从艺、改治音乐的决心，也就随之而一天天愈益增强了。

汉江潮涌，催生力作

1937年"七·七"卢沟桥事变后，有人特意上门邀请北茂去伪教育部任高级秘书，并称如有顾忌，可改名换姓。然而，来者当即就遭到了北茂的厉声怒斥，他郑重声明，坚决不为日本人做事，并称病不再去上课，充分表现了华夏子孙宁折不弯的民族气节和爱国主义情操。

此后，他历尽艰辛，绕道香港、云南等地，到达当时的"陪都"重庆。随后，大多同行者在重庆就地谋职安顿了下来，可北茂却一心想赶快前往陕西城固，去西北联大许寿裳先生那里践约。重庆教育部拟聘北茂担任参事一职，这不仅是个肥缺，而且还是一份轻松的闲差，故而惹得不少人艳羡不已，可北茂却完全不为所动，他婉言谢绝后即毅然向城固进发。鲁迅的挚友许寿裳见北茂风尘仆仆赶到这穷乡僻壤处赴任，深为北茂重情重义、信守君子之约的高贵品质所感动，当即就作出了具体安排。北茂一到西北联大，即以学校为家，全力投入了教学工作，并很快就成为青年学子所爱戴的老师。不到两年，37岁的北茂便被学校破格提升为英语副教授，教授"莎士比亚研究"等课程。

城固的抗战氛围，艰苦生活，也触发了他音乐创作的灵感，所以每当课余，除了不断提高二胡演奏水平外，他还开始了音乐创作的尝试。

西北联大的所在地城固，在县郊有条汉江，为了更好感受当时当地的社情民意，也为了排遣自己内心的一些情绪，北茂经常去江边散步。1940年深秋的一天，他一人独坐江边，只见西天残阳如血，身旁草木凋零，耳畔江涛阵阵，不由顿觉心潮澎湃，思绪万千，音乐的情思也就有如泉涌一般，汩汩而出。他一时情难自抑，便迅即赶回家中，彻夜伏案挥笔，谱写了他的处女作二胡曲《汉江潮》。此曲不仅具有深刻的历史背景和思想内涵，而且通过颤音与颤弓这些特定技法的夸张运用，精彩描绘了冷月、沙滩、潮水等江边景状，借此抒发了悲壮、激越的壮士情怀，表达了对日本侵略者的无比仇恨，对饱受战乱之苦的黎民百姓的深切同情。因此，这首曲子很快就成为现代中国音乐史上一首里程碑式的名作。中国音乐家协会主席吕骥和中国音乐家协会书记处常务副主席音乐家冯光钰联合主编的《中国新文艺大系（1937—1949）·音乐卷》一书，共入选11首器乐代表作，有小提琴曲、钢琴曲、管弦乐曲、弦乐三重奏、中提琴与竖琴、民族器乐曲等各种体裁，而唯一的一首民族器乐曲作品，就是选的刘北茂的《汉江潮》，这就足可以看出《汉江潮》这首二胡独奏曲在我国民族器乐曲中的重要地位。

处女作《汉江潮》一炮走红之后，《前进操》《漂流者之歌》两首乐曲又接连奏捷。1941年秋，西北联大的一批学生决定提前毕业离校，奔赴前线抗日杀敌，在学生们以身报国、不怕牺牲的英勇壮举的激励下，北茂又创作出了他的第二首力作——二胡独奏进行曲《前进操》。这一作品以激昂奋进的旋律和铿锵有力的节奏，表现了中国抗日军民团结一心和勇往直前的必胜信念，极大地鼓舞了全国人民的爱国热情和抗日激情。1942年，他的第三首二胡名曲《漂流者之歌》又诞生了。此曲如泣如诉，生动刻画了一个在抗日战争中离乡背井的盲艺人的不屈形象。乐曲的内容实际上也是当时他自己思想和生活的真实写照，曲中浓烈倾注了他爱国爱民的满腔深情。这三首作品，既继承了他二哥天华的艺术精华，又体现了他自己的独创精神，还表达了当时广大人民的共同心声，所以很快就在国内广泛流传开来。在创作这些作品的过程中，北茂始终坚持天华倡导的现实主义手法，故而这些作品都真实地反映了民族危亡时期抗日战争的时代风云，强烈地抒发了正直的知识分子的爱国情怀，具有极强的时代精神。正因为这样，这三首乐曲就被人们誉为"抗战三部曲"。

北茂自己对这三首乐曲也十分珍爱，他不仅将它们视为向二哥天华学习的汇报成果，更把它们看作向天华"十年祭"奉献的一份厚礼。因此，在国民党元老、著名书法家于右任视察西北时，北茂就满怀激情地演奏了这三首作品。于右任听罢，神情激昂，赞赏有加，深情款款地说："来到西北，到处一片乱糟糟，当此国难当头，唯听刘君演奏令人振奋，使人耳目一新。"并当即挥毫书赠题词："民族的伟力、人格的光辉，都要从艰险危难中表现出来。"应该说，这是于右任对北茂的人格、作品和演奏的高度概括与由衷褒奖。于右任也因此与北茂一见如故，结为挚友。

北茂在城固4年的音乐活动，在当时就产生了十分重要的影响。城固县及其所属的陕西省汉中市，虽然历史文化积淀丰厚，但在20世纪40年代，音乐文化还十分苍白，社会音乐生活仍以秦腔、京剧、汉剧等地方戏为主，其伴奏所用的板胡、京胡、笛子虽在社会上有一定的流传，但民族乐器几乎是一片空白，二胡更尚未登大雅之堂，仍是乡间艺人的手中之物。而北茂在演出活动中，却多次使用二胡演奏天华和他自己创作的作品，这就使学校及其所到之处的听众都耳目一新。特别是因他兼任西北联大的国乐指导，经常组织乐队进行演出，教授二胡等民族乐器的演奏，这就使受其教育和影响的联大毕业生，把以二胡为载体的"新音乐"带往了城固、汉中乃至全省，对汉江流域音乐文化的发展，产生了十分重要的影响。在这种影响下，陕西的二胡事业就得到了长足的发展。所以，鲁日融教授在《深切怀念刘北茂先生》一文中，就这样恰如其分地明确指出："刘北茂是陕西现代二胡发展史中最早的播种人、开拓者。"

选择青木，人生转折

1942年6月8日，是天华逝世10周年的忌日，哀思绵绵不绝的北茂，此时已决意完全舍弃自己所主攻的英文专业，全身心地走上改治音乐的道路。心诚志坚之人，往往连上苍都会为之感动，为之开路，为之格外开恩，赏赐给他圆梦的极好良机。就在这时，天华的生前挚友、时任全国最高音乐学府——四川青木关国立音乐院院长的杨仲子，专门给北茂发来一封邀请函，特聘他前往该院任教。尽管此时的北茂已在英语教学上卓然成家，并深受校方的信任和学生的拥戴，但他时时念及二哥天华已逝世十载有余，一直阴阳两隔，哀思不断；又想到自己已年届中年，对继承二哥"改进国乐"和"发展平民音乐"的遗志备感时间紧迫；还想到大哥半农对自己继承天华事业的谆谆教诲；更想到自己近几年的创作和演奏对民众所产生的积极影响……他终于痛下

决心，毅然决然地作出了影响其后半生的最重大的抉择：辞去待遇优厚、地位较高的英语副教授职位，放弃行将在莎士比亚研究领域取得巨大成果的美好前景，告别执教 13 年的北京大学（包括抗战中的西北联大），从此弃文从艺，专心改治音乐，去到那条件远不如西北联大的青木关国立音乐院任教。尽管北茂演奏琵琶的功力要胜于二胡，但为了完成天华民族器乐改革的未竟大业，他还是选择二胡事业作为自己终身奋斗的目标。北茂对于青木关的这一选择，乃是他从青年时期就开始的对人生思考的自然延伸和必然结果，也是他将理想变为现实的一个至关重要的转折点。所以，尽管西北联大有不少同事对他的这一选择感到诧异，不解，甚至是惋惜，认为他这是丢下一只铁饭碗，去捡一只讨饭碗，太不值当了，尽管校方和学生也都对他一再挽留和劝阻，但此时此刻，北茂已抱着"苟利国家生死以，岂因祸福避趋之"的坚定信念，决心义无反顾地沿着二哥天华的足迹，踏上天华未走完的道路，勇往直前去完成天华未竟的大业了。

1942 年夏天，39 岁的北茂，告别了城固的西北联大，携带着家人前往青木关国立音乐院。一路之上，虽然历尽艰辛，但他的心情却很是愉快，从而在旅途中即兴创作了二胡独奏曲《乘风破浪》。此曲既反映了他实现二哥天华遗愿的激动心情，亦表现了他突破征程中重重险阻的坚强决心。当然，他也想以此来证明自己当下二胡创作已达到的水平。

青木关是重庆以西 50 千米处的一个小镇，地形有如马鞍状，南北两侧山岭海拔都在 500 米以上，双峰对峙，自成天堑，大有"一夫当关，万夫莫开"的雄伟气势。加之青木关又远离战区，抗战时期大后方的众多学校、机关纷纷迁到这里，所以被称为

"重庆第一关口"的青木关，在抗战时期也就成了文化教育中心。

重庆青木关国立音乐院的条件，其实比城固西北联大还要艰苦。"住茅草房，点桐油灯，吃八宝饭"，这就是青木关国立音乐学院生活最真实的写照。"茅草房"，就是房子的墙面，是篱笆两面糊上黄泥巴，外面再刷上石灰水做成的，它不仅易透风，而且不隔音。房子的屋顶，只盖着稻草或茅草，遇上雨天，就不仅会漏雨，而且也易于进风。"桐油灯"，这是因为那里既没有电灯，又买不到煤油，照明只能用桐油灯。人们长时间在桐油灯下练琴、看书、备课，鼻孔里就会都是黑乎乎的污垢物。"八宝饭"，是指当时吃的饭，都是用定量供应的里面混杂着稻壳、沙子、老鼠屎、稻草籽等多种杂物的糙米煮成的，此饭虽难以下咽，但又不得不用它充饥，因此被人们戏称为"八宝饭"。尽管这里的条件如此艰苦，但因为这里是全国音乐名师的汇集之地，所以还是成了音乐爱好者向往的神圣殿堂。

北茂来到青木关国立音乐院之初，应该说引起了不小的轰动。一来是大家听说他是刘半农、刘天华的胞弟，出身名门世家，既会英语，又懂音乐，想来他定然有江南才子的那种潇洒气派；二来是他不仅是燕京大学毕业的高材生，而且业已在工作中崭露了头角，何以偏要放弃条件优越的英语教学岗位，甘愿来干这并不被人待见的清汤寡水的二胡行当呢？因此，不少人都想来看看他究竟是怎样一个卓立独行的怪异神圣。

而当北茂出现在众人眼前时，他的实际模样与众人想象中的形象，竟是那样的有着天壤之别：他身着一件略显破旧的灰布长衫，清秀端正的脸上，一双温和的大眼睛带着坦诚的笑意，显得格外的朴素、亲切，让人不由顿生一种特别亲切友善的感觉，于是接待室里顿时就响起了一阵热烈的掌声。

掌声中，院长杨仲子满怀热情地说："不知不觉间，你二哥天华去世已经十年了，你现在放弃优厚待遇，弃文从艺，来到我们音乐学院，这是一个很了不起的选择，我们都要向你学习！"北茂听了，却一脸谦和地说："杨院长过奖了。我弃文从艺，绝没有什么深不可测的奇思妙想，仅只是为了谨遵大哥的嘱托，继承二哥的未竟事业，让二胡有个传承而已。我是半路出家，在二胡方面并没有深厚的功底，今后还得仰仗诸位多加指点，鼎力相助！"这朴实真诚的话语，使原本被一些人误认为是具有"才子气派"，欲走旁门左道的刘北茂，顷刻之间就与国立音乐院的老师们水乳交融一般，亲密无间地融会在一起了。

北茂在青木关国立音乐院中，既教二胡，也教英语。他上二胡课时，也跟上英语课一样，课前都要阅读大量书籍，认真备课写教案（备课，自然还包括二胡的演示练习），上完课后还要写教学后记、自我评价和小结，将得失成败和经验教训都及时记录下来，以逐渐丰富自己的教学经验。正因为这样，他每天都要忙到很晚才休息。南华心疼丈夫，常揶揄他说："你就是认死理，不会偷懒，天生的劳碌命。"可北茂总是儒雅地笑笑说："我是老师，老师的职责就是要对学生负责嘛！现在学音乐学二胡的青年不是很多，这些学生就好比是种子，学成之后将播撒出去，生根、发芽、开花、结果，随后再培养出更多的种子来。所以，我一定要尽心尽力，好好培养这些种子学生。再说，劳碌命也没有什么不好，有劳才有乐（苏南人"碌"与"乐"同音）嘛，倘不劳碌，又何来快乐呢？所以，我愿你也常来与我分享这劳碌！"听了北茂这最后几句话，南华只能半当真来半开玩笑说："好，好，看来李（理）树确实总是种在你的门前，我这一生永远就只能唯你的马首是瞻了！"听南华这么一说，北茂也禁不住"扑哧"一下，笑出了声来，屋子里也就更是充满了融洽和温馨的气氛。

不过，客观地说，去到青木关国立音乐院之后，北茂一路走得其实并不怎么顺畅。

一是他的长子育亮突然因病夭折，给了他精神上极大的打击。育亮是个罕见的"神童"，他聪慧机灵，才思敏捷，与人谈吐，总是出口成章，妙语连珠，可以算得上是刘氏三杰后辈中最具天赋的少年英才。可惜天不假年，育亮因长期的艰苦生活患上了心脏病，不到11周岁就早早命断在了黄土高原之上，成为北茂和他们全家人永远无法弥合的痛。北茂的遭际确实是非常的不幸，几年前他接连失去了大哥、二哥，现在，中年丧子的厄运又降临到了他的头上，上苍对他，确实也太不公道了。面对这样巨大的悲伤，他不禁写下了这样七个字："国难家愁奈何天！"于是，他便边哭边拉奏二胡，创作了《哭子》这一首曲子。事实上，即使是谱写了这样的曲子，还是根本无法排解他和妻子南华内心的痛苦，南华甚至还因此而一度精神失常。然而，万万没有想到的是，紧接着却发生了这样一件事：住在他家矮屋后面的一位因生病长期卧床的年轻人，在听到这首凄凉悲悯的曲子后，竟对家人这样说："听了刘先生拉的这首曲子，更感到悲伤欲绝，我真想从床上爬起来去自杀！"有人将此话传递给北茂后，北茂感到异常震惊，便对南华说："我写了这令人悲观丧气的曲子，岂不就等于是在谋害他人的性命嘛！"说着，他当即就将这首《哭子》付之一炬，并痛下决心，从此再也不创作此类使人悲观丧气的曲子。而这正充分体现了北茂的思想品格和音乐理念。北茂认为，人生在世，首先要为他人着想，不能只考虑自己的苦乐和得失；北茂还认为，音乐必须为人民服务，必须充分表达人民大众的思想和情感，即使是自己遭遇了再大的痛苦，也依然要为鼓舞人民的斗志而创作。

二是北茂去青木关后，经济收入远不如从前，家中甚至经常因此而陷入衣食不周的窘境之中。不过，北茂是一个意志极为坚定的人，精神上依然始终保持着积极乐观的心态，不管是遇到什么艰难困苦，他都能忍辱负重，从容应对。他谱写《小花鼓》一曲的经过，就是一个极好的例证。1943年春节那一天，家中除有几个鸡蛋外，可以说空空无物，这年还该怎么过呢？北茂跟妻子南华近身耳语了几句后，就想出了这样一个巧妙的法子：用平日里千方百计省下的一点钱，去街上买回一堆土豆，再将土豆煮熟了捣成土豆泥，然后打上那仅有的几个鸡蛋，并掺上面粉，加上调味佐料，做成一个个小丸子，放在油锅里一炸，奇迹也就随之发生了，南华立马高兴地向一家人宣布："今天有肉丸子吃，而且一定让你们吃个够！"一听说有肉丸子吃，两个儿子育辉和育熙，都高兴得跳了起来。放开肚皮吃饱后，两个孩子更是兴奋得一边敲着当初从北平带来的已经锈迹斑斑的空饼干筒，一边唱起了《凤阳花鼓》："说凤阳，道凤阳，凤阳本是个好地方……"两个孩子的即兴表演，一下子把爸妈都逗乐了。看到爸妈都这么高兴，两个儿子也就更来劲了，竟调皮地将最后两句歌词改成了："奴家没有儿郎卖，奴家只好卖爹娘。"爸妈听了，不由全都捧腹大笑，甚至笑得连腰都直不起来了。笑完之后，北茂便突然若有所思地跑到一旁，拿起两张拆开的香烟纸，抓起一个铅笔头，在香烟纸上写写画画了起来。不一会儿，北茂就跟大家说："我已作好了一首曲子，曲名叫《小花鼓》。"一家人听北茂这么一说，全都惊讶地瞪大了眼睛看着他，南华更是说："这也太神了，你是吹牛糊弄我们吧！"北茂说："怎么，你们不信？那好，我就拉给你们听听！"说着，他就拿起二胡演奏了起来。一曲奏完，家里顿时就响起了一片掌声和欢呼声。因为《小花鼓》这首乐曲，充分表现了孩子们欢度春节时边唱边敲着小花鼓的生动形象，既欢快活泼，又情趣盎然，确实是太具诱人的魅力了。这一充满灵性的即兴作品，充分展现了北茂良好的音乐创作潜质，乐曲中处处流溢着北茂音乐天才的灵光。不过，这样的灵感并非是北茂与生俱来的，而是诚如俄国绘画大师列宾所说："灵感，是由于顽强的劳动而获得的奖赏。"

说到《小花鼓》，还有这样一段相当有意思的小插曲：一天，重庆的一所孤儿院派人送来了一名盲童学生，名叫颜少璋，准备投考青木关国立音乐院。院里某些人认为收了这名瞎子，会给学校带来不少麻烦，甚至还有人认为将有损音乐院的名誉，因此竭力加以反对。经北茂据理力争，这位盲童方取得了考试资格。通过考试，证实此人极有天赋，但有的考官却故意把他的考分压得极低，幸好北茂打了最高分，平均一算，才够上了录取标准，得以幸运录取。可事后，反对的人仍不甘心，竟煽动部分学生去北茂家门前闹事，说是刘先生收了一个瞎子，丢了学校的脸，也是对他们的污辱。北茂听了，十分气愤地跑出来说："盲人已经是很不幸了，我们理应给予他们同情和帮助才对。如果我是收了一个坏人进来，那才是丢了学校的脸，才是对你们的污辱。你们年轻人应该懂得这个道理，有点同情心才对！希望你们回去好好想一想，是谁叫你们这样做的？你们这样做到底对不对？"一番话

说得这几个学生也感到有些惭愧，一个个低着头走了，这一风波才得以平息。颜少璋入学后勤奋好学，进步很快，每门课均获得优异成绩，尤其是在院内举行的音乐会上，他出色地演奏了一曲《小花鼓》，受到了大家的热烈欢迎，给音院师生留下了极为深刻的印象。后来，这首《小花鼓》更是被选为音乐学院二胡教学的一个必修曲目。

三是那时正处于抗日战争的艰困时期，即便是国立音乐院，其教学工作也并没有能完全走上正常轨道，这也就在无形中影响了北茂在音乐方面的全身心投入。北茂自己就曾说，他虽身在音乐院，却搞不了多少音乐，虽挂着教授头衔，待遇却非常菲薄，他正是因为不甘于坐冷板凳，所以才不畏风雨，到三里路外的中央大学附中去找事做（兼职教英语），也弥补一下捉襟见肘的生计。不过，即使是在这样的境况中，他的思想仍很积极健康，对教学工作也依然极端负责。在教学中提到"青木关"这个地名时，他就有自己的独特解释，他说杜牧有两句诗，叫作"青山隐隐水迢迢，秋尽江南草木凋"，这两句诗就显得太凄凉了，青木关是教育场所，人才辈出，应改成"青山不隐，百木不凋"，才更恰切些。他还说，也可以把陶渊明《归去来辞》中那句"木欣欣以向荣"改成"青木欣欣以向荣"，以便对青木关作更恰当的描述。同时，即使是在教英语时，他也依然凭着渊博的学识，旁征博引，把书教得妙趣横生，且充满哲理。当讲到普罗米修斯时，他就说：总有一天，中国也会有自己的普罗米修斯！试想，北茂的这句话，岂不就是在昭示着我们中国革命的胜利么？这是多么聪明睿智的隐喻啊！

不过，尽管在以上方面遭遇了不少的困难，北茂在对音乐理论和古代作品、古典诗词方面的刻苦学习，以及在二胡演奏的练习方面所下的扎实功夫，还都是其他人无法比拟的，他所获得的提高，也是其他人所难以企及的。曾任国立音乐院教授兼国乐组及研究室主任的杨荫浏，就曾做过这样的评说："北茂的二胡演奏本来不及音乐院的其他同行，但是后来他的演奏居然独占鳌头，原因正如前人评论唐伯虎时所说的那样，他之所以高出仇十洲（即仇英，他与沈周、文徵明和唐伯虎被后世并称为"明四家"，亦称"天门四杰"）一头，就在于他胸中多了许多书。"

说到北茂在青木关的经历，还有一些小中可以见大、细中显然蕴宏的事情，很值得好好说道说道。1944年初冬，北茂突然收到了一封从贵阳来的信，信是天华的两个儿子育毅、育京寄来的。从信中得知，他们离开上海沦陷区后，到贵州才刚安定下来，但在贵阳举目无亲，口袋里的钱一天天减少，吃饭由三顿改为两顿，干饭变成稀饭，在极度困难中自然就想到了三叔。收到了侄儿的来信，北茂的脑海里顿时浮现出父亲去世后，二哥天华对自己热情关照的一幅幅感人画面，不由得眼噙热泪，当即回信："打消一切顾虑，马上到青木关来。再穷再苦，即使是稀粥咸菜，我们也要生活在一起！"哥俩听到了亲人的热切呼唤，经过一番艰难跋涉，终于来到了青木关国立音乐院宿舍区。轻轻地叩响三叔家的家门，迎出门来的是热情如火的三叔和三婶南华。久违了的家的温暖，将哥俩逃难的艰辛和旅途的劳累，全都一扫而光。没多久，经过北茂的一番努力，育毅终于在重庆歌乐山的考选委员会找到了工作。育京也想早点工作，以减轻三叔家的负担，可北茂坚决反对："育毅比你大好几岁，他的年龄参加工作合适，你年龄还小，我家再穷也要让你继续读书。"南华也积极奔走，找到在教育部工作的老同学，设法办成了由教育部介绍去公费学校上高中的事，但还得面对编班考试这一关。过这一关很难，特别是对因逃难而耽误了好长时间功课的育京来说，就更为困难。育京的外语是弱项，北茂就千方百计挤时间帮他补课。结果，育京终于以优异成绩通过了编班考试，进入了中大附中读书。可中大附中所在地在袁家沟，离家有十几里路，途中还要翻过一座山头，所以育京只能住校。北茂、南华就反复叮嘱育京："平时住校，星期日一定要回家。家中只要有好吃的，都留在星期日等你回来一起吃！"到了夏天换季时，南华就用积攒的音乐院分配的平价布，利用了好几个白天和夜晚，给育京缝制了两套学生制服和两件衬衣，并为他改制了一顶蚊帐。南华还跟北茂说："咱们家两个孩子还小，衣服短点、旧点、破点，都不碍事。"北茂听了也直点头："是的，应该先顾大的！你想得周到。又心灵手巧，非常好！"在高中毕业前夕，育京急于求成，以同等学力考上了来校提前招生的一所三流大学。当他回去高兴地告诉三叔时，三叔却板起了脸，坚决不同意："你的目标太低！如果你父亲在世，也不会同意你去上这所大学的！"随即他又开导侄儿，"你要学习你大伯父的'勤奋'，要学习你父亲的'恒'和'毅'，要认真读书，以最好的成绩来争取最好的教育，使自己具有真才实学，而不应该目光短浅。我们家中再穷，也不能在读书上糊涂迁就！"育京当时虽然顺从了，但思想上还是别扭了一阵子，后经三叔不厌其烦的开导，思想才真正转变了过来，开始更发愤地努力学习。此后，考虑到大伯父和自己的父亲，都年纪轻轻即因急病去世，他便选择了学医的道路。

刘氏一家之所以能取得那么骄人的成就，其中固然有多种因素，而细究起来，那远非常人家庭所能比拟的深挚的兄弟情和厚重的叔侄义，应该说是其中至为重要的一个原因。正是因为有了这样的深重情义，他们才能始终同心同德，相携相扶，坚定不移，勇往直前，合力去创造出一个又一个奇迹！

查未深究，结识立夫

北茂应青木关国立音乐院院长杨仲子之邀，举家迁至青木关后，没想到这里的生活比陕西城固还要艰苦，再加上二兄天华家的两个孩子因上海沦陷而无处落脚，不得不前来投奔。此外，还有其他一些亲友家的子弟在逃难途中，历尽艰难后也不得不经他们家中转。这么着人来人往的，就愈发加重了北茂家的经济负担，使他家的生活状况益显窘困。无奈之下，北茂不得不在音乐院教学之余，设法去其他几所学校兼课，以解决家中紧迫的生计问题。在那物资极为匮乏的战乱年代，许多东西都实行配额供应，粮食的供应就尤为紧张。当时，有关当局为每位公教人员发放一份"米贴"，可用以购置平价的糙米。而这种平价米，其实是储藏了多年，已经发霉的陈仓米，里面还掺杂了不少小石子和稗草子，甚至还有老鼠屎。以致每天晚上，在北茂的琴声中，南华总要在昏暗的油灯下，把第二天要下锅的米，平铺在桌面的报纸上，一点一点地把那些杂质挑拣出来。但因为米中的杂质太多，油灯光甚是昏暗，加之南华的眼睛又不太好，所以总是难以挑拣干净，每顿饭还是吃着吃着就不免会"嘎嘣"一下嚼到了石子，产生"山崩地裂"的感觉。但就是这样的劣质米，也因定量有限不能经常吃到，所以只好常用一锅煮白薯来代替主食。南华为了让孩子们能多吃几口米饭，自己就常吃白薯，结果伤了胃，以致后来竟终身不能再吃白薯。而且，因为家中不时会多出一些吃饭的人，那仅有的一点"米贴"就更不够用了。北茂兼课的朝阳学院校方得知了北茂家的这一窘况后，同情之心油然而生，便主动以北茂的别名——刘志华（意谓有志于继承天华先生的事业——笔者）为北茂另办了一份"米贴"。这一完全是出于无奈的"违规"之举，没想到竟然也有人打了"小报告"，向教育部长兼国立音乐院院长陈立夫（当时原院长杨仲子已调离青木关）做了举报："刘某人违法领了两份米贴。"既然有人做了举报，部长自然不能置之不理，正好南华有位老同学在教育部任职，听到风声后觉得情况不妙，便连夜赶到刘家向北茂通风报信：陈部长可能会因"米贴"之事找你谈话，请做好思想准备。果然，两天之后，青木关国立音乐院兼任院长陈立夫就来院办公，工友即来刘家通知北茂前去面见院长。北茂去后，陈立夫院长请北茂坐下，北茂没坐，当即说道："陈先生有话，请直说。"陈立夫也就直截了当地问道："有人告刘先生领了两份米贴，可有此事？要知道这是违法的！"北茂也同样直截了当地做了这样的回答："确有其事，本人自幼不幸，7岁丧母，11岁丧父，靠大哥、二哥、兄嫂把我抚养成人，大哥半农似严父，二哥天华似慈母，两位兄长恩深似海，本人不才，无以为报。当今国难当头，两位兄长的子弟不愿做亡国奴，患难中来投奔我这个叔叔，我岂能坐视不顾？如果陈先生认为我的所为不能宽容，请别为难，即日起我就辞职，今后我只能带着我的两个儿子——小辉和小熙，到你陈先生来音乐院的路上摆一个小摊卖卖香烟杂货，你看如何？"

陈立夫听罢北茂这一席话，一时竟无言以对，只是深深地叹了一口气，语气十分和蔼且又异常无奈地挥挥手说："刘先生，请回吧！"

这一所谓违法领取两份米贴的事件，何以能这样轻易地得到解决呢？这虽然与陈立夫身为高官却并没有摆高官架子，其体恤和同情苦难者的天良尚未泯灭有关，但更重要的原因还在于，北茂有着率真与耿直的性格，有着敢于直言事情真相的凛然正气，这不仅给陈立夫留下了异常深刻的印象，而且也在无形中给他处置此事造成了一种巨大的压力：北茂这种知恩图报、情义至上的精神和作为，确实令人感佩和敬重，难怪人们会情不自禁地为他雪中送炭，援手相助；倘若自己在处置此事时偏要逆向而行，来个雪上加霜，冷漠责罚，那岂不就要激发众怒，尽失民心了吗？所以陈立夫在处置此事时，也就不得不有所忌惮，不敢那么草率行事了。

正因为此，随后他又慎重地对北茂的学识与为人做了更多的侧面了解。而通过这样的了解，他不仅知道了于右任对北茂"抗战三部曲"所作的高度评价，而且更具体地悉知了北茂人到中年，仍为继承亡兄之遗志，半路出家改行从艺的传奇经历，这就使他对北茂更是不禁要刮目相看了。试想，处在这样的情况之下，他还怎么可能再存有那深究北茂"违法"之事的念头呢？

至于后来，他又得到了欣赏北茂音乐作品和聆听北茂演奏乐曲的机会，对北茂自然就更是由完全理解变为由衷钦佩了。陈立夫跟北茂之间，由起始的"兴师问罪"，到后来的竟然成为朋友，甚至还曾邀请北茂、南华到他家中做客的这一过程，还真有一点让人感到饶有兴味的戏剧性。不过，事情到这里，其实还并没有完全了结，时隔 50 年后，甚至还有这样一段不尽的余波呢：1992 年，在首都北京筹备"刘氏三杰"纪念活动前夕，北茂次子刘育熙应举办单位的安排，着手编辑《刘北茂纪念文集》，北茂的老友、天华先生弟子熊乐忱先生闻讯后，即亲自给远在台湾的 93 岁高龄的陈立夫先生致信相告，陈先生悉知后当即回函，对这次纪念活动"深表祝贺"，并欣然题词嘱转"北茂先生之子育熙先生"，题词是这样写的：

"高山流水畴能嗣音

缅怀风范长忆人琴"

北茂先生纪念文集

陈立夫敬题

时年九十三

这就可见，北茂（也包括其子育熙）与陈立夫交往的这一漫长过程，就正好印证了我国民间的这样两句俗话："不打不相识""相逢一笑泯恩仇"。

陈立夫，曾因为他是"四大家族"中的一员，先前人们都对他讳莫如深。其实呢，他的所作所为也并非皆属反面。现在，网上就对他作出了这样的评价：在抗战期间任教育部长，对中国教育事业的发展做出了卓著的贡献。中华人民共和国成立后，他移居美国，潜心研究中华文化，推动中医药的发展和国际认可。1969 年，陈立夫回台湾定居，晚年竭力推动海峡两岸的交流，这使他在两岸关系中占据了一个颇为特殊的位置。他的这一主张，在两岸都得到积极回应，他也因此当选为"海峡两岸和平统一促进会"的名誉会长。2001 年 2 月 8 日陈立夫逝世于台湾台中，享年 101 岁。

公演登台，倍感欣慰

1945 年 10 月，日本投降，抗战胜利。1946 年 5 月，国民党政府从重庆还都南京。1946 年 10 月，青木关国立音乐院从重庆青木关迁往南京古城，北茂一家也随校来到了南京。

抗战时期，时局一直非常动荡，抗战结束随校迁到南京后，北茂原以为日子可以稍稍安稳一点了，焉料忽然传来半农夫人朱惠去世的消息，一家人不由得泪如雨下，北茂更是长叹一声说："天有不测风云，人有旦夕祸福。人生无常，生命短暂。我今年已经 43 岁了，可除创作了几首二胡独奏曲外，基本上是一事无成，远没有能遵照大哥的嘱托，在继承二哥振兴国乐的遗愿方面做出什么可观的成绩。现在大嫂的去世，可以说是向我敲起了警钟，我一定要化悲痛为力量，痛下决心，发愤努力，在完成大哥的嘱托，继承二哥振兴国乐的事业方面，下更刻苦的功夫了！"

此后，北茂即在乐理研究、乐曲创作和二胡演奏方面多措并举，潜心地深入探求，不断地提高自己。当时，尽管南京城里乱象丛生，可北茂却总是能"不畏浮云遮望眼""乱云飞渡仍从容"，经常用他信奉的乐曲来宣传革命思想。

1947 年，国立音乐院的革命师生决定组织演奏人民音乐家聂耳的名作《翠湖春晓》一曲，以宣传革命思想，提振大家的革命精神。对此，虽然也有一些人持不同意见，可北茂先生却不仅坚决支持，而且还热情地参加了排练，并积极去到现场亲自参加了演出。他决心用革命的乐曲，一扫当时南京乐界的靡靡之音，给斗争中的人民以巨大的精神鼓舞。当时参加排练演出的老教授

只有两个人，北茂即是其中之一。作为一个从旧社会过来的老知识分子，北茂能这样英勇无畏，敢作敢当，确实是极为难能可贵的。

1948 年 11 月，北茂与程午嘉先生一起，在城北香铺营文化会堂举办了一次国乐演奏会。那次演奏会出席的人很多，连旁侧及后墙空地都站满了听众，迟到的无入场券的人挤不进来，就挤在一些窗户口及门口聆听，可谓是盛况空前。会上，北茂演奏了《良宵》《前进操》《漂泊者之歌》《光明行》《烛影摇红》《空山鸟语》《病中吟》等天华和北茂昆仲的佳作，在程午嘉教授琵琶伴奏的烘托下，产生了更出色的效果，轰动了全场，掌声经久不息，极为成功。演奏会结束后，北茂谢绝了夜宵款待，更别说收什么"费"，就即刻返家了。然而，那刚劲雄健的《光明行》《前进操》的旋律，依然一直在人们的耳际萦绕，鼓舞着所有爱国人士的心，去冲破黑暗，去迎接黎明。

1949 年 4 月的一天下午，当中央戏剧学院一些学生流落在外，在山西路找到了一处临时的栖身之所。这时，突然来了一位老人——他就是刘北茂老师。他眼含着热泪，紧握着每一个同学的双手，表示亲切的慰问。随后，他即打开带来的琴盒，取出二胡，开始了慰问演出。北茂先生为大家演奏了他自己创作的《漂泊者之歌》，这首乐曲苦难之中充满了悲愤，激起了同学们感情上的强烈共鸣。最后一个曲目是《光明行》，那迎接光明的激昂旋律，更是给大家以巨大的鼓舞，使所有的人听了，都感到热血沸腾，情难自抑。

终于，春雷一声震天响，百万雄师过大江，1949 年 4 月 23 日，人民解放军以摧枯拉朽之势占领了南京，红旗插上了国民党总统府城楼。1949年10月1日，毛泽东主席在天安门城楼向全世界庄严宣告："中华人民共和国中央人民政府成立了！"从此，北茂就跟全国人民一道，真正成为了扬眉吐气的新中国主人翁。

1950年春，根据毛主席、周总理的统筹安排，南京的国立音乐院将前往天津，跟其他几所院校汇合，组建为中央音乐学院。当时的国立音乐院，由党派来的军管会代表与进步学生代表共同领导，作风民主，气象一新。临行前，院领导决定在金陵大学礼堂隆重举行三天告别音乐会。这三场告别音乐会，荟萃了国立音乐院最有代表性的节目，以西乐为主，国乐节目仅只有北茂的二胡独奏曲，其演奏曲目是他自己的代表作品《漂泊者之歌》和天华的名曲《空山鸟语》。首场演出中，北茂的演奏获得了满堂掌声和喝彩声，在热烈的掌声中，还伴有持续不停的"安可！安可"的响亮呼喊声。"安可"，是Encore的音译，意思是再来一个，再演一次，再唱一个。这是因为这次音乐会的听众中，以文化界人士与高校师生居多，所以他们的喝彩声也就显得要特别雅致一些。因呼声极高，所以北茂还加演了脍炙人口的《小花鼓》等曲。如此一来，听众的情绪就更为高涨，掌声和喝彩声也就愈发震耳欲聋。

在第二天、第三天的音乐会前，售票处就总听得不少购票者先要问："今天有没有刘北茂的节目？"并由此来决定是否购票。这就可见，北茂的二胡独奏曲，已成为国立音乐院告别音乐会上最受热捧的响档节目。

北茂自1942年夏至1949年春，在国立音乐院任教7年期间，虽然参加演奏的活动也并不算少，但大多是院外单位邀请并组织的，却从来无缘参加过音乐院自己组织的音乐会。个中原

因，明眼人显然很易明白，因为北茂为继承二兄遗志，弃文从艺，只是一个半路出家的二胡教授，但他通过自己的发愤努力，却在创作、演奏和教学上都取得了令人瞩目的成绩，并在社会上得到了广泛的赞誉，这就不免引起院内某些专业同行的不快，因此也就自然地受到了冷处理和边缘化的对待。这样一来，出现"墙里开花墙外香"的情况，也就完全不足为怪了。

这次能以青木关国立音乐院代表的身份，参加国立音乐院的告别音乐会，受到如此热烈的欢迎与肯定，并成为告别演奏会上的一大新亮点，北茂自然也就感到格外的兴奋和激动，并由此产生了一种新旧社会两重天的欣喜感觉。

老树新枝，勇做贡献

此后不久，北茂便满怀豪情地携带全家，随同青木关国立音乐院师生一起，乘火车迁赴中央音乐学院临时建院校址天津，在那里受到了先期到达的解放区鲁艺、华北京大学学等单位师生的热烈欢迎。

各路大军齐聚天津后，经过紧张的筹备，是年 6 月 17 日，中央音乐学院成立大典在学院大礼堂隆重举行。在这次成立庆典音乐会上，北茂登台独奏了他的代表作《汉江潮》与《小花鼓》，这是这次庆典音乐会上唯一的民乐独奏节目，同样受到了极为热烈的欢迎。这次庆典音乐会是由当时学院的领导吕骥、李凌等同志亲自组织安排的。在筹备这次庆典音乐会的过程中，这些领导同志都对北茂的创作和演奏，都给予了热情的赞扬和高度的评价，而北茂也深为这些领导亲切热情和平易近人的工作作风所感动。所有这一切，就像一道阳光那样照亮了北茂的心扉，他的革命活力也因此被完全激发了出来。从此，他就激情满怀地积极参加了学院组织的一切活动。他曾热心地作为一名民乐队队员参加了民乐组师生的民族乐队演出，从天津一直演到北京；还曾参加学校的暑期工作队，到唐山、内蒙古等地进行辅导和演出活动。即使是每年"五一""十一"的庆祝游行活动，他也不顾腿脚的不便，满腔热情地参与其中，这在当时学院的老教师中，可以说是非常鲜见的。

而且，他还热心指导天津市群众的民乐普及活动，对天津市最早成立的民族音乐学术团体——天津中国音乐研究会——的活动，给予了热忱的关怀与大力的帮助，他主动表示要为该会多培养一些二胡演奏者。为提高乐队的拉弦乐水平，他还甘愿义务承担辅导工作。他看到大家跑远路来学院学习很不方便，就自费租用人力车或三轮车，亲自赶往会员排练地点演奏和进行现场指导。后来，他还热忱欢迎乐队首席徐仁带上七八位二胡演奏员，定期到他家中去进行系统的学习。在他的精心培养下，乐队的独奏与合奏水平都有了显著提高，尤其是徐仁，后来逐渐成长为活跃于天津民族乐坛的业余拉弦演奏家。而尤为可贵的是，北茂还一直关心着这个音乐团体的成长壮大，并为它指引了正确的发展方向。他看到乐队起初演奏的乐曲大多是中华人民共和国成立前的作品，如《战场月》以及传统乐曲《昭君怨》等，就及时指出："这些乐曲是可以演的，但应该更多地演奏一些表现新时代新风貌的作品。音乐是以抒发情感为特征的艺术，所以你们演奏的乐曲，一定要更多地表现中华人民共和国成立后人民的思想感情。要为人生而艺术，不要为艺术而艺术。没有新的作品，你们可以自己动手写，一些新的歌曲也可以改编成器乐曲来演奏。以往的一些传统乐曲，不也是从民歌小曲发展而来的么？当然，器乐曲有自己的特点和规律，你们可以试着根据这些特点和规律去写。只要大胆去干，又有生活经验，就一定可以写出作品来。不成熟不要紧，只要不断去写，就终会慢慢地成熟起来。"应该说，所有这些指导性意见，都充分体现了北茂对祖国对人民的赤子之心，对民族音乐的赤诚感情和奉献精神。事实上，天津中国音乐研究会的成长壮大，天津解放初期民乐之花的绚丽盛开，都与北茂先生的辛勤付出和精心培育，有着密不可分的关系。

总而言之，在新中国阳光的照耀下，北茂周身都活力四射，发自内心地要为新中国、为新社会而欢呼，而歌唱。而尤为令人欣喜的是，从 1950 年开始，北茂创作灵感的闸门再一次打开了，他满怀激情地创作了大量的二胡独奏曲。《农民乐》是他在新时代创作的第一首乐曲，这首乐曲充分表现了新中国农民翻身得解放的愉快心情。紧接着，他又陆续创作了《欢乐舞曲》《太阳照耀到祖国边疆》《愉快之歌》《拥军优属小唱》《和平民主进行曲》等 20 余首乐曲，热情地歌颂伟大的中国共产党和旭日东升的新中国，歌颂壮丽秀美的祖国大好河山和人民美好的新生活。这些作品都取材于现实生活，及时地反映了新时代的精神，既是对我国优秀民间传统的继承，也是对刘天华"改进国乐"遗志的发展。这些乐曲在中华人民共和国成立初期，通过中央台和一些地方电台的电波在全国广为传播，受到了广大群众的欢迎和喜爱。1957 年，经时任中国音乐家协会主席的吕骥同志亲自推荐，音乐出版社首次出版发行了《刘北茂二胡创作曲集》，连续印刷多次，对我国二胡艺术的推广与普及，做出了新的巨大贡献。

全新领域，亦结硕果

1955 年春夏之间，党内著名的四老之一、时任内务部长的谢觉哉，通过中华人民共和国文化部请求中央音乐学院派位有经验的专家为中国盲人训练班担任二胡教师。当时中央音乐学院党委书记吕骥将这件事交给教务处研究解决。不久，教务处负责同志向吕骥禀报，经研究决定派刘北茂去北京担负这项工作，认为他是最合适的人选。吕骥听后，心中不免犯嘀咕：刘北茂是赫赫有名的英语和二胡双料教授，让他去教一批盲人拉二胡，或许未必会同意吧？思忖了一下后，他便说："请刘北茂教授是一个方案，但我们还应该有第二个方案做准备。"几天后，教务处的人回报说，经再次研究，依然认为是既定的方案较合适，而且他本人亦已表示同意。随后，吕骥书记又亲自跟北茂谈了一次话，完全出乎吕骥意料的是，北茂竟没有提出任何问题，便愉快地接受了这个任务。这次谈话，给吕骥留下了至为深刻的印象，他觉得北茂为人非常谦和，在他所接触的许多人中确实是难得一见，应该可以算是一个顾全大局、完全不考虑个人得失、忠于人民事业的艺术家。

听说北茂要去盲人训练班教二胡，也有些好心的同事就劝他：教盲人费心、费力、费脑，那可是件顶着石臼做戏——吃力不讨好的事。再则，盲人训练班地处北京西郊八里庄的农村院落里，地方偏僻，生活艰苦，所以应该能推就推，能不去就不去。可北茂却表示："组织上叫我干什么，我就去干什么；组织上叫我到哪里，我就去到哪里！音乐院将培养盲人的任务交付给我，我理

应责无旁贷地勇挑重担嘛！"

决定后没几天，北茂便由长子育辉陪同去到了北京郊外的盲人训练班。训练班一切都因陋就简，办学条件很差，所有学员都拥挤在简易平房的通铺上。育辉在学校周边转了一圈儿，回来后对父亲说："爸，这里太偏僻了，我走了二三里路，才看到一家小卖部，里面除了油盐酱醋，其他几乎什么都没有。"可北茂却认为，学校就应该开在清静的地方，自己反正是吃食堂，不用烧饭做菜，地方荒僻一点也无所谓，让儿子只管放心返回天津。母亲南华从儿子那里得知了北茂的生活条件那么差，实在放心不下，就毅然把家从天津搬到了北京盲人训练班，这样不仅能尽力照顾好北茂的生活起居，而且还能跟北茂一起，以无限的爱心呵护全体盲人学员。

盲人中学习音乐的有 20 多名学员，大部分是负伤失明的战士，也有少部分是从福利院、孤儿院转来的盲童。北茂是音乐组中唯一的专业教师，面对的大部分是毫无音乐基础的盲人，教学工作的难度之大可想而知，可北茂却硬是以满腔的热情，全力以赴地扑在了指导盲人学员学习二胡的工作上。

上第一课时，北茂左手拿着把二胡，右手提了把椅子，走进教室搁下椅子后，他就跟盲人学员这样笑着打起了招呼："同学们，刚才你们肯定已经感觉到老师到场了吧？我穿的是布鞋，脚步声很轻，一般人恐怕感觉不到，但你们就不一样了，因为你们的听觉远远超过一般人。音乐需要听觉，你们就是天生的音乐家呵！"他这既满含热情又极为机巧的开场白，一下子就调动了学员的情绪，拉近了跟学员的距离，所有学员的脸上都在顷刻间露出了幸福的笑容。

初次见面定下了这么个基调，确实为日后的教学工作打下了良好的基础，但真要把日常的教学工作做好，却绝不是一件容易的事情。这是因为，学习二胡是有一定难度的：一是二胡既无指板，又无固定的按音品位，按音的准确难以把握；二是换把动作不易协调，往往会显得机械生硬，影响音准的把握；三是拉快弓时心理易紧张浮躁，旋律就会显得快慢失当；四是换弦方式不当或技巧不自如，容易引起演奏动作的僵硬。有这么一首顺口溜，就很好地道出了学习二胡的难度：左手容易右手难，拉弓容易推弓难，外弓容易内弓难，推拉容易换弦难，按指容易音准难，看似容易学着难。所有这些难，还都是针对明眼人说的，要让盲人学二胡，自然就更难了，而要教多个盲人，甚至是数十个盲人学二胡，那显然就更是难上加难了。所以，北茂要同时教 20 多位盲人学员学二胡，就非得有异乎寻常的热心、耐心和细心不可，就必须天长日久地手把手去教，心贴心去教，在每一个技术环节上都加以悉心的引领和得法的指点。

即使是教那些学习时间稍长、基础较好的盲人学员，也同样并非想象的那么容易。譬如甘柏林，在被选送到盲人音乐训练班跟北茂学二胡前，就已学过一段时间二胡，但他学的是野路子，所以尽管已较为熟练，可是大多并不规范。因此在教他时，北茂就极有针对性地指出了他存在的问题，并对他提出了严格的要求："柏林，你拉二胡，虽然熟练，但没有特色，更谈不上形成独特的风格。你拉琴时往往一味追求揉弦，总喜欢给人家吃糖，可如果你老是这样拉，人家听多了就会感到发腻。所以，你必须像做菜似的，学会使用各种调料，让人能品尝到多种不同的味道。一句话，你若真想让自己的演奏成为二胡百花园中一朵鲜艳夺目

的漂亮的花，就必须在具备自己的特点，乃至形成自己的风格方面，下切切实实的功夫。"正是因为有了北茂这样的正确指引和严格要求，甘柏林在练习时才有了明确的方向和全新的追求，从而在演奏技艺上有了快速的进步。

对甘柏林，北茂除了在演奏技艺上做悉心指导外，还特别重视在思想上对他加以正确的引领。甘柏林由于自己的二胡拉得较为熟练，就在一定程度上产生了骄傲自满的情绪。一次北茂叫他去帮助新学员练二胡时，他见新学员领悟能力太差，就显得很不耐烦，总是气呼呼地噘着嘴巴，并不停地抱怨这，责怪那。北茂瞥见后，便轻手轻脚地来到他的身旁，轻轻地扯了扯他的衣角，领着他走到教室外一个僻静的角落里，真情而耐心地对他说："柏林，你可不能冲着同学发牢骚啊！这些同学中，有不少人是为新中国、为人民而受伤双目失明的，我们必须尊重他们！他们学习二胡虽有困难，但他们有不怕困难的精神，所以我们一定要满腔热情地多帮助他们才行啊！"听了北茂的这番话，甘柏林惭愧地低下了头，说："老师，我明白了，以后绝不会再这么做了。"果然，此后甘柏林通过用心刻苦的努力，逐渐地改掉了身上骄傲自大的毛病。

甘柏林一方面因自己的二胡较为熟练而骄傲，另一方面又常常会因为看不清前途而感到自卑。有一次，在跟北茂老师谈心时，他就向北茂老师吐露了这样的心声："我觉得我们这些学员虽然有能力学好音乐，但出路难寻，毕业后有哪个文艺团体会收我们这些瞎子去工作呢！"北茂闻听后，就语重心长地跟他说："柏林啊，一个人有没有前途，关键是要看他有没有正确的人生态度。我们不说中国古代的盲人音乐家师旷，也不说外国双耳失聪的贝多芬，就单说说无锡的瞎子阿炳……想来你也一定知道瞎子阿炳吧？"甘柏林点了点头，说了声"知道"。北茂就又接着说："柏林啊，阿炳是在旧社会，而且是在那样穷困潦倒的情况下，还能靠一把二胡，取得《二泉映月》那样的成就！你呢，是在新社会，这跟阿炳生活的时代可是截然不同的两个世界啊！所以，只要你端正自己的人生态度，明确自己的奋斗目标，顽强刻苦地发愤努力，又何愁没有一个光明的前途呢？"听了北茂的这一席话，甘柏林终于猛然醒悟，当场表示：以后决不再胡思乱想，不仅自己要一门心思学习二胡，还要认真帮助同学学好二胡！北茂听了，十分满意地微笑着，深情无比地拍了拍甘柏林的肩头。

北茂在盲人训练班工作期间，除完成繁重的教学任务外，还应与盲训班毗邻的北京市盲童学校之邀，同意对该校的民乐队进行具体的指导。受命之后，北茂即耐心地从最基本的乐器知识、指法技巧、感情处理等讲起，边讲边示范，指导乐队一小节一小节地练，练了一遍又一遍……一个多月后，中央人民广播电台为盲童学校民乐队录制的民乐合奏曲终于成功播放，并成为电台进行中外交流的保留节目。

北茂从天津来到了盲人训练班，虽然环境艰苦，工作繁重，但因为远离了城市的喧嚣，时时呼吸着农村的新鲜空气，心情却是十分的愉快，身体也比原先健康了。这就使他时不时地产生了创作的灵感，他也就忙中偷闲地创作了《民谣风》《良辰》《除夕话旧》《秋舞》和《春舞》5首二胡曲。所有这些作品，无一不洋溢着生机勃勃的朝气和对生活的无限热爱之情，并表现出了质朴无华的乡土气息，和恬静优美的田园情趣。

在将近两年的日日夜夜里，与盲人学员同住在一个屋檐下的北茂和他的夫人南华，几乎每一天都是这样度过的：白天，北茂为盲人学员上一整天的课；晚上，南华在灯下为学员们读报和缝补衣服。这两位盲人学员一致公认的严师与慈母，始终都像明灯一样照亮着这些年轻盲人的前程。

在将近两年的时间里，北茂先生简直就像一头拓荒牛那样，排除万难创新业，呕心沥血育新人，历尽了种种人们难以想象的艰辛。可以毫不夸张地说，在此期间，北茂先生像牛一样吃的是草，挤出来的却是奶，用那甘甜的乳汁，哺育了不少盲人音乐爱好者，使他们一个个都学有所成，得以茁壮成长，而且他还培养出了一些杰出的二胡专业人才，使他们能以较为精湛的技艺报效祖国。为了使这些专业人才能够尽快地脱颖而出，崭露头角，北茂先生更是甘为人梯，在一心成人之美方面默默地做了大量的工作，从而成为了一位广为人们赞誉的无私忘我的育人楷模。

1956 年，第一届全国音乐周即将在北京举行，这是中华人民共和国成立以来最隆重的一件音乐盛事。在中央音乐学院赴京音乐会的节目单中，本已安排了北茂先生的二胡独奏节目，但北茂先生为了引起全社会对盲人教育事业的关注，却宁愿将自己登台演出的机会让给盲人弟子甘柏林，以使他能够在一个全国性的舞台上一展自己的才华。为此，他专程从北京郊区返回中央音乐学院的所在地天津，找到了有关院领导，真诚地向他们提出了这一建议。不料这个建议非但没有被采纳，反而还遭到了这样的质疑："堂堂中央音乐学院参加全国性的音乐会，怎能让一个外来的盲人登台呢？"

北茂先生虽然碰了壁，但他仍不甘心，便重新赶回北京，找到中央音乐学院党委书记、中国音协主席吕骥，依然将自己的这一建议向他提了出来。吕骥本就对北茂颇有好感，这一次更是深为北茂一心为弱势群体着想的高风亮节所感动，便当即作出了这样一个两全其美的安排：北茂先生依然作为中央音乐学院代表队的一员参演，甘柏林的二胡独奏则被安排在音乐会的另一场节目中登场。结果，甘柏林果然不负北茂先生的一片真诚美意，他的演奏大获成功，一下子就在社会上引起了热烈的反响和广泛的重视。

不过，北茂先生甘为人梯的努力并未至此为止，剧情还在接着延续下去：当时，中国唱片社早已约定为北茂先生录制专辑唱片，可北茂先生却诚恳地对中国唱片社说："我本人因教学任务繁忙，近期没有时间练琴，可留待以后再录。这次录音，我建议你们安排我的学生甘柏林来完成。"鉴于北茂先生在乐界的崇高声望，中国唱片社欣然接纳了他的建议，并在录制工作方面做了认真的准备。而所有这些，都确保了为甘柏林录制的唱片广受大家的欢迎，从而使甘柏林高超的演奏技艺进一步扩大了影响。不久，甘柏林便成为了一名专业音乐家，并被誉为"著名盲人二胡家""活着的阿炳"，而且他还担任了吉林艺术学院的二胡教授（教明眼学生的盲人教授）。不仅如此，由于社会影响愈来愈大，甘柏林此后还担任了中国残疾人联合会副主席、中国盲人协会副主席和全国政协委员，成为了全国百万盲人的杰出代表与代言人，为祖国的残疾人事业做出了突出的贡献。

而北茂先生甘当伯乐、乐为人梯、一心成人之美的可贵精神，其实还远不止此，更值得一提的还在于：有关如何力荐甘柏林登台演奏和录制唱片的事，北茂先生当时竟对甘柏林从未有只

字提及，而只是一直默默地在暗中做着最大的努力。直到北茂先生去世后，甘柏林才从师母南华的口中，悉知了事情的经过情况。当甘柏林得知内中的诸多细节后，禁不住激动得浑身颤抖，热泪满面，不由得紧紧地握着师母南华的手，一迭连声地说道："没有刘老师的悉心指教和全力扶掖，就绝没有我甘柏林的今天！刘老师真了不起，实在是太了不起了！看来我这一辈子，说什么也报答不了刘老师对我的这片无限深情了！"

说真的，在了解北茂先生这一事迹的过程中，在执笔将此事转化为自己文字的时候，我都一再被他光风霁月的宽广胸襟和一心成人之美的崇高品格，强烈地震撼了，深深地感动了，只觉得周身始终在血脉偾张，双眼则不时热泪盈眶。我不由得想：北茂先生一生从不唱高调，而只是始终在默默干着无私忘我、成人之美的积德好事，即便是"高山仰止，景行行止"这八个字，也绝对难以概括他道德的高尚和行为的正大光明，也根本无法表达我们对他无限崇敬的心情于万一。北茂先生乃是一座道德的丰碑，大家都对他由衷钦敬，纷纷向他致敬，向他学习。在北茂先生的熏陶和影响下，无私忘我、一心成人之美的美德就得到了广泛弘扬，社会风气就逐渐形成了良性循环，人际关系也变得愈来愈和睦融洽。北茂先生的作为，诚可谓是德泽天下，功不可没。

迎难而上，又谱新篇

北茂在圆满完成借调北京中国盲人训练班两年的教学工作后，不久又接到了借调安徽合肥艺术学院的通知。按常理说，业已55岁两鬓斑白的北茂，只要提出自己年龄偏大，且又腿脚不好的理由，组织上是应该会考虑另行安排他人的，可北茂却二话没说，十分爽快地答应了。回家后，他跟夫人南华说："在旧社会，像我们这样清贫的知识分子，要想为发展祖国的民族音乐做点事，压根儿就没人管，有劲也无处使。现在新中国，有党和毛主席的领导，工作很稳定，住房有分配，医疗有保障，干啥都没有后顾之忧，所以我一定要发扬'俯首甘为孺子牛'的精神，多为发展祖国的音乐事业做贡献！"南华听了，也连连点头表示赞同。于是，两人便立马收拾行装，即刻前往安徽。而就在这整装待发的短暂时刻，北茂还勃发了创作的灵感，谱写了一首既反映时代风貌，又抒发自己革命情怀的二胡名曲《欢送》。20世纪50年代中期，为适应全国建设的蓬勃发展，各地都掀起了中央支援地方、干部下放基层的热潮，北茂自觉地将自己这次工作的变动纳入了这样的大潮之中，主动热情地投身其间，所以在这首乐曲中，我们就不仅能亲临现场似的目睹敲锣打鼓送亲人的欢腾场面和热烈气氛，而且能亲身感受北茂永远紧跟时代潮流与人民大众步伐的坚强决心。正是在这样的昂扬旋律中，北茂昂首阔步地来到了江淮大地上。

创办伊始的安徽艺术学院，听说前来学校的是经验丰富的著名二胡教授，而且还是开创二胡走进大学音乐课堂的刘天华的胞弟刘北茂，无疑就特别重视，格外欢迎。分配给他的宿舍与两位校长为邻，不光有小间厨房、卫生间，还有一分为二的房间，窗口有办公桌，桌上还摆放着二胡曲谱等各种各样的书籍，房中还有一架钢琴。应该说，在当时那样的艰困时期，这已经是相当优厚的待遇了。当得知北茂的腿脚有病后，两位校长还商量要帮他的住房铺上地板。北茂闻讯后，当即拄着拐杖走进校长室："特殊化搞不得，你们要搞，那我就只能到校外租房住了！"两位校长见北茂态度如此坚决，也就只好让木匠师傅在床前铺上块桌面大小的木板，以尽心意。

学校领导对自己如此关爱，为人实诚、品格高尚的北茂，内心里自然就更充满着感激之情，所以他决心以此作为强大的动力，更全身心地投入到教学工作中去。

北茂具有高度的责任心，总是以极端负责的精神来从事教学工作。当时，省艺院里音乐教师一般只带 3 ～ 5 个学生，少的甚至只带 1 个，可北茂呢，却起码要带 6 个，多的时候甚至要带12 个。而且，在繁忙的教学之余，对一批批来校求学的业余二胡爱好者，北茂也总是有求必应，热情接待，给予极大的帮助，且分文不取。每接受一个学生，北茂都会和蔼可亲地问清他们的姓名、年龄、家族及各方面的情况，以便对他们进行有针对性的教育和引领。如当他得知有位学生自幼失去双亲后，就十分同情和亲热地对那位学生说："我也和你一样，自幼失去父母，靠大哥半农、二哥天华拉扯长大。在旧社会，我们这些清贫的知识分子，要想为祖国的民族音乐事业做点工作，即使历经千辛万苦，到头来也还是没有出路。可今天呢，你们生长在社会主义新中国，有党、有毛主席的领导，有这样好的学习条件和生活环境，是多么幸福啊！所以，你们一定要热爱党，热爱社会主义祖国，刻苦学习，发愤努力，为继承、发扬祖国的民族音乐事业多做贡献。"

北茂不仅以新旧社会的不同经历来对学生进行思想教育，而且还善于结合形势发展的需要，始终把德育教育放在首位，努力把学生培养成国家所需要的有用之才。1961年11月陈毅同志到安徽视察时，在合肥工业大学发表慷慨激昂的讲话后的第二天，有几个学生到北茂家里去玩时，北茂就拿出刊登在《安徽日报》上的陈毅的讲话，激动地对学生说："陈老总讲得好，讲得好啊！号召你们学生要好好学习，要又红又专，要为国争光。这又红又专提得好，红是指政治思想，专是指业务知识，只有又红又专了，才算是当真具备了真才实学的过硬本领！"他还紧接着说："你们的专业学习，就像一座宝塔，塔底大，塔身就小了，到塔顶就是尖子了，尖子总是少的，你们懂这个涵义吗？千万不能总是安于现状，而是一定要拼命努力，想方设法去做尖子。只有这样，宝塔才能够愈造愈高啊！"这意味深长的肺腑之言，久久在学生的耳边回响，激励着学生们不断奋进。

北茂对教学工作抓得很细很实，一点都不含糊，丝毫也不马虎。有一次，一位学生事先得知北茂老师感冒了，为了让他能好好休息，就没有去上课，改为自己个别练习。没想到大约过了20分钟，北茂就拄着拐杖亲自来找那位学生了，感动得那位学生眼泪都要流出来了，急忙说："刘老师，你不是生病了吗？今天的课就不要上了，我自己练吧！"北茂却说："这怎么行呢，目前你在揉弦问题上正处在关键时刻，耽误了要走不少弯路的。再说，我虽然患有感冒，但还能坚持，无论如何，今晚一定要给你补回来。"就这样，北茂当晚戴着口罩，给那位学生补上了一节课。

北茂不辞辛劳，关心学生学习的事例可以说不胜枚举。有一次，一位调皮的小同学没有按时去上课，北茂发现后，就拄着拐杖，让另一位学生搀着他的一只手，满校园四处去寻找。一时没找着，他便站在艺院门口，等呀，盼呀，直到天快黑了，才让这位搀他的同学扶回了家。到家后，北茂再也站不住了，只能半躺着靠在床上，可嘴里还在喃喃地说："这孩子究竟到哪里去了呢？"望着老师一脸的倦容，听着老师那充满关切的话语，那位搀扶他的学生止不住掉下了眼泪。事后，那位缺课的小同学知道了事情的经过，当着北茂的面哭成了个泪人儿，表示以后绝不再犯这样的错。从此以后，班上的学生就再也没有人上课迟到和缺席了。

当学生在学习上遇到较大的困难时，北茂更是能慷慨解囊，援手相助，切切实实地帮助学生解决难题。1960年，安徽遭遇重大灾害，陈明香同学的父亲不幸病故，赶回家奔丧时，母亲流着泪劝他放弃学业，赶快找工作，挣钱养家。他回校后，内心矛盾，情绪低落。北茂了解情况后，不顾自己身体虚弱，找他谈心。听陈明香说想退学，北茂坚决不同意，不仅竭力加以安慰和劝阻，并当即让师母拿钱给陈明香作生活费。陈明香知道老师的两个儿子在北京读书，每月开支很大，不想增添老师的负担，推托不要。北茂便语重心长地对陈明香说："人总是有遇到困难的时候，咬咬牙往往就能挺过去！我不能看着你因为迈不过这条沟而后悔一辈子。给你的钱不多，可对你总会有些帮助。你收下了，我和你师母才高兴。"师母便硬是把钱塞进了陈明香的口袋。正是因为有了北茂的接济，陈明香才坚持到1961年8月，以优异成绩毕业，正式分配到安徽省杂技团工作。

在安徽遭受重大自然灾害期间，北茂和师母一直坚守在安徽，跟学生一起共度灾荒。那时，北茂每月享受组织照顾给高级知识分子的糖果之类物品，可他和师母自己不吃，都分给学生吃了。师母偶尔做点好饭菜，北茂也总是给学生留着，等学生去上课时，让给学生吃。学生虽然都远离家乡，但在北茂和师母无微不至的关怀下，都身体健康，心情愉快。而两位老人呢，却因长期营养不良，身体浮肿，落得个双双卧病在床。

北茂不仅关心学生的学习和生活，而且在具体的教学工作中，也充分彰显了他与众不同并成效显著的以下这些特点：

一是谦虚质朴，从不"拿大"。北茂奉调到安徽艺术学院时，已年近六旬，并早就是全国著名的德高望重的二胡演奏家、作曲家和教育家了，可他在近似白丁的娃娃们面前，却依然谦虚质朴，从不"拿大"。他常对学生说："我现在老了，可二胡演奏艺术发展很快，流派很多，你们以后一定要突破我，这是大势所趋；而要突破，现在就要博采众长，不断提高演奏技艺。"他还经常这样教导大家："要想成为艺术家，视野就要宽广，不但要注意演奏技艺，还要提高音乐理论水平。这就既要挤时间观摩各种戏剧艺术，还要挤时间阅读文学和历史著作，以使自身的文化素养日益得到长进。唯有这样，才能准确地表现乐曲的内涵。"他不但这样说了，而且还以实际行动为大家作出了榜样。20世纪60年代前后，二胡创作中出现了如《豫北叙事曲》《三门峡畅想曲》和《山村变了样》等二胡新曲。这些乐曲从题材到创作到演奏技法都力求创新，不同程度地突破了传统模式，因此遭到了一些人的异议，可北茂对这种突破不仅怀抱热忱欢迎的态度，而且还决心不断超越自我，做一个敢于自胜的强者。于是，他每天坚持苦练，并在合肥师范学院的音乐会上登台演奏这些新曲，引起了非常热烈的反响。有专家对此作出了这样的评价：北茂先生的演奏"驾驭自如，而且艺术感染力极强，不能不说是一个奇迹。"

二是一丝不苟，精益求精。北茂在给学生示范演奏教材中的每首乐曲时，总是详细讲解弓法、指法和力度、速度的变化，逐句逐段地领着学生齐奏，认真仔细地听学生一句一段的演奏，甚至连一个音符都不放过。一旦发现问题，他就会立刻叫大家停下，指出问题之所在，并马上加以纠正。当学生的演奏在音准、节奏、音质等诸方面都达到要求时，他就会开心地发出爽朗的笑声。一旦学生的演奏没有表现出乐曲的内涵寓意，存在把曲子拉得平淡无味，音乐旋律没有活力等问题时，北茂就会以他独具的慧眼给出疗病的良方："兴趣、好奇、活力、新鲜，演奏时必须有这四个特点。一定要时刻牢记，演奏中要刚中带柔（有感情），柔中带刚（有骨气），坚毅中不可缺少耐心，否则力量不能持久，细致中要顾全大体，否则就要陷入纯技术的泥坑里去。"那么，具体来说，究竟又该怎么着手呢？北茂结合《二泉映月》和《空山鸟语》两首乐曲，作出了精准到位的指点。他指出，在拉《二泉映月》时要刚中有柔，柔中有刚，不可有气无力。他还指出，在演奏中还要头尾照顾，前后呼应，把自己的力量灌输到全曲中去。而在拉《空山鸟语》时，则要注意兴趣、好奇、活力，有新鲜感，不能光顾及技术问题，最重要的是要有乐感，要顾全大局，要很好体会"空山不见人，但闻鸟语声"这一诗句的意境。学生循此而为，终于心灵开窍，演奏技艺大有长进。

三是经验丰富，善于启发。在让学生练习新曲之前，北茂总是先把曲子的风格、重点一一讲清楚，以便学生能在深刻理解和准确掌握乐曲内容和特点的基础上，易于找到练好曲子的门径。如在教学生练《拉骆驼》一曲之前，他就先把人、骆驼和沙漠这三者的关系给学生说清道明：哪一段是表现沙漠的荒凉，哪一段是描述人与骆驼共命运、斗黄沙的经历，哪一段是表现人继续拉着骆驼重新在茫茫沙漠中艰苦跋涉前行。这样，就使从没有看到过骆驼，也没有看到过沙漠的学生，对整首曲子有了一个总体的印象，有了一个轮廓的了解，从而也就比较易于掌握整首曲子的风格了。正因为这样，一位先前从未见过骆驼和沙漠的学生，后来在一次音乐会上，也顺利地完成了这首曲子的演奏，并赢得了热烈的掌声。

四是因人施教，针对性强，能够根据每个学生的不同特点和存在的不同问题，有针对性地进行教学。北茂的不少练习曲，就是针对当时在课堂上发现的问题而写的。如学生在揉弦技术上达不到要求时，他就写了揉弦练习曲；为加强学生手指的灵活性，他又写了打音练习曲。这些练习曲对加强学生的基础训练，都起到了很好的作用。同时，北茂还很注意利用地方色彩浓郁的民歌、有训练价值的电影插曲等作为教材，以为学生提供不时之需，灵活借鉴学习。对这些小型曲子，北茂都按调性和把位的难易，把弓法、指法等一一安排好，要求学生严格训练。当发现学生在练这些小曲出现马虎的苗头时，他总是强调说："小曲子虽然技术不复杂，但它们的地方风格、音乐色彩和强弱变化，却并不容易掌握，要重视两手的控制，千万不能马虎。"还有学生拉琴时力度不足，北茂就让他们用《国际歌》来练力度。这一试，还果然灵验，弓子的力度大多了，声音也饱满了。总而言之，聪颖过人、善于动脑的北茂先生，有的就是因人而异的巧妙方法。

在抓好教学，教好学生的同时，北茂还面对学校的实际情况，在精心培养青年教师上狠下功夫，以解决学校教学工作的燃眉之急。他先后重点培养了陈长桂、王懋盛、李子贤、杨自真等老师。陈长桂、王懋盛等在他的潜心指导下，成了当时安徽著名

的青年二胡演奏家和学校的骨干教师，李子贤不仅教学和演奏水平有了显著提高，而且还创作了十多首少儿二胡乐曲，丰富充实了学校的二胡教材。这批青年教师后来又培养了大批学生，为安徽民乐事业的发展做出了不小的贡献。1958年学校招进的童文忠、陈家驹、陈明香、郑世堂等第一批二胡专业学生，乃是北茂的嫡传弟子，后来有的成为学校的优秀骨干教师，有的成为省内外文艺团体的骨干演奏员。此外，北茂还热情接待、认真教授了难以数计的登门求教的业余二胡学生。美国国际中国文化交流中心董事长、加州大学客座教授、中国音乐教学中心主任高耀华，就是当时在学校戏音科学习和任教时向北茂先生登门求教的业余二胡学生。

北茂不仅是二胡教育家，而且是二胡作曲家，在美好新生活的激励之下，他常常乐思如潮，不断打开创作的闸门，谱写热情讴歌时代、反映现实生活的大批二胡曲。我国古代的知识分子很推崇"欲造平淡难"的创作风格，北茂的创作就充分体现了"看似平淡最崎岖，成如容易却艰辛"的特点。他在安徽期间创作的代表作，主要有《欢送》《丰产之歌》《美丽的包河》《快乐的逍遥津》《千里淮北赛江南》《新春舞曲》《欢乐歌舞》《太阳照耀到祖国边疆》《独弦曲》《喜悦》《黄山观瀑》等。北茂创作时，思路敏捷，落笔有声，笔底始终流淌着炽热的感情，作品大多主题鲜明，层次清晰，形象生动，朴实无华，曲如其人。同时，北茂还特别关爱儿童，重视少儿二胡作品的创作，写下了《做游戏》《来舞蹈》《音阶准备练习曲》《小伙伴练习曲》《秧歌舞》《去劳动》《初步换把练习曲》《春游》《大家来积肥》《小树快长大》《红领巾》《少先队之舞》《赞公社》《牧童短歌》《田野小唱》《摇篮曲》《我爱祖国台湾岛》《朋友舞》等数十首少儿二胡曲。在那时，这一创作现象在全国尚属罕见少有。

北茂还是一位享有盛誉的二胡演奏家。在继承二哥天华的二胡学派后，通过长期的探索与追求，他逐渐形成了自己抱朴含真、苍劲凝重、深刻细腻、洒脱自如、韵味隽永与意境深邃的演奏风格。他演奏各种风格的乐曲时，对弓法与指法的运用，力度与速度的变化，都作了精心的安排，常常表现出一些与众不同的气质和特点。如《病中吟》《烛影摇红》《悲歌》《汉江潮》《漂泊者之歌》等曲，他奏得刚柔相济，跌宕起伏，时而激情奔放，时而缠绵含蓄，具有极为丰富的艺术表现力。而在演奏如歌如诉的抒情性乐曲时，他就十分注重曲调的韵律，讲究左手的吟揉在乐曲中的运用，和右手运弓的音色变化。如在《月夜》《闲居吟》中，他的二胡就具有纯净明亮的音色，以及流畅如歌的韵味。这样，他就将优美柔和与飘逸潇洒的意趣，都发挥得淋漓尽致，恰到好处。

北茂高格脱俗的道德品质和出类拔萃的艺术才华，在生活和工作中都得到了全面和充分的展示，所以他也就在老师、学生和一些业余弟子中得到了一致的热情赞颂，真可谓是有口皆碑，人人称颂。即使是学校的两位校长，也都对他推崇备至。孟铎校长就感慨地说："这样的教授真是太少了！"庆胜校长的临别赠言是："我将永远效法于您！"每当跟他人提及北茂时，两位校长竟是这样出奇的一致："我一直在怀念他！"

北茂的优秀品德和出色业绩，不仅受到了学校师生和周边群众的一致称颂，而且还得到了上级领导部门的充分认可，他曾兼任安徽三届政协委员、文联委员、音协委员等职，乃是安徽文艺

界中一位响当当的知名人士。他在推动和发展安徽音乐事业方面所起的巨大作用，至今仍为安徽人民津津乐道。

病退返京，晚霞璀璨

1971 年春，由于身子骨实在撑不住了，北茂不得不病退返京。此时，北茂 68 岁，夫人南华 64 岁。按现在人的眼光看，这样年龄的人只能算是年轻的老字辈，可那时的北茂和南华，却已成了几近凋零的两棵老树。南华在安徽时曾几次心肌梗死，住院抢救，北茂历经了那些年的磨难，也已经完全丧失了独立行走的能力。

北茂返京后，与育熙的小家一起，祖孙三代共五口人蜗居在中央音乐学院一座年久失修的破旧筒子楼里。住房极为拥挤，只能在自家门前的走廊里做饭，厕所也是公用的，条件和环境之脏、乱、差，简直令人难以想象。可北茂即使是处在这样的环境里，仍泰然自若地揭开了他人生的全新一页。

在此后的 10 年中，北茂无比珍惜每一天的光阴，认真做着他认为值得一做的每件事情。他每天早晨 8 点左右起床，艰难地穿好衣服后，便蹒跚地扶着桌椅，坐到离床近在咫尺的书桌旁。这一坐就是一整天，不过午夜 12 点，他是很少上床休息的。家人多次劝他中午一定要午睡，可他执意不肯，说道："我现在这个样子，穿衣脱衣，上床下床，要耽误多少时间呀！"他惜时如金，说什么也舍不得那宝贵时间轻易流失。有时中午实在太累了，他才头枕桌沿，稍稍歇息片刻。

一天之中，北茂要忙的事情，还真是不少。

　　读听结合，了解时事：作为一个知识分子，一般都有读报和听广播（那时电视还远没有普及）的习惯，深爱祖国和人民的北茂，读报和听广播，就更是他每天必做的功课。他就是要通过这样的渠道，来了解国情民意，来感受时代脉搏，来触摸国家前进的步伐和发展的速度，并由此来振奋自己的心情，激发自己讴歌新时代的热情。

　　奏响二胡，鼓舞人心：作为一个专业音乐工作者，一个二胡教授，二胡可以说是北茂弃文从艺后须臾不可离身的亲密伙伴。那时，中央音乐学院基本上处于瘫痪解体的状态，大部分员工都被发配到解放军农场"接受再教育"，留在筒子楼里的都是老弱病残和未成年的孩子，楼里很少能听到乐器声。北茂此时虽因下半身瘫痪，双手也不像先前那样利索，但他还是会不时地奏响二胡，因为他觉得二胡不仅能给自己提气，而且也能给其他人提神，让这死气沉沉的筒子楼和整个院子里，都照样充满生气和活力。事实上，他的琴声也确实依然明亮激越，极富动人心魄的魅力，当真成了那座昏暗破旧的筒子楼里一道独特的风景。当时同住在三层的近邻、著名的大提琴教授宗柏，就曾这样回忆说："在当时动荡的社会和杂乱拥挤的环境中，刘老悠扬的琴韵，让我们领悟到国家虽处于深重灾难之中，但中华民族的古老文明传统就在我们身边，有老一辈音乐家作为我们的楷模，祖国的前景依然大有希望。"

　　情系国运，谱写新曲：在回京的 10 年中，北茂还将大量的时间和精力，投入到了谱写新曲之中。

　　1974 年前后，邓小平同志复出，周总理在四届人大重提"四个现代化"，国家的命运出现了新的希望与转机，北茂和全国人民一起，感到欢欣鼓舞，期待国家从此走上坦途，所以他依然以满腔的激情，创作了沉寂多年后的第一首作品《东风浩荡红旗飘》，其主题是正义战胜邪恶，革命红旗将永远高高飘扬。

1976 年至 1981 年，北茂又创作了《缅怀》(《哀思》)《迎朝晖》《流芳曲》三首呕心沥血之作。

1976 年年初，周总理逝世，随后，朱德委员长、毛泽东主席等老一辈革命领袖相继去世，"四人帮"的黑暗势力一度甚嚣尘上，全国人民都陷入了无限的悲愤与彷徨之中。正是在这样的背景下，北茂创作了《缅怀》(《哀思》)一曲。他在谱写曲子时，面前桌子的谱纸上，全都洒满了泪水，所以说曲中的每一个乐句、每一个音符，就都与郁积在人们心中的悲痛心情产生了强烈的共鸣。准确地说，这首曲子并不是简单地用笔"写"出来的，而是一个饱经风霜、忧国忧民、满怀着一颗赤子之心的爱国知识分子，从内心深处发出的悲歌和呼号！《缅怀》(《哀思》)是北茂的呕心沥血之作，它凝聚了北茂赤诚的胸怀和喷涌的艺术激情。当时学院就有一位作曲教授不胜感慨地说："北茂先生真不愧是旋律大师，他用慢三拍写的《哀思》的主题，包容了如此深厚的内涵，我们专业作曲家可写不出来。"

1978 年冬，我们国家业已走上了拨乱反正的正确发展轨道，在十一届三中全会上，邓小平同志发出了改革开放的伟大号召，全国人民心情舒畅，形势一片大好。北茂闻风而动，满怀激情地创作了《迎朝晖》一曲。乐曲开头，晨曦中响起号角声，群情激昂，美好的未来在向我们召唤。接下来，是深沉的回忆与时代前进的脚步声。最后，则展现了国人昂首阔步，满怀信心迎接未来的雄姿。

1980年岁末，北茂在重病缠身之际，完成了天鹅之作《流芳曲》。此曲以古朴、深沉、悠远的旋律，热情讴歌了中华民族的浩然正气，坚信它势将在历史长河中万古流芳。

北茂的一生，大多是在艰苦的环境里闯荡过来的，可就是在这样的艰苦环境中，他创作了一百多首二胡曲，这需要多么顽强的意志和坚定奋进的精神啊！而尤为可贵的是，即使是到了疾病缠身的古稀之年，他依然以生命不息、奋斗不止的精神，创作出了《缅怀》(《哀思》)、《迎朝晖》、《流芳曲》3首曲子，攀登上了新的艺术高峰，成为了天华先生开创的中国近、现代二胡艺术史上的新的丰碑。

整理旧作，推陈出新：在谱写新作的同时，北茂还对几十年来的创作进行了盘点和整理，对不少早已广为流传的旧作，甚至是一些已载入音乐史的名曲，如《前进操》《欢乐舞曲》《太阳照耀到祖国边疆》《欢送》等，都重新加以修改，有的作品甚至修改出了一稿、二稿、三稿，还有的乐曲更是整个段落都重新加以了创作，充分彰显了他精益求精的态度和一丝不苟的精神。而且，无论是创作新曲，抑或是修改旧曲，完稿后，北茂每一次都会把曲稿刻成蜡版印刷后，寄给全国各地的弟子、同行以及与他长期通信但从未谋面的年轻的音乐爱好者们，广泛地听取他们的意见，而且每次都会在寄出的曲谱一侧的空白处，真诚地写上："某某同志：请提宝贵意见！刘北茂。"意见反馈回来后，他都会审慎地加以思考与筛选，然后再做进一步的修改定稿。在具体修改时，他又常常会因为一个乐句或乐段的反复斟酌，而达到废寝忘食的程度。每每是夫人南华把饭菜端到了他面前，他也顾不上吃，要烦劳南华热上好几次，他才能完成吃饭的任务。

此外，在写作方面，北茂还整理、改编了一批中国古典、民间传统乐曲。其中《二泉映月》缩编谱、《快板》改编谱、《采花灯舞曲》改编谱，都是他于20世纪70年代在北京完成的。对以前改编的《梅花三弄》《花花六板》《熏风曲》等曲谱，他也重新作了订正。他这么做，旨在通过改编、缩编或整理，使这些优秀的传统曲目能更加精炼，更加规范，以既便于演奏与传播，又能满足更高层次的审美需求。时隔30多年后，著名作曲家刘文金就在一篇文章中这样写道："我在分析、比较北茂先生对阿炳的《二泉映月》所整理的版本时发现，当前，音乐舞台上所经常演奏的最精炼的版本，同北茂先生缩编的版本十分相近。这在客观上也验证了北茂先生的合理判断及其先见之明。"

倾注挚爱，育出深情：北茂返京后，音乐学院收发室的同志都说："全院收信最多的，当属刘老（指北茂先生——笔者）！"这些来自全国各地的信件，有不少是北茂各个时期的老学生，也有许多是北茂新结识的业余弟子。他们都与北茂一直保持着亲密的师生情谊，都关心着北茂与师母晚年的生活境况。

汪时叙、井然夫妇是北茂1947年在南京国立戏剧专科学校兼任英语课时的弟子，汪时叙还业余师从北茂学习过二胡，他们对北茂的人品和学识都十分崇敬，由此结下了深厚的师生情谊。汪时叙、井然两人在拨乱反正后，才得以重见天日，并与恩师恢复联系，但汪时叙的健康已受到了极大摧残。1979年，汪时叙作为安徽省优秀教师接到赴京参加全国教学观摩会议的邀请，"因健康原因，本难从命，但想到此行能与恩师见面，就勉力随行"。在京十日，他两度拜见恩师与师母，回忆往事，展望未来，深感暖意融融，力量倍增。此后，北茂与汪时叙、井然两人更是书信往还不断。1981年年初，北茂又去信勉励汪时叙："身逢盛世，昔时错案，今已反正，大可奋起直追，以偿夙愿，来日成就可以预祝。"随后，北茂不顾自己的病情一天天加重，还时时记挂着汪时叙病弱的身体。到9月下旬，北茂还挣扎着让家人扶他坐起，并给他拿来纸笔，说是要给汪时叙夫妇写信致候，让他们千万得保重身体。遗憾的是，此时的北茂，视力和手指都已力不从心，短短几个字，连写两遍都不成行。这就成了北茂最后的遗墨，他老人家几天后就与世长辞了。

与北茂经常通信的，还有北茂的一些业余弟子，如宁夏银川市文工团的二胡演奏员何新南，就是其中的一位。他是利用去京参加全国调演的机会，随二胡界的朋友一起登门向北茂请教时结识北茂的。此后即鸿雁不断，与北茂长期保持了通信联系。在北茂的支持和鼓励下，他后来走上了文学之路，成为了著名的词作家。与北茂通信颇多的还有福建师大的林锦庭老师和湖南师大的周家澧老师，他们都是高校的二胡教师，是在北茂跟他们请教与交流教学和创作问题时，建立起通信联系并结下深厚友谊的。像这样山高水长的师生之谊，在北茂身上可以说是数说不尽，这里仅只是聊举数例，以让大家能窥斑见豹而已。

结为莫逆，留下佳话：北茂是一个襟怀坦白，为人赤诚，对人特别重情重义的人，不仅对他的学生和业余弟子恩爱有加，对所交的朋友也同样能倾情付出，因此有些人最后也就成为了跟北茂情深似海的莫逆之交。

熊乐忱，是北茂二哥天华的入室弟子，北茂与他一家，抗日战争前就在北平建立了友谊。"七·七"事变后，北茂又与熊乐忱等人一行，历经艰险奔赴大后方，从重庆时期到抗战胜利后在

南京，一直来往不断。中华人民共和国成立后，又在北京欢乐相会。这几十年的友谊叠加在一起，自然也就成为了名副其实的莫逆之交。

"文革"期间，熊乐忱在江西蒙冤，被发配到农村落户。妻子去世后，熊乐忱更是只身贫病交加地生活在农村。唯一能与外界沟通的半导体收音机，也常因买不起电池而"断听"。当时北茂不断写信鼓励他，要坚强地面对暂时的难关，同时又让夫人定期买好成打的电池和一些农村买不到的生活用品，给他寄去。周总理去世后，熊乐忱怀着巨大的悲痛，写信到北京，请北茂夫妇寄一帧周总理遗像给他，可那时北京也一时无法买到，北茂夫妇就恭恭敬敬地把家中唯一的一张悬挂在墙上的周总理像揭下，给熊乐忱寄了去。

粉碎"四人帮"后，熊乐忱终于获得平反，北茂夫妇闻知喜讯，兴奋得彻夜难眠。已年逾古稀的熊乐忱从此重新焕发了青春，以充沛的精力奔走于江西与北京之间，利用他的一些老关系，热情为海峡两岸牵线搭桥，为祖国和平统一大业贡献自己的力量。1981年5月，熊乐忱去京与北茂夫妇重聚，并拜见了恩师天华先生的夫人。几位老人愉快相见，共叙友谊，并乐观地展望祖国美好的前景，心情欢畅，其乐融融。

不久，北茂便病重住院，夫人南华在病床前悉心地照护着，并亲切平和地询问道："你现在难受吗？"北茂则极为质朴和坦然地做了这样的回答："我一点也不难受，我这一生不欠人家一分钱，不欠人家一封信，一生没撒过一次谎，即使现在就这样走了，也非常的安心。"北茂这几句平易朴实的话语，可以说正是他坦荡磊落一生的最真实的写照。

在北茂弥留之际，熊乐忱又急忙赶来，因心情沉重，竟不慎在医院走廊里摔得头破血流。北茂去世后，举行告别仪式的第二天，熊乐忱执意要亲自陪同北茂的两个儿子赴八宝山殡仪馆取回北茂的骨灰。不仅如此，他还恳切提出，希望让他来购置骨灰盒。刘家人考虑再三，怕拒绝了会挫伤他的一片真诚心意，最后北茂的骨灰盒便由熊乐忱和北茂的两个儿子共同购置。就这样，北茂和乐忱这一对情深似海的莫逆之交，为我们留下了这一充分反映人间至真情谊的感人佳话。

流风劲拂，遗韵永恒

（"流"是"刘"的谐音）

大凡为人民做过好事，做过贡献的人，人民都会永远记着他们，怀念他们，称颂他们。

1981 年，刘北茂不幸与世长辞。次年，中央人民广播电台文艺部、北京二胡研究会、北京乐器学会等单位，为纪念刘北茂逝世一周年，联合举办了"刘北茂作品广播音乐会"，介绍了他创作的 15 首二胡独奏曲和 4 首民乐合奏曲，以表示对他的深深怀念。

1992 年，文化部、广电部、中国作协、中国音乐家协会、北京大学等诸多单位，联合举办了纪念"刘氏三杰"的国家级纪念活动，使"刘氏三杰"的业绩在国内得到了更广泛的传播。

2003 年，为纪念刘北茂先生诞辰一百周年，北京大学、中央音乐学院、中国音乐家协会等单位又联合举办了两场纪念活动：一是举办了"刘北茂学术研讨会"，二是举办了"刘北茂作品专场音乐会"。学术研讨会原定一天，因大家发言踊跃，与会者都感到意犹未尽，经一致要求，延长到了第二天。在研讨会上，不少老艺术家作为北茂先生的弟子或晚辈，在回忆与缅怀北茂先生的艺术成就和人格风范时都情难自抑，声泪俱下，出现了同类研讨会上很少出现的激情感人的场面。一些学者都十分感慨地说："我们对北茂先生宝贵的人文遗产的研究与介绍还远远没有展开。"同时，大家还一致呼吁："应该在中国音乐史上，给予北茂先生人民音乐家的历史定位。""刘北茂作品专场音乐会"于24日、25日两个晚上先后在中央音乐学院音乐厅和北京大学大讲堂举行。老、中、青、少四代200多名音乐工作者（其中包括16位国家级表演艺术家），动情地演奏了北茂先生的26首作品。多姿多彩、动人心魄的旋律，强烈的时代感情与民族特色，引起广大听众的强烈共鸣，并让大家都叹为观止。许多人都盛赞："这样的音乐才是中国的民族之魂！""北茂先生的作品是催人奋进的音诗！"不少专家和学者更是认为，能听到北茂先生这么多优秀作品荟萃于一台，"犹如发现了新大陆，就像刚刚打开了敦煌艺术宝库"，"刘北茂先生可以说是中国音乐界的梵高"。而且，大家都一致认为："应该在中国音乐史上，给予北茂先生人民音乐家的历史定位"。要言之，"刘北茂学术研讨会"和"刘北茂作品专场音乐会"的举办，更扩大了北茂先生的影响，使它成为了一个在中国几乎家喻户晓的响亮名字。

当然，北茂的人生与事业，与其大哥半农、二哥天华是紧密联系在一起的，正是因为有了两位兄长思想的引领和榜样的示范，才成就了北茂不凡的一生和辉煌的业绩。他们三兄弟都是炽热的爱国者，他们都怀着"民族文化的兴衰，匹夫有责"的强烈历史使命感，把自己的毕生精力都投入了复兴祖国民族文化的事业中，这才获得了享誉华夏的"刘氏三杰"的美名。中央音乐学院教授、著名音乐史家廖辅叔曾这样说过："历史上兄弟齐名的人物是不少的，家喻户晓的当推晋代的陆机、陆云，宋代的苏轼、苏辙。但是三兄弟齐名的却不多见……因此，像刘半农、刘天华、刘北茂那样三兄弟各有千秋的，也许是江东挺秀，独此一家了。"流风劲拂，遗韵永恒，凭着出众的先天禀赋，靠着过人的勤奋刻苦，籍着相互的倾心扶持，刘氏三兄弟在他们各自从事的领域里全都独领风骚，卓然成家，确实是至为不易，难能可贵，所以也必将影响深远，传之不朽。这，既是他们兄弟三人和刘氏后裔的骄傲，同时也是他们故乡江阴人民以及他们祖籍地张家港人民共同的自豪和光荣！

后
记

　　风雨杏坛四十载，我长期从事的是教育工作，并没有对刘氏三杰作过专门的研究，如今撰写《刘氏三杰的故事》一书，可以说纯属出于一种偶然，完全是因为刘氏三杰中老三刘北茂先生之子刘育熙教授的热忱相邀，方促成了此事。

　　我出生在江苏省张家港市金港街道柏林村的三甲里，这里距刘氏三杰的祖籍地——同属柏林村的殷家埭，仅一箭之遥。正因为此，对于刘氏三杰的情况，打从稍稍懂事起，我就备感兴趣，甚为关注。天长日久间，积聚的有关材料渐渐多了，我也就有意识地将它们分别形诸文字。在我去年编写出版的《香山名人风采和民间传说》一书中，《文化闯将刘半农》《民乐宗师刘天华》和《二胡大师刘北茂》三篇文章，就是由此而得来的。

　　《香山名人风采和民间传说》一书面世后，刘育熙教授读到了其中上述的三篇文章后，甚是兴奋，且多有赞语。不久，刘育熙教授就在给我的微信中说及可能会抽一两天时间（实际上是抽了三天时间），专程从北京前来张家港，跟我面议扩写之事。同时，他还给刘氏三杰祖籍地张家港市金港街道柏林村的殷品龙、李彩霞两位领导发了微信，拜托老家各级领导给予我大力的支持和帮助。就这样，因受刘育熙教授的诚邀，也因柏林村领导的热心牵线搭桥，有幸出生于刘氏三杰祖籍地的我，就此正式开始了

《刘氏三杰的故事》一书的撰写工作。

既是出于对刘氏三杰无限崇敬的心情，也是出于对刘育熙教授和柏林村领导的感激之情，自从接受撰写《刘氏三杰的故事》这一任务后，我便全身心地投入到了这项工作之中。由于先前我并没有对刘氏三杰作过专门研究，现在要集中写他们的故事，无疑首先得进行广泛的阅读，并在搜集有关他们的资料方面下非常刻苦的功夫，以深入了解当时的时代背景、地理环境、人文历史，以及刘氏三杰的思想信仰、目标追求、性格特点、具体经历乃至他们相互间的关系等等。为此，我就对有关三刘的资料做了反复的研读和潜心的思考。打开这些资料，我就如遇宝山，如见富矿，眼中放光，心中大喜，成天对那些资料开呀掘呀，废寝忘食地摘抄记录，归类整理，并作精心提炼，以便撰写文稿时能得心应手，便宜行事。这样一天到晚不停地翻呀读呀，竟将一些原本封面挺呱呱的新书，没多久就读成了皱巴巴的旧书。而正因为下了这样的功夫，我才得以明确了全书的写作宗旨、撰写重点，搭建了全书的写作框架，确定了全书的篇目和章节，并具体部署了各章节渐次展开的顺序和结构层次。

一切都这么井然有序地进行着，即便体检时发现我的心律不齐，医生建议我动手术治疗，我也没有同意。因为我想，一旦动了手术，就势必要影响写作的进程，会把写书的事情给耽搁了，于是我也就一直不管不顾地带病坚持着。有关我在写作过程中的这些辛勤付出，在读到了我撰写的部分初稿后，刘育熙教授就曾感触颇深地给予了充分的首肯："丁老师好！……我深深感受到您对此次创作课题的高度责任感和使命感！您正怀着满腔热忱和敬畏，不断深化对刘氏三兄弟的认识和理解，不断通过对他们人生轨迹的梳理，逐渐凸显出他们共同的精神世界，那就是对祖国、同胞和博大精深中国文化深沉的爱，并把这份爱归结为一点，那就是竭尽自己有限的人生，努力为这份爱有所作为！……为此，我竭尽全力地在幕后协助配合您是义不容辞的，也是我受激励、受教育的学习成长过程！"

客观地说，刘育熙教授邀我写作《刘氏三杰的故事》之初，既热情地为我提供了不少资料，又真诚地就此书的写作要旨为我做了尽心的点拨，这对刚着手做这项工作的我来说，帮助确实是不小的，所以我一直都对他心存着感念之情。即使此后发生了一些完全出乎我意料的事情，我亦依然一直在怀念着最初那一段美好的时光。刘育熙教授还有着相当惊人的记忆力，每每在讨论我写成的部分文稿时，他父辈在某一年干了些什么，在另一年又干了些什么……他都能如话家常、如数家珍似的一一娓娓道来，致使我不由得逢人便夸他是刘氏三杰的"活字典"。在与他相交的前几个月中，写作《刘氏三杰的故事》一事就这么一直在顺风顺水地在向前推进着，尽管我时时都觉得紧张繁忙，但内心里却总是感到前所未有的充实和愉悦。如今此书即将付梓出版了，可当时的情景却依然始终在我的脑际萦回，致使我情不自禁地要从内心里对刘育熙教授说一声：谢谢！

在多年来的写作过程中，我还养成了这样一个习惯：在初稿完成后，我会陆续地将这些文稿通过微信发给我的一些亲友和文友，以广泛听取他们的意见，并将他们提出的中肯意见作为我进行修改的最佳依据。实践证明，这是一个行之有效的极好方法，每一次都对我的修改工作起到了极大的帮助作用。这些亲友和文友不仅充满了深挚的热情，而且还大多长着一双睿智的眼睛，我书稿中的一些疏漏、不足乃至谬误之处，一般都难以逃过他们敏锐的目光。他们一双双慧眼的所及之处，我文稿中存在的这样那样的问题，就大多会被他们的法眼牢牢锁定。而正因为这样，此文稿中的问题自然也就轻而易举地成为了被我捉拿的瓮中之鳖。众人拾柴火焰高，在诸多亲友和文友的倾力帮助下，我文稿的修改工作也就既加快了速度，又提高了效率。在这众多热心提出中肯意见的亲友和文友中，吴顺兴、施明伟和刘俊生等同志，更是都尽心着力地先后提出了几十条宝贵意见，近期李永芳同志也加入到了这一行列中。而王明华同志更是慧眼独具，往往能敏锐地在看似没有问题的地方发现问题，将一些精警独到、令我击节称赏的绝妙见解，一一发到我的微信里。所有这些，对我修改工作的帮助之大，一时还真难以用言语来形容，所以我一直都对他们敬意满满，感念于心。在此书稿杀青之际，我自然就更要满怀深情地向他们道一声：谢谢了，谢谢你们长期以来始终如一、至真至诚的帮助！

此外，还有《名人传记》杂志主编陈思、《教师博览》杂志主编余华、河南语文学会主要负责人、河南语文网主编吴伟，华龄出版社编辑高志红，以及诸多亲友、文友乃至一些素未谋面者，为我真情点赞，亦都使我心潮涌动，血脉偾张，愈发增强了我响应习近平总书记的号召，努力讲好中国故事、为弘扬中国精神多做贡献的信心和决心。这也就是说，此书之所以能如愿完稿，其实是诸多人合力支持的共同成果。正因为此，我必须借此书即将付梓面世之机，向以上所有这些人一并表示至真至诚的敬意和发自肺腑的由衷谢忱。

在写作此书的过程中，也遇到了一些稍显棘手的问题，令我一时觉得疑云密布，真相依稀，难有定见。这时候，犬子湖海和南沙中学的王晓东老师等，便热情地从旁鼎力相助，以宏观的眼光，真诚且精准地对有关情况作出了极有见地的剖析，终于使我拨云驱雾，跳出了被个人好恶情绪羁绊的狭小圈子，得以从大局着眼，对复杂的事情作出正确的判断，从而心明眼亮地回归到了从容应对的正确轨道上。正因为此，所以我也要在这里郑重地向他们特致鸣谢！

这本书的写作，对我来说乃是一个全新的课题，自然也就会有诸多的难题接踵而至，这就迫使我必须倾尽全力，使出浑身解数，——去应对和战胜它们。应该说，这样的战斗是够艰难，够辛苦的。然而，我还是挺直了腰杆，坚定不移地迎着艰难和辛苦，始终昂首挺胸，阔步向前。为何能有这样的底气和勇气呢？关键就在于：在写作此书的过程中，我总觉得刘氏三兄弟的形象经常在眼前映现，我仿佛时时都能面聆謦欬，听取他们的剀切教诲；我犹如刻刻都能目睹他们使我眼睛为之一亮的出色表现，随处皆能发现可资我学习的楷模行为。刘氏三兄弟，不仅有着热爱祖国、热爱人民、热爱事业的共同特征，而且都有着独特鲜明的个性：刘半农才情洋溢，英气逼人，刘天华独具慧眼，锐意创新，刘北茂忠诚敦厚，勤勉愤苦。而正是这共同特征和鲜明个性的有机融合，形成了他们强大无比的内生动力，促使他们不断地创造了光辉的业绩，并由此成为了驰誉华夏大地的刘氏三杰。在写作《刘氏三杰的故事》的过程中，我不断受到他们的感染，得到他们的熏陶，许多积极的因素也就自然在我体内潜滋暗长，逐渐汇聚成一股巨大的能量，并水到渠成地促使我在内心深处萌生了这样的坚定信念：只要我始终高擎刘氏三杰的旗帜，持恒不懈地发愤努力，那就不管做什么事，都定能无攻不克，无往不胜，终有一天能抵达由难变易、由苦变甜的全新境地。

志坚事成，如今，《刘氏三杰的故事》这本书终于得偿己愿地付梓面世了，这不能不说是一件令我十分高兴的事情。但愿此书能走进更多的家庭，能传递到更多人的手中，产生它更多的作用，发挥它更大的效应，从而为伟大祖国的建设事业贡献它一份应有的力量！

为了写好这本书，虽说我业已在诸多方面下了一些功夫，但由于自己的学养毕竟不深，功底终究不厚，这也就决定了在这一书稿中，必然还会存在这样那样的一些缺陷和问题。为此，谨祈诸位在拨冗阅读此书的过程中，能够用你们如炬的目光明察秋毫，并毫无保留地不吝赐正，以使此书在日后再版时得以稍稍臻于完善。

最后，还有一个问题要在这里作一特别的说明，即我这本书所写的刘氏三杰的事，其实都是我从许多书籍和有关资料中精心搜集来的实事。而我之所以要将此书定名为《刘氏三杰的故事》，首先是为的积极响应习近平总书记发出的写好中国故事的伟大号召，以让刘氏三杰的光辉事迹能得到更广泛的传播。同时，这也是我对这个问题进行了更深层次的思考后所作出的一个决定。在通常的情况下，不少人都认为，"故事"乃是作者凭空杜撰或是依靠想象虚构的事儿，并不一定确有其事。可我在《刘氏三杰的故事》中所讲述的内容，却都是刘氏三杰正经八百干出来的实实在在的事儿。既然如此，那我为什么还要以"故事"来名之呢？这主要是出于这样的一种考虑：将刘氏三杰所干的实事以文艺的笔调来加以展开，可以使之更为生动形象，更具有感染力，如果

再用"故事"来为这本书命名，那就不仅可以更多地吸引广大青少年同学以及文化程度不高的中老年朋友的眼球，而且还能使他们在阅读时愈发感到意兴盎然，从而从中获取更多的启发和更大的教益。